Birgit Gebhardt
Future Pics

BIRGIT GEBHARDT

FUTURE PICS

Ausblicke in unsere
neue Lebens- und Arbeitswelt

Ein Zukunftsszenario
in 10 Storys

Bibliografische Information der Deutschen Nationalbibliothek

Die Deutsche Nationalbibliothek verzeichnet diese Publikation
in der Deutschen Nationalbibliografie; detaillierte bibliografische Daten
sind im Internet über http://dnb.d-nb.de abrufbar.

ISBN 978-3-96739-071-1

Lektorat: Sabine Rock, Frankfurt a. M. | www.druckreif-rock.de
Umschlaggestaltung: Buddelschiff, Stuttgart; www.buddelschiff.de
Foto der Autorin: Rebecca Hoppé
Satz und Layout: Das Herstellungsbüro, Hamburg | www.buch-herstellungsbüro.de
Druck und Bindung: Salzland Druck, Staßfurt

Gedicht »Die alte Welt« von Lisa Loviscach aus: Hans-Joachim Gelberg (Hrsg.):
Überall und neben dir © 1986, 2010 Beltz & Gelberg in der Verlagsgruppe
Beltz, Weinheim Basel

www.gabal-verlag.de
www.gabal-magazin.de
www.facebook.com/Gabalbuecher
www.twitter.com/gabalbuecher
www.instagram.com/gabalbuecher

Inhalt

Die alte Welt

Es war einmal
die alte Welt,
abgenutzt
und weggestellt,
wollte sich nicht waschen,
konnt es nicht ertragen,
dass Kinder immer fragen.
In allen Poren Staub,
war sie blind und taub.
Doch morgen früh um acht,
da wird sie neu gemacht.

Lisa Loviscach

Vorwort

Ich hätte es früher nicht für möglich gehalten, aber Arbeit hat etwas Faszinierendes. Es ist schade, dass die Worte »arbeiten« oder »lernen« sofort mit Mühe oder Pflicht assoziiert werden, und es zeigt, wie begrenzt wir sie bisher interpretiert haben.

Seit Menschengedenken ist Arbeit etwas, das uns beschäftigt: ökonomisch wie persönlich, strukturell wie inhaltlich, körperlich wie psychisch. Arbeiten zu können heißt sich einbringen zu können, bedeutet gesellschaftliche Teilhabe, Verdienst.

Arbeit ist nach wie vor existenziell wichtig, die Zugänge und Erlöse sind weltweit noch immer ungerecht verteilt, und jetzt stellen sich angesichts von Künstlicher Intelligenz und Überproduktion die System- wie auch die Sinnfrage. In diesem Wandel der Betrachtung kann eine Chance liegen, die dieses Buch zu beschreiben versucht.

Die Szenarien sollen Neugier wecken, Augen öffnen, Wege aufzeigen. Und verdeutlichen, wie viel mehr Arbeit für das Individuum und eine gesunde Gesellschaft zu leisten vermag, als wir es der Arbeit und uns bisher zugetraut haben.

Der Lesestoff

In erster Linie bietet das Buch Einblicke in eine vernetzte Arbeitswelt, wie sie uns Menschen wohl zukünftig beschäftigen wird. Mein Schwerpunkt liegt auf der künftigen Wissensarbeit, auf vernetztem Lernen, smarten Umgebungen und neuen Erfahrungen. Abgebildet in zehn Storys zeigen sich so unterschiedliche wie wegweisende Arbeitskulturen: im Konzern und im Mittelstand, in der Behörde und auf einem Campus, im Flagship-Store und in einer Rehaklinik. Zu Hause, im Auto, im Urlaub, auf dem Land, in der Smart City, ja sogar im Flüchtlingslager.

In zweiter Linie entführt das Buch in die Lebenswelten der vier Hauptcharaktere – Anne und Marek, Xiao Yan und Milan –, die sich in interessanten Projekten an unterschiedlichen Orten weltweit begegnen, ihre Grenzen ausloten und eine eigene Haltung zu ihrer

Arbeit und zueinander entwickeln. Das Buch bietet quasi immer einen Blick über ihre Schulter als Ausblick.

Drittens möchte ich meine Leserinnen und Leser inspirieren, neu zu denken: Fast beiläufig zeige ich neue Ansätze zu kundenzentrierten Geschäftsmodellen, zur Belebung von Handel und Innenstadt, zur Transformation von Büroimmobilien in Lernwelten sowie zu den Vorteilen physischer wie virtueller Zusammenarbeit und verweise auf Lösungen zum geschützten Datenaustausch.

Dabei erlaube ich mir, auch scheinbar Gegensätzliches vernetzt zu denken: Arbeit und Tourismus, kommunistische Wohnmodelle im Wirtschaftsliberalismus, den Einsatz von Robotik in der Pflege oder Arbeit und Ausbildung im Flüchtlingslager.

Und viertens wäre es endlich an der Zeit und auch möglich, sich die Zukunft human, sprich natürlich und auf den Menschen ausgerichtet, vorzustellen. Je mehr Einblicke ich gewinnen konnte, umso mehr sah und sehe ich eine Zukunft, die sich nicht technisch anfühlen wird, sondern in der sich die vernetzte Intelligenz dem Menschen zuwendet. Die Algorithmen sind darauf programmiert, uns kennenzulernen – doch dafür sollten wir uns bei der Arbeit nicht länger wie Maschinen verhalten. Um 200 Jahre Industriekultur abzuschütteln, kann eine Pandemie helfen. Besser wäre, wir gewännen eine eigene Vorstellung davon, wie eine humanzentrierte Arbeitswelt funktionieren sollte.

Dies braucht mehr als einen Diskurs. Es braucht zunächst einmal Perspektiven und Vorstellungen vom Möglichkeitsspektrum dieser vernetzten Arbeitskultur.

Wer über so Wesentliches wie Arbeit nachdenken will, muss vordenken können. Dafür gilt es, alte Pfadabhängigkeiten abzuschütteln und im Strukturwandel die neuen Muster zu erkennen. Für uns alle bedeutet das Gedankengymnastik und Kopfkino, aber auch Mut und Lust, Arbeit neu denken zu wollen.

Die Leserschaft

Wen ich mit diesem Buch ansprechen möchte?

Alle, die herausfinden wollen, wo sie in Zukunft ihren gesellschaftlichen Beitrag leisten könnten und was menschliche Arbeit dann bedeutet. Und auch all diejenigen, die noch keine konkrete Vorstellung von ihrer zukünftigen Arbeit, der Arbeitsumgebung oder ihren Entwicklungsmöglichkeiten haben – die darauf aber neugierig sind und es wissen wollen.

New-Work-Pioniere finden in den Beschreibungen Antworten auf aktuell drängende Fragen zu Führung, Personalentwicklung und Unternehmenskultur, zu Architektur, Immobilienwirtschaft und hybriden Wohn- und Arbeitsformen, zu digitaler Infrastruktur, partizipativer Wertschöpfung und vernetzter Versorgung in Smart Citys; zum Einsatz von Bots, Robotik, KI und Automatisierung; zur neuen Bedeutung des physischen Ortes und der Erweiterung unseres Handlungsspektrums durch vermischte Realitäten – und zu all dem, was uns Menschen in Zukunft beschäftigen, begeistern und motivieren wird, voranzukommen.

Die Lesart

Der Titel »Future Pics« verspricht mit der Abkürzung »Pics« für »Pictures«, dass Sie hier Bilder von der Zukunft finden werden. Tatsächlich finden Sie aber nur Bildbeschreibungen. Ganz im Zeitgeist der Partizipation, muss ein Buch über Arbeit Sie persönlich involvieren und zum Mitdenken auffordern. Daher sind die Kapitel eher Motive, die nicht nur einer Vision, sondern auch einer bestimmten Motivation Ausdruck verleihen.

Darüber hinaus entspricht es unserer Mediennutzung, wenn ich versuche, der allzu menschlichen Sehnsucht nach Bildern, der Vorliebe fürs Storytelling und dem Infragestellen in Form von Kommentaren gerecht zu werden.

Gerade weil wir aktuell mit Bild, Text, Ton und Video fröhlich herumexperimentieren, können wir Sprache bewusster verwenden. Und gerade weil alle Oberflächen um unsere Aufmerksamkeit buhlen, erscheint mir kein Medium so neutral und geeignet wie das Buch, um sich sein eigenes Bild zu machen. Denn darum geht es: Erst wenn das Bild in Ihrem Kopf entsteht, können wir über Ihre Vorstellung von Zukunft reden.

Meine Vorlage macht Ihnen das Kopfkino leicht. Jedes Kapitelmotiv beginnt mit einer Bildbeschreibung, die das leistet, was Zukunftsvisionen zumeist fehlt: eine realitätsnahe Vorstellung, ohne Sci-Fi-Künstlichkeit, in vielen Teilen vertraut, aber dennoch voller neuer Eindrücke und vielleicht auch irgendwo rätselhaft.

Die Bildbeschreibung nimmt Sie an die Hand, führt Sie in die Szenerie ein; sie gibt Ihnen Raum und Zeit, sich in dieser neuen Welt von 2040 zurechtzufinden, bevor die Akteure die Bühne betreten, das Storytelling beginnen lassen und Sie mit in ihre Arbeitswelt nehmen.

Zwar sind die Akteure in der Zukunft zu Hause, doch stellt jede Episode auch sie vor neue Herausforderungen, die sie mithilfe zukünftiger Möglichkeiten meistern. Das gelingt ihnen für unser heutiges Empfinden unterschiedlich gut oder schlecht: Mal begeistern uns ihre neuen Möglichkeiten, mal wirft ihr Weg moralische Fragen auf, mal verblüfft oder belustigt er.

»Future Pics« liefert Einblicke in sehr unterschiedliche Lebenssituationen, die alle im weitesten Sinne mit Arbeit zu tun haben, aber im Unterschied zu heute nicht langweilig werden.

Am Ende eines jeden Szenarios gibt es einen Kommentar oder ein Feedback. Zum Beispiel von einer Regisseurin, die vielleicht die Autorin ist. Von einem Kind, stellvertretend für die nächste Generation, vom Dekan einer chinesischen Hochschule, die als Vorlage gedient hat, etc.

Es darf ruhig auch überraschen, die Arbeitswelt aus unterschiedlichen Perspektiven kennenzulernen.

MOTIV 1

BEHÖRDEN-BRIEFING

Der Raum hat die Form einer Landzunge und ist umlaufend von Fensterbändern umgeben. Er bildet das Ende einer Büroetage, die zunächst in geschwungenem Verlauf an mehreren Kollaborationsräumen, offenen Sitzgruppen und mobilen Kreativboards vorbeiführt und sich an ihrer Spitze zu einer freien Fläche mit etwas Buntem in der Mitte hin öffnet.

Ein gedämpftes Gluckern und Glucksen ist zu hören, so als ob Wasser unter einem Board hindurchfließt. Tatsächlich ist auf dem durchlaufenden Flor in Anthrazitgrau eine silbrig schillernde Wasserstraße projiziert, die neue Gäste wie ein Laufsteg empfängt und um die gebogenen Glaswände der Teamräume lotst und die auf die ovale Arena am Ende der Etage zusteuert. Dort fließt der Strom durch die Mitte von sechs Holztribünen.

Etwa ein Dutzend Besucherinnen und Besucher lehnen an den ringförmig gepolsterten Außenwänden oder bilden an hellblauen Stehtischen kleine Gruppen und sind in angeregte Gespräche vertieft. Wieder andere sitzen mit ihren Getränken bereits in der Arena, auf Polstern, die eine lebendige Farbigkeit verströmen.

Eine Frau mit langen, grau glänzenden Haaren löst sich aus einer Gruppe, die sich an der Stirnseite der Manege zu letzten Instruktionen zusammengefunden hat. Sie blickt von ihrer Smartwatch zu zwei konzentrischen Ringen, die unter der Decke Kameras, Projektoren und Scheinwerfer tragen, wechselt ein paar Worte mit einem jungen Mitarbeiter mit Schirmmütze, worauf beide die Zifferblätter ihrer Uhren kurz aneinanderhalten. Dann begrüßt sie zwei Gäste, die von den Lichtschlaufen zu ihr geführt werden.

Aus dem inneren Kreis schicken kleine Projektoren zusätzliche Lichtreflexe durch den Raum, welche die Wasserstraße am Boden zu speisen scheinen. Von dort steigen sie tanzend über die farbigen Polster der Tribünenbänke hinauf bis zu den Außenkanten, rutschen teilweise in die begehbaren Zwischenräume ab oder gleiten hinten über die Kante auf den etwa fünf Meter breiten Umlauf mit den Stehtischen. Treffen sie auf ihrem Weg bis zur Fensterfront auf einen Gast, verfolgen sie ihn oder sie und umspülen die jeweilige Position mit einem Lichtlooping. Ein sportlich wirkender Mittvierziger, der gerade die gebogenen Glasscheiben der Teamräume passiert hat und sich auf einen Stehtisch zubewegt, wird augenblicklich von solch einer zappelnden Lichtschlange erfasst. Während sie seine

Schritte unterspült und ihn wie Jesus über Wasser laufen lässt, lösen sich zwei Schriftzüge, die über Kopf *Marek* und *(ENJOY Group)* vorausschicken. Das Textband formiert sich als Lichtlooping und springt förmlich zu den nächsten beiden Personen im Raum, um auch vor deren Sneakern nun die jeweiligen Vornamen samt Unternehmenslogo aufleuchten zu lassen.

Die Lichtschleife betitelt das Gesprächspaar als *Emil (Amt für Gesundheit und Sport)* und *Sahila (Ali.does)*. Die beiden nicken kurz mit dem Kopf, sprechen aber weiter, sodass *Marek (ENJOY Group)* sich den enger werdenden Lichtschlaufen verwehrt und einen Serviceroboter heranwinkt, der Wasser in transluzenten grünen Trinkflaschen anbietet. Der Roboter, der aussieht, als hätte er einen Kühlschrank verschluckt, öffnet für Marek seine Bauchlade und verweist auf seinen Recyclingbehälter, der hinten wie ein Rucksack aufsitzt. Marek wählt ein Wasser mit blauer Papierbanderole – ohne Zusätze – und schaut noch einmal zu der attraktiven Ali.does-Frau hinüber, die dem Namen und Aussehen nach von indischer Abstammung zu sein scheint.

Einen kurzen Moment wartet er, ob die Lichtschleife nicht doch noch einmal den Blick des Amtsleiters oder seiner Gesprächspartnerin zu ihm hinüberführt. Doch die einzige Reaktion kommt vom kleinen Robo-Freezer vor ihm, der den Kopf schräg legt und mit seinem Finger fragend auf den Bauchladen tippt. Als Marek müde lächelnd verneint und mit der Flasche in der Hand einen der hellblauen Stehtische anpeilt, reißt das Lichtband von Sahila und ihrem Gesprächspartner vollends ab, schwappt wie Quecksilber zu ihm, bildet kurz eine Schleppe, überholt dann seine Schritte und spült seinen Namen zwei jungen Männern und einer Frau entgegen, die auch gerade, vertieft in eine Unterhaltung, den Stehtisch ansteuern.

* * *

Marek streicht vor seinem linken Ohr nach oben und hört jetzt den Graumelierten mit knielangem Rock deutlicher fragen: »Und was haltet ihr von den Tribünen hier?« Er dreht sich zur Arena um. – »Kenn ich, aber hätte ich in einer deutschen Behörde nicht erwartet«, erwidert die rothaarige Frau mit überraschend tiefer Stimme. »Sieht mit den bunten Polstern nicht nach Amtsstube aus. Eher nach Kindergarten«, bemerkt der sportive Jüngere, der den Tisch erreicht hat und dessen Lichtschleife sich nun auch Mareks Loop öffnet. »Könnte direkt Umsturzfantasien wecken!« – »Ja, sogar ganz demokratisch, weil alle mitmachen wollen«, lacht der im Rock mit niederländischem Akzent, der nun auch von Mareks Lichtschlaufe umgarnt wird. – »Sorry, ich kann sie nicht zurückpfeifen. Ist schlecht erzogen«, wirft Marek mit betretenem Blick zum Boden ein und liest bei der Rothaarigen *Karol (SportsForPeople)* und den beiden anderen *Jap (European Cities Development)* und *Sanne (eSupaboard).*

Jap, der EU-Mann mit niederländischem Akzent, deutet schmunzelnd auf die Lichtschlange, die wegen eingeschränkter Projektionskraft unter Marek zu einer müden Pfütze wird: »Schon Probleme mit der Inkontinenz?« Sie lachen und Jap findet es »schon verrückt, was sie sich alles einfallen lassen, damit wir uns unterhalten«. – »Früher hätte ein Namensschildchen gereicht, heute braucht es Experiences«, weiß Karol, die Marek bei näherer Betrachtung nicht mehr zu 100 Prozent als Frau einstufen würde.

Jap schlägt Sanne auf die Schulter: »Hier unser Freund, der übrigens nicht Sanne, sondern Josh heißt« – er tritt demonstrativ auf dem falschen Namen herum, der am Boden noch angezeigt wird – »kommt aus Slowenien und ist dort Marktführer mit e-motorisierten Stand-up-Paddling-Boards.« – »Genau, wir bringen euch hier asap die eSUPs«, lacht Josh, zeigt dabei eine charmante Zahnlücke und fragt, an Marek gerichtet: »Ich sehe, dass du bei ENJOY in der Tourismusbranche zu Hause bist?« – »Ja, wir haben allerdings schon eSUP-Vertragspartner, aber wenn jetzt hier was Neues entsteht, interessiert uns das natürlich schon. Vor allem bin ich gespannt, ob es zu einer Entlastung auf den Straßen und mehr sportlichem Lifestyle in den Städten führt«, teilt Marek seinen Fokus mit und Jap pflichtet bei: »In Basel schwimmen sie ja schon ewig den Rhein runter und packen ihre Klamotten in diese bunten, wasserfesten ›Wickelfisch‹-Beutel. Wenn ein Arbeitsweg zu einem Pharmariesen so aussieht, gewinnt eine Stadt natürlich enorm an Attraktivität«, erklärt Jap die Anfänge der Idee und findet es interessant, dass die EU das Water-Corridors-Projekt auch wegen der Übertragbarkeit auf andere Städte mit Fördermitteln begleitet.

»Dumm nur, dass die Elbe kein grünes Gebirgswasser führt und die Gezeiten dich mal rein- und mal rausziehen«, wirft Marek ein. »Wieso? Das könnte für den Arbeitsweg morgens wie abends sogar hilfreich sein«, grinst Karol. »Aber die Wahrscheinlichkeit ist groß, dass die Containerschiffe dich mit deinem ›Wickelfisch‹-Rucksack doch übersehen«, gibt Marek schmunzelnd zu bedenken. »Ich bin überhaupt gespannt, welche Wasserstraßen sie uns jetzt anbieten. Bei der Ausschreibung war das ja noch nicht ganz klar, da wussten wir nur: Die Norderelbe wird es nicht sein«, erklärt Josh.

»Ja, die Norderelbe ist eine Bundeswasserstraße, da kommst du mit deinen Stand-up-Paddlern gerade recht!« foppt Jap seinen slowenischen Kumpel, während der eine Flasche von einem Serviceroboter entgegennimmt, auf der steht: *Let's create a better world together!* Josh rollt mit den Augen: »Doch Behörde: Die sind noch bei den Glückskeks-T-Shirt-Sprüchen!« Darauf dreht Marek ihm seine Flaschenbotschaft zu: *Share your dreams now!* »Oh, okay, aber du hast schon verstanden, dass ich nicht meine Kollegin Sanne bin?«, lacht Josh und ergänzt an Jap gerichtet: »So viel dazu, wie hilfreich diese Vorstellungsspielchen sind.«

»Na ja, das ist wahrscheinlich noch eine alte Software oder wir haben hier von Amts wegen wieder ein Problem mit den Persönlichkeitsrechten. Bestimmt hängt bei dir noch die Anfrage«, vermutet Marek, während Karol das Körbchen mit den Flaschen wegwedelt, das der Roboter ihr unhöflicherweise zuletzt anbietet. »Du brauchst hier die Inrupt-App. Bei den deutschen Behörden läuft inzwischen auch alles über Solid Pods«, ergänzt Jap. Josh dreht an der Krone seiner Smartwatch und starrt etwas abwesend geradeaus. Wahrscheinlich lässt er sich die letzten Messages über die Kontaktlinse spielen. Dann tippt er sich ans Ohr und fragt: »Wie heißt die App noch mal?« – »Inrupt, vom Interneterfinder Sir Tim Berners-Lee.« Jap fügt selbstkritisch hinzu: »Es hat ein bisschen gedauert, bis die EU begriffen hat, dass nicht eine Armee von Datenschutzbeauftragten, sondern nur eine smartere Infrastruktur sie von den großen amerikanischen und chinesischen Konzernen unabhängig machen kann. Seitdem kann jeder Bürger seine Daten behalten und trotzdem für bestimmte Services die nötigen Informationen austauschen.«

»Gespeichert werden müssen die Daten dafür nicht mehr, sondern verbleiben in Solid Pods mit dem Individuum und dessen Identität verbunden«, bekräftigt Karol und ergänzt: »Die Idee ist, den großen Plattformen wie Google oder Amazon nicht weiter unsere Daten für deren Zwecke zu überlassen, sondern die Servicelandschaft wieder für alle Anbieter zu öffnen und direkte Schnittstellen zwischen Anbieter und Kunde beziehungsweise Angebot und Nachfrage zu ermöglichen.« Sie berichtet, dass SportsForPeople seinen Vertrieb zumindest schon zweigleisig laufen lässt, um eines Tages vielleicht unabhängig agieren zu können. »Das würde auch dem Freigeist unserer Community viel mehr entsprechen.«

»Ohne die großen Gatekeeper zu operieren, können wir uns beim Tourismuskonzern ENJOY leider noch nicht leisten. Dazu ist ihr Servicevorsprung einfach zu groß«, räumt Marek ein, der dabei auch an die ganzen Analyseservices denkt, die sowohl die ENJOY Group als auch er mit smarten Watches, Bots und Assistenzsystemen für sein privates Alltagsmanagement nutzt, und relativiert: »Aber dass diese Optimierungsvorteile uns teilweise wie ferngesteuert rumlaufen lassen, erleben wir ja bereits.« Josh, der noch immer suchend vor sich hin stiert, murmelt: »Ja, ich hab auch schon davon gehört, aber ich bin eigentlich ganz zufrieden mit den smarten Assistenzsystemen. Ich finde, die funktionieren auch für mich ganz gut. Wenn ich bedenke, was ich mit den Bots inzwischen alles parallel und fernanwesend auf die Kette kriege, das möcht ich nicht mehr missen! ... Ah! Da hat er es mir eingestellt! Guck!«, und er schaut in die Gesichter der anderen, als ob sie es mitbekommen hätten: »Sogar der Google-Assistent erlaubt mir einen Inrupt-Download, der ihm angeblich doch sein Geschäftsmodell hackt. Ist doch souverän!«

Plötzlich verdunkeln sich die Fensterscheiben und untermalt von Musik lotsen Rinnsale auf dem Boden die Gäste über die Schneisen in die Arena und auf die Tribünen.

Über der inneren Manege hängt ein ovaler Zylinder aus hochgerafftem Textil und über den Außenkanten der Tribünen fahren nun einzelne solcher Rollos bis auf die oberste Sitzstufe herunter. Auf ihnen erscheinen die Profilbilder oder Live-Konterfeis von Politikern, NGOs und Lobbyisten, die sich zugeschaltet haben und deren Chats mit den Anwesenden für alle sichtbar unter ihrem Bild gezeigt werden.

Josh erklimmt schon die Tribüne, während Jap sich vertraulich zu Marek und Karol hinüberlehnt: »Eigentlich müsste ich auch da oben sitzen« – er deutet auf die projizierten Gesichter, vor denen Josh herumklettert. »Aber da hab ich jetzt ein Problem: Ich kann mich mit dem Rock schlecht auf die oberen Stufen setzen ...

bloß …!« Er schaut gespielt verzweifelt und ruft dann mit betont niederländischem Akzent hoch: »Josh! Meine orangenen Fankissen sind da oben!« Alle, die es gehört haben, lachen und der Slowene wirft Jap ein orangenes Kissen hinunter. Und während Marek und Karol sich auf den Tribünen freie Plätze suchen, versucht Jap mit seinem Kissen noch auf einer der unteren Stufen zu landen.

Eine leicht übergewichtige *Iris (Metropol Invest Fonds)* rutscht lachend ein Stück von ihrem jüngeren Nachbarn *Ben (European Investment Bank)* weg und macht dem bekennenden Oranje-Fan Platz. »Etwas Sportsgeist kann bei uns Number-Crunchern nie schaden«, erwidert sie seinen Blick auf ihre Investmentfirma-Kennzeichnung und erhält prompt von ihrem anderen Sitznachbarn *Howard (Cultural District Development)* einen Rüffel: »Dass du unsere Geschäftsbeziehung immer nur auf schnöde Zahlen reduzieren musst! Als ob es meine Hauptbeschäftigung wäre, mit den zähesten Anrainern über ihre überzogenen Flächenangebote zu verhandeln!« Der junge Banker lehnt sich vor und erwidert: »Hab ich mir am Anfang auch nicht vorstellen können, welchen Umfang die Gespräche mit den Vermietern einnehmen«, und ergänzt im Zurücklehnen: »aber die sind eigentlich noch das Unterhaltsamste an meinem Number-Cruncher-Job.«

Während die letzten Gäste sich auf den oberen Stufen auf die restlichen freien Polster verteilen, sind auch die Innenkreis-Screens aus organischen Leuchtdioden (OLEDs) heruntergefahren und bilden die Logos der Sponsoren, Unternehmen und Verfahrensträger samt Profilbildern ab. Marek sichtet sein ENJOY-Logo, ein paar seiner Servicepartner, bekannte Gesichter von Hamburg Marketing und der Behörde für Verkehr und die Oberbaudirektorin, als er hört, wie Josh sich irgendwo hinter ihm aufregt, dass es offensichtlich wieder nur Sanne in die Arena geschafft hat.

Dann sieht Marek plötzlich seinen Ruderkollegen *Steffen (Urbane Entwicklungsgesellschaft* – UEG) winken: »Komm her, ich lass dich sogar auf Schlag sitzen!«, witzelt der und weist auf das freie Polster zu seinen Füßen. Marek gibt ihm einen freundschaftlichen Klaps aufs Knie: »Moin, Kollege, bleibt es bei Sonntagfrüh?« – »Klar, aber wir haben ein schnelles Boot!«, warnt Steffen. »Also komm diesmal ausgeschlafen!« Marek lächelt gequält und seinem Ruderpartner fällt in dem Zuge ein: »Apropos nicht ganz ausgeschlafen:

Suchst du eigentlich noch nach einem Ausbildungsplatz für deinen Filius?« – »Leider ja, er hat dummerweise bei den attraktiven Studiengängen die Bewerbungsfristen versäumt, also auch die für euer duales Studium. Der Honk! Hat wohl gedacht, es gäbe für das Leben nach dem Abi auch noch einen Stundenplan!«

»Ja, pass auf, bei uns ist eine abgesprungen: schwanger! Echt schade, sie war eine der besten Bewerberinnen, und die Schwangerschaft wäre für uns kein Hindernis gewesen, aber für ihr superkonservatives Elternhaus leider doch. Wir haben alles Mögliche angeboten, aber konnten nichts machen. Die wird jetzt Vollzeitmutti und muss heiraten. Krass, oder? – Na, jedenfalls haben wir plötzlich eine freie Stelle! Tataa! Immobilienwirtschaft an der Uni! Und bei uns würde dein Sohn mit mir an internationalen Stadtplanungsinnovationen und ein paar Leuchtturmprojekten hier im Quartiersmanagement arbeiten. Ist nicht das Schlechteste.«

»Oh Mann, das wäre sooo super! Milan ist gerade bei Inken, aber er kann sofort kommen!« – »Ich weiß, der ist bestimmt kurz vor der Schlafkrankheit. Ich hatte auch so was zu Hause. Wenn du mir bis Donnerstag seine Bewerbung schreibst«, grinst Steffen unverschämt, »versuch ich ihn reinzuheben. Mal sehen, ob wir den wachküssen können. Das Elternhaus scheint ja immerhin zu stimmen.« Weil Steffen von seinem Nachbarn zurück ins Gespräch gezogen wird, gibt ihm Marek nur einen freundschaftlichen Knuff und muss sich erst mal setzen. Das wäre zu schön, um wahr zu sein!

Und während er für Donnerstag und Sonntag ein Memo vormerkt, das sein Bot mit der gerade geführten Unterhaltung abspeichern soll, schnappt er das Gespräch seiner Sitznachbarin auf, in der er die Ali.does-Frau wiedererkennt, die sich zur anderen Seite hin mit Karol unterhält. Sahila erwidert Mareks Nicken diesmal sehr freundlich und spricht auch in seine Richtung: »Als Sportmarke wollen wir dem Ganzen hier den nötigen Drive verschaffen und eine Water-Corridors-Merchandising-Linie für Hamburg gestalten«, beginnt sie sehr überzeugt und Karol platzt heraus: »Die ›Wickelfisch‹-Beutel!« Marek lacht kurz auf, Sahila zieht die Stirn kraus und Karol winkt entschuldigend ab. »Was für Fische? Nein, wir eröffnen hier für sechs Monate eine neue Art Pop-up-Store – wir nennen es Brand-Atelier, um auch mit unserer Marke etwas zu

experimentieren – und wollen da bürgernah unsere Entwicklungs-
arbeit abbilden und echtes Feedback vor Ort einholen.«

Von einer Stufe weiter oben tippt plötzlich Steffen auf ihre Schulter: »Hey, Sahila! Sorry, dass ich unterbreche, aber ich wollte dich
unbedingt endlich einmal persönlich kennenlernen und wusste,
dass ich dich heute hier treffen würde!« – »Ach, Steffen! Hallo! Ja,
schön, dich mal live zu sehen! Bei meinem letzten Hamburg-Besuch
bei der UEG haben wir uns ja leider verpasst.« Sahila nimmt ihr
angewinkeltes Knie mit aufs Polster, um sich besser zu Steffen umdrehen zu können. »Ja, das tut mir immer noch leid, aber da musste
ich mich um unser Nesthäkchen kümmern«, antwortet Steffen und
kommt zum Thema: »Du, sag mal: Wisst ihr inzwischen, ob ihr das
erste OG noch dazunehmen wollt? Ich hab bei dem Vermieter mal
vorgefühlt, theoretisch wäre das machbar.«

»Ja? Ach wie toll. Na, ich dachte mir das schon, denn die Fläche
sieht leer aus und nach allem, was man so hört, ist das eine Fondsgesellschaft, die lieber Leerstand in Kauf nimmt, als ihren Quadrat-
meterwert zu schmälern«, teilt sie Steffen ihren Wissensstand mit.
»Wie lange steht es denn schon leer? Und ist es überhaupt leerge-
räumt oder wären wir da mitten in einer Zahnarztpraxis?«, fragt
Sahila und Marek hört interessiert zu, wie sich das Quartiersmanagement in der Innenstadt entwickelt hat. »Nee, das war eine Bü-
rofläche im Open Space, also eigentlich sehr gut, um sie mit wenig
Aufwand kurzfristig nutzen zu können. Sie steht noch keine sechs
Monate leer, denn sonst hätten die sie gleich mit angeboten, als sie
uns das Erdgeschoss zur Bespielung überlassen mussten.«

»Sorry, dass ich kurz unterbreche«, wendet sich Marek an Steffen, »das heißt, dass leer stehende Erdgeschossflächen in der City
binnen sechs Monaten neu vermietet werden müssen, sonst …« –
»Sonst übernehmen wir das von der Urbanen Entwicklungsgesellschaft, ja genau. Leerstand ist der Killer für alle, die sich auf den
teuren Flächen noch engagieren, und für eine Innenstadt wie Hamburg einfach ein No-Go. Die Stadt hat der UEG für fünf Jahre das
Quartiersmanagement übertragen, und den geforderten Mix aus
Handel, Gastronomie, Kultur, Bildung und Sozialem bekommen
wir nur hin, wenn wir die EG-Flächen auch kuratieren dürfen.«

Steffen reckt sich und deutet, an Sahila gewandt, auf die untere
Südkurve: »Der rothaarige Typ, das ist Howard, quasi unser Co-

Kurator vonseiten der Stadt.« Marek bittet seinen Bot, auch dieses Gespräch aufzuzeichnen. – »Ah okay, von dem hab ich schon gehört, der will vor allem den öffentlichen Raum mit Bildung und Kultur bespielen und wir sollen da irgendwie andocken. Danke, den sprech ich nachher an«, merkt Sahila sich vor und streicht dazu seitlich über ihren Augenscreen.

»Ach, dann ist das der Neue?«, klinkt sich jetzt auch Karol interessiert mit ein. »Da komm ich mit dir, Sahila! Den muss ich dann auch wegen unserer Sportveranstaltungen sprechen!« Und sie nickt, während Steffen fortfährt: »Also, ich denke, dass ihr für das erste OG eine gute Verhandlungsposition habt, denn die Fondsgesellschaft weiß auch, dass sie mit unserer Ali.does-Zuweisung für ihre weitere Vermarktung außerordentliches Glück hat«, überlegt er laut und schaut nochmals in die Südkurve, diesmal aber auf den European-Investment-Banker. »Schließlich präsentieren sie nach fünf Monaten Leerstand nun eine extrem imageträchtige Marke mit einem ganz neuen Store-Konzept und haben sechs weitere Monate gewonnen, um Mieter für ihre Fläche zu finden!«

Marek nickt: »So leicht möchte ich mal mein Geld verdienen!« An Sahila gerichtet fragt er: »Und was wird da passieren?« Sie winkt ab und formuliert nachdrücklich: »Die werden da auf gar keinen Fall viel Geld mit uns verdienen!«, und zu Steffen: »Nur um das noch kurz zu präzisieren: Ja, prinzipiell hätten wir Interesse, aber natürlich nicht zu den von denen aufgerufenen Mietkonditionen. Ich mach den gierigen Miethaien doch nicht den Hals voll! Wenn die sonst keinerlei Einnahmen auf der Fläche erzielten, wäre ja wohl die Ausschüttung aus der Anrainer-Beteiligungsgesellschaft schon genug. Nee, ehrlich, Steffen, schau mal bitte, was da noch geht!«, schiebt sie ihm den Arbeitsauftrag zu, tut so, als habe sie die EG-Beschränkung der UEG überhört, und bevor Steffen das ablehnen kann, wendet sie sich Marek zu und erzählt begeistert: »Schon bevor diese Ausschreibung von Hamburg kam, wollten wir unserer Wassersportsparte einen neuen Kick geben, und jetzt nutzen wir die Kooperation, um mit unserer Zielgruppe über neue Wassersportartikel, Mode, aber auch Fortbewegungsmittel nachzudenken. Wir machen es wie die Stadt und setzen die Stakeholder alle zusammen ins Boot. Mit dem Brand-Atelier verfolgen wir das Konzept, Produktentwicklung und Retail zu verbinden, ein neues Format, um unsere Mitarbeiter und unsere Kunden an innerstädtischen Standorten über Themen zusammenzuführen. Und wir testen das hier exemplarisch auf einer kleinen Fläche mit einem überschaubaren Produkt.«

Das dunkle Klangspiel eines Subwoofers erfüllt jetzt den Raum, während sich die silbrig-blaue Wasserstraße in der Arena verkleinert und in zahlreiche Haupt- und Nebenarme, Kanäle, Becken, Teiche und künstliche Seen verästelt.

»Und wie finden eure Designer das?«, stellt Marek flüsternd seine letzte brennende Frage und streicht vor seinem linken Ohr entlang, damit Sahilas gedämpfte Stimme verstärkt wird: »Es gab eine interne Ausschreibung und wir hoffen, hier am Hamburger Standort auch noch ein paar interessante Köpfe für unser ländliches Headquarter oder weitere Projekte rekrutieren zu können. Es ist einfach Zeit, dass Marken näher an ihren Markt rücken und ihre Zielgruppe stärker in ihre Strategien involvieren.« Unten in der Manege fallen die ersten Begrüßungsworte, als sie Marek noch zuraunt: »Komm mal vorbei, wenn wir im April eröffnen! Wir haben ein paar echt coole Games zum Mitmachen und Interfaces für das Pop-up-Atelier entwickelt!«

Eine Stimme aus dem Off hat begonnen, Zahlen und markierte Abschnitte zu erklären, die auf den fließenden Lichtströmen in der Manege auftauchen: »Unterelbe: 53 Kilometer Flusslänge zwischen Tinsdal und Geesthacht. Ab Staustufe Geesthacht bis zur Mündung in Cuxhaven alle sechs Stunden Tidenhub, der teils mit und teils gegen die Flussströmung arbeitet. Hamburgs Terrain umfasst westlich Blankenese und Neuenfelde und reicht östlich bis zu den Elbsandwiesen vor Geesthacht. Im Bereich Hamburg teilt sich der Strom in Norder- und Süderelbe. Tabu sind die circa 17 Kilometer Norderelbe, die als Bundesschifffahrtstraße störungsfrei durch Hamburg fließen müssen.« Die Projektoren färben die Norderelbe lila und demonstrieren an den eingeblendeten, 20 Meter breiten Containerschiffen, doppelstöckigen Hafenfähren, Barkassen und Segelbooten, wie eng es auf der Fahrrinne werden kann. Südlich darunter leuchten kurz die Hafenbecken lila auf.

»Für den Individualverkehr zu erschließen sind dagegen Bereiche in der verzweigten Süderelbe, vornehmlich in Wohn- und Erholungsgebieten, wo die Elbe als Sandfluss mit teilweise naturbelassenen und renaturierten Ufern ihre Ausläufer hat.« – Die südlichen Arme unter den Hafenbecken leuchten blau auf und kurz darauf tritt die Alster mit ihren Kanälen farbig deutlicher in Erscheinung. – »Hinzu kommen die rund 20 Kanäle oder Fleete in Hamburg sowie das komplett neue smarte Wohnquartier Oberbillwerder im Südosten, das wir Ihnen gleich vorstellen möchten.« Der junge Afrodeutsche, der diese Sätze spricht, kommt nun aus der Tribünennische und begrüßt die Anwesenden als Arnaud, Staatsrat der Behörde für smarte Mobilität und Infrastruktur, der mit seinem Team – die entsprechenden Köpfe werden auf den Tribünen kurz angestrahlt – Ansprechpartner für das Water-Corridors-Projekt ist.

Nach der Fahrradoffensive 2019 wolle Hamburg jetzt seine Wasserstraßen für den Individualverkehr öffnen, die Straßen entlasten und den Freizeitwert mit dem Alltagsnutzen verbinden. »Die Stadt hat für das Water-Corridors-Projekt in einer Ausschreibung nach Unterstützern aus dem Verkehrs-, Wassersport- und Freizeitbereich gesucht, um das Vorhaben mit neuen Angeboten, Produkten und Services aufzusetzen. Und alle hier in Hamburg schätzen sich extrem glücklich, hierfür so innovative wie auch erfahrene Partner gewonnen zu haben!«

Ein musikuntermalter Lichtkegel wandert durch das Publikum und wirft immer wieder Gesichter von Gästen samt Unternehmen und Funktion auf den inneren Ring der OLEDs. Sahila sendet unter das Ali.does-Logo einen kleinen Text, in dem sie ausdrückt, dass Hamburg für eine internationale Sportmarke wie Ali.does ideale Bedingungen bietet, um eine Vielfalt neuer Sportgeräte für unterschiedliche Wasserstraßen auszuprobieren.

Währenddessen führt Arnaud weiter aus: »Für uns ist das Water-Corridors-Projekt ein Testlauf, wie wir Verkehrsentwicklung bürgernah und mit unternehmerischem Engagement zum Wohle der städtischen Lebensqualität co-entwickeln können. Für Sie, so hoffen wir, ist das Water-Corridors-Projekt ein Pilot, der sich gegebenenfalls auch auf andere Städte, die von Flüssen oder vielen Wasserläufen durchzogen sind, übertragen lässt.«

Emil, der Gesprächspartner von Sahila von vorhin, ist zu seinem Kollegen in die Manege getreten und übernimmt als Vertreter vom Amt für Gesundheit und Sport: »Die Hansestadt Hamburg möchte mit dem Water-Corridors-Projekt nicht nur infrastrukturell einen bürgernahen Piloten zur breiteren Nutzung ihrer Wasserstraßen starten, sondern auf ihren Wasserstraßen neue Mobilitäts-, Sport- und Infrastrukturformate einer lebenswerten Stadt verknüpfen. Ziel ist es, unsere attraktiven Arbeits- und Freizeitangebote stärker zu kombinieren.«

Zum Thema Wassersport schickt Karol unter ihrem SportsFor-People-Banner die Ankündigung, ein Turnier veranstalten zu wollen, *wenn alle Prototypen ausgetestet werden können: Wie ein Seifenkisten-rennen, nur auf den Wasserstraßen!*

Parallel läuft unter den Anwesenden ein vernetzter transparenter Chat mit offenen Fragen und Ergänzungen. So erinnert zum Beispiel Alicia vom NABU die Runde an das schützenswerte Teich-binsenröhricht in den Uferzonen an der Tideelbe und der Staatsrat verweist dazu auf die Arbeitsunterlagen, in denen sich eine Verordnung betreffend der Spurrinnen und Elektromotoren findet, die verwendet werden dürfen.

Emil hat derweil an Josefine, die Amtsleiterin für Arbeit und Soziales, übergeben. Die kleine korpulentere Dame, die von einem Shape-Kostüm unter Spannung gehalten wird, sagt freundlich: »Wer heute vor oder nach der Arbeit joggt und dieses Sport- oder Erholungsprogramm seiner Freizeit zuordnet, soll das in Hamburg künftig auf dem Weg zur und von der Arbeit machen können«, und stolz ergänzt sie: »Wir haben das Commitment zahlreicher Arbeitgeber, sich an den nötigen Umbau- und Anschlusslösungen auf der letzten Meile zwischen Wasserstraße und Büro zu beteiligen, wenn« – sie macht eine belustigte Kunstpause – »dafür ihre Mitarbeiter das Homeoffice verlassen und wieder verstärkt ins Büro kommen.«

Ein amüsiertes Raunen, begleitet von zahlreichen transparenten Chat-Kommentaren, geht durch den ganzen Raum. »Sollen wir also die Couch-Potatoes wieder flottmachen?«, ruft Josh vorlaut und im Chat bekräftigen viele der anwesenden Unternehmen, wie mühsam es geworden ist, die Angestellten für mehr als drei Tage in die Innenstadt zu bekommen. »Seitdem die Mitarbeiter autonom entscheiden, sehen wir montags und freitags kaum jemanden hier auf den teuren Flächen«, steht da, oder: »Viele leben mit ihrer Familie auf dem Land und kommen nur noch zu mehrtägigen Work-shops oder Trainings rein.« Die Amtsleiterin schließt ihren Part ab, indem sie zusammenfassend erklärt: »Wir erwarten, dass die Water-Corridors auch wieder mehr Leben in die Innenstadt bringen!«

Arnaud, der Staatsrat für smarte Mobilität und Infrastruktur, konkretisiert das Briefing: »Dennoch machen wir das nicht, um noch mehr Verkehr zu erzeugen, sondern um unseren Verkehr attraktiv zu entlasten.« Er wandert durch die Arena und fährt fort: »Bevor sich also jetzt an den Uferstreifen der gleiche Mobilitätsmüll stapelt, der eh schon die ganze Stadt verschandelt, haben wir Sie als führende Sportartikel- und E-Mobility-Hersteller eingeladen, ein Individualfahrzeug zu entwickeln, das sich an Land selbsttätig entweder nahezu in Luft auflöst, von selbst wegräumt oder so minimiert, dass man es in einen Rucksack stecken und mitnehmen kann.«

Von den Fragen, die im Chat auf ihn einstürmen, lässt er sich nicht beirren: »Je nach Größe, Geschwindigkeit oder Nachfrage behalten wir uns zudem vor, überhöhtes Verkehrsaufkommen durch Regulierungen von Fahrgassen oder Zulassungen zu begrenzen – was auch der Umwelt geschuldet sein könnte.« Er winkt Alicia vom NABU zu und fährt in ernstem Ton fort: »Vor allem den Schiffsverkehr auf der Elbe, den Hamburg für die Bundesschifffahrtstraße störungsfrei managen muss, dürfen die Individualsportler in keiner Weise kreuzen, da sie dabei sich und andere gefährden würden!«

Wieder eifrige Fragen und Kommentare, weil die Wassersportartikelhersteller auch e-motorisierte Versionen zur Flussbefahrung testen wollten. Doch Arnaud macht ein beschwichtigendes Handzeichen und verweist auf einen speziell entwickelten Bot, der mit allen Vorschriften und Regularien bestückt eine gute Planungshilfe sei. Dann übergibt er an seine etwa 40-jährige Amtskollegin, Oberbaudirektorin Yasemin, die ihr Kopftuch mit elastischem Stirnband im Nacken sportlich verknotet hat und die »nun Näheres zu den Gebieten der Wasserstraßen sagen wird«.

Yasemin krönt bei ihrem Auftritt ein Hologramm aus fünf Ringen, das ein Mitarbeiter ohne ihr Wissen über ihrem Kopf platziert hat und das – bis sie es selbst merkt – zu allgemeiner Erheiterung führt. »Wir würden es wieder tun«, lacht sie schlagfertig und spielt auf die damals durch einen negativen Bürgerentscheid vermasselte Olympiabewerbung an. Das Hologramm löst sich auf und sie fährt fort: »Und wir können es auch ohne Olympia. Der Sprung über die Elbe, der uns 2013 mit der Ansiedlung sparsamer und energetisch innovativer Wohnungen direkt hier gelungen ist« – sie weist aus den Fenstern auf eine gegenüberliegende Kolonie energieeffizienter Musterhäuser aus der Internationalen Bauausstellung von 2013 – »hat hier ein kleines Biotop vom Elbinselquartier über den Wilhelmsburger Inselpark hoch bis in die Wilhelmsburger Dove Elbe entstehen lassen.«

Der Teppichoden unter ihr wird wieder zur Wasserkarte, wo die Seitenarme der Süderelbe hellblaues Licht erhalten. »Leider wird sich der Sprung über die Elbe für diese Wasserkorridore hier noch nicht darstellen lassen.« Die Norderelbe liegt als No-Go dazwischen und der verbotene Strom erscheint wieder violett. »Aber wir haben ein sehr interessantes neues Terrain: Hier oberhalb der Elbe dehnt sich in Hamburgs Südosten die von der IBA Gesellschaft entwickelte Smart City Oberbillwerder aus. Verlockend sind hier die Übergänge von Kanälen in naturnahe Wasserstraßen – über die Bille bis Bergedorf –, aber auch das Gebiet südlich um die Dove Elbe ist mit seiner Ruderrennstrecke und der wasserdurchzogenen Landschaft ein beliebtes Erholungsgebiet. Um diese beiden Areale über Wasserstraßen miteinander zu verbinden, legen wir einen neuen, circa 600 Meter langen Stichkanal in den Holzhafengraben, um Wasserpendlern einen Zugang zur Innenstadt und vor der Elbmündung einen Abzweig in das alte Dove-Elbe-Becken anzubieten.«

»Dieser zusätzliche Wasserkorridor« – der sich auf dem Flor zwischen den beiden stark durchäderten Gebieten als grüne Fahrrinne abbildet – »ermöglicht den sicheren Individualverkehr im Osten und erschließt die neuen Entwicklungsgebiete gleich mit!« Das Publikum scheint angetan von der Spannweite und Vielfalt der Wasserstraßen, die der Amtsleiter für Verkehr und Infrastruktur, der wieder aus seiner Tribünennische gekommen ist, jetzt noch mit Hamburgs Innenstadt und etablierten Wohngebieten verbindet: »Über die Innenstadtschleusen lässt sich dann die Verbindung zur Alster und den Alsterkanälen bis zu ihrem Oberlauf zum Friedhof Ohlsdorf und der Schleuse in Fuhlsbüttel erweitern.«

Die Darstellung schiebt sich weiter rauf und die Außenalster nimmt mit ihren Kanälen nun die Manege ein. »Hier hätten Sie mit der Alster zusätzlich einen 164 Hektar großen künstlichen See mit sehr schwacher Strömung, der aber überraschend heftige Windböen haben kann.« Dazu postet ein zugeschalteter DLRG-Vertreter: »Vor allem an den Wochenenden ist die Außenalster mit Hunderten von Booten hoch frequentiert!«»Insgesamt«, resümiert Arnaud, »hätten wir damit eine Verbindung der Wasserstraßen aus den östlichen Randlagen über die Innenstadt bis hoch zum Flughafen!«»Funktioniert aber nur, wenn die Flieger eine dicke Verspätung haben!«, wirft Emil zur Belustigung aller ein und tritt neben Arnaud.

Der Lichtstrom hat sich verkrochen und einem skizzierten Siegertreppchen Platz gemacht, das Emil erklärt:»Lassen Sie uns noch etwas sehr Wichtiges zur Realisierung und zum Vertrieb sagen: Wir würden am Ende des Wettbewerbs ein bis drei robuste Modelle zum Sharing lancieren wollen. Diese wären ein Co-Branding aus Ihrer Marke und unserem städtischen Absender und darüber hinaus in den Modal Split des ÖPNV eingebunden. Natürlich bietet sich für Sie zusätzlich die Möglichkeit, eigene Varianten zu vermarkten. Allerdings bestehen wir darauf, dass die Water-Corridors-Fortbewegungsmittel ausschließlich über die Webstruktur von Inrupt und die bürgereigenen Solid Pods vertrieben werden. Wir erhoffen uns damit eine Erweiterung der Wertschöpfung über zusätzlich andockbare Services, die somit auch unabhängig von den Provisionsmodellen und Abhängigkeiten der großen Gatekeeper geschehen können.«

Marek wechselt einen Blick mit Karol, der zufällig auch Sahila trifft, die irritiert fragt:»Ja und? Das bietet Ali.does längst an und die ganzen Influencer und Netzwerker fahren voll darauf ab, weil sie mehr Provision ergattern. Tsss. Und ihr meint, Wunder wie weit vorne ihr hier seid! Echt sweet.« Und weil die Präsentation beendet zu sein scheint und sich die Ersten erheben, scheucht sie Marek mit wedelnden Händen auf:»Husch, lass mich mal raus, ich muss den Kurator noch erwischen!«

Karol bleibt sitzen und Marek kann sie jetzt endlich fragen:»Sag mal, habt ihr vor zwei Jahren das Fußballspiel auf der Alster veranstaltet?« Sie nickt begeistert:»Ja, die fußballfeldgroße grüne Luftmatratze! Das war eigentlich eine Kunstkooperation, die wir mit Balletttänzern und Spielern vom HSV und St. Pauli dann auf diesem Schwabbeluntergrund gestartet haben.« – »Es hat ewig gedauert, bis die beim Ball waren!«, erinnert sich Marek grinsend »Ja, stimmt!«, lacht sie, »ist verdammt schwer, wenn du dauernd einsackst. Die Tänzer waren da fast besser als die Fußballer! Das war echt Fun und ging den ganzen Sommer.« – »Ich weiß, wir hatten mit ENJOY auch ein After-Work-Turnier dort, war cool! Ich würde dir gern mal unsere ›Experiences‹ zeigen und überlegen, ob wir was zusammen aufsetzen könnten. Entweder für Touristen oder zu strategischen Marktforschungszwecken, wir denken da inzwischen zweigleisig.« – »Ja klar, sehr gern!«

»Hey Folks!«, Josh, der von oben zu ihnen runtergestiegen ist, nimmt neben Karol Platz und legt gleich los: »Ihr macht doch auch diese alternativen Sportveranstaltungen zu den Verbands- und Bundesligaspielen, oder? Kommt ihr da auch an deren Spieler?« Karol wiegt den roten Pagenschopf: »Ja und nein: Wenn ein Bundesligaspieler bei uns ein Turnier spielen würde, käme er danach nicht mehr in seinen Verband zurück, da sind die immer noch knallhart – einzige Ausnahme sind solche Kulturprojekte. Da ist eh klar, dass die Spiele nie für die Tabelle zählen werden. Aber zu uns kommen die Freigeister, die Verheizten aus den Verbandsligen und inzwischen sogar so mancher Superprofi, der genug Geld gemacht und auf den zwanghaften Laden da keinen Bock mehr hat.« – »Klar, und außerdem habt ihr euch mit den Events so weit von der regulären Liga entfernt, dass ihr inzwischen etwas völlig Eigenes bietet«, bekräftigt Marek und Josh knüpft an: »Wir haben vor zehn Jahren in Österreich auf den Seen ein Yoga-Championship auf Stand-up-Paddle-Boards ausgerufen. Das war sofort ein Selbstgänger! Wenn du da die Bilder siehst: Wie viele Boards den See bedecken, da waren die Floating Piers von Christo und Jeanne-Claude nichts dagegen!« Marek bekommt eine Momentaufnahme eingeblendet, auf der sich auf dem Wasser vor malerischer Bergkulisse tausend Stand-up-Paddler sektengleich aus der Figur des herabschauenden Hundes auf dem schwankenden Board in den Liegestütz begeben. »Wow!«, rufen er und Karol wie aus einem Munde.

Cut!

Regie: Stopp! Moment mal! Muss es in 20 Jahren immer noch diese Stand-up-Paddler geben?

Marek: Das SUP hat sich massentauglich durchgesetzt, die gehen von selbst nicht mehr weg. Und den E-Motor gibt's auch schon ... Aber sie sollen ja was Neues bringen! There is hope.

Steffen: Ich hoffe bloß, dass es eleganter wird als Vorwärtsruderboote! Eigentlich ein blöder Trend, dass die ganzen neuen Wassersportgeräte einen so unbeholfen damit aussehen lassen. Gerät, Bewegung und Körper müssten vielmehr eine harmonische Einheit bilden.

Sahila: Na, da wartet mal ab! – Aber ich fand noch was ganz anderes unbeholfen: Warum spreche ich nicht direkt mit dem Number-Cruncher Ben, wenn der über die Fondsgesellschaft die Vermieterinteressen vertritt und offensichtlich vor Ort ist?

Regie: Stimmt! Das kann eigentlich nicht sein, dass ihr euch da oben platziert und keinen Kontakt zu Ben aufnehmt, der in der Südkurve sitzt! Wieso hat die Lichtschlange euch nicht gleich zusammengeführt?

Steffen: Ja, von wegen alte Software! Das kann ja keine Entschuldigung mehr sein, wenn Lernen permanent und vernetzt passiert. Die hätten sich gleich mit den smarten Assistenzsystemen und persönlichen Interessen verknüpfen müssen!

Josh: Geht wahrscheinlich aus Datenschutzgründen nicht.

Regie: Doch, wenn die Behörde mit Solid Pods arbeitet und die Nutzer es zulassen, darf sie datenbezogene Services anbieten.

Josh: Was du damit sagen wolltest, hat hier eh noch keiner kapiert.

Arnaud: Also aus infrastruktureller Sicht fand ich das hochinteressant.

Regie: Die Solid Pods werden noch öfter auftauchen. Insofern reicht mir hier ein erster Funken Aufmerksamkeit – selbst als Fragezeichen.

Jap: Da sieht man einfach mal, wie blöd man ohne Bot im Ohr dran ist: Keiner, der dauernd mitdenkt oder hilfreiche Bezüge herstellt (kichert).

Regie: Hach, super! Danke, Jap! Denn genau so sollte das ankommen! Diese Überforderung durch Namen, Unternehmen und

Funktion, die die Leserin oder der Leser noch erlebt, müsste für euch ständig transparent und simpel zu handeln sein. Mit den betitelten Lichtloopings, den eingeblendeten Visiten-Videos und den Profilbildern, die überall zum Chat auf den Screens auftauchen. Plus die Bots, die mit eurer Microkamera in der Augenbraue Gesichter erkennen oder über den Knopf im Ohr Gespräche selektiv anpeilen, verstärken und aufzeichnen können. Außerdem ständig abrufbare Hintergrundinfos … Es hätte auffallen müssen, wie viel leichter es euch fällt, den Small Talk direkt auf eure Interessen oder die Neigungen des Gegenübers auszurichten.

Arnaud (grinsend): Aus infrastruktureller Sicht finde ich auch das hochinteressant!

Steffen: Ja, aber rein als Lesestoff kann man den beschriebenen Benefit nicht nachvollziehen. Diese ganzen Einspeisungen, die über unterschiedliche Sinneswahrnehmungen parallel stattfinden! Das passt nicht zwischen zwei Buchdeckel.

Howard: Wenn ich da als Kurator, der in Smart Citys »Experiences« kreiert, vielleicht kurz einhaken darf: Ich finde die Diskussion super interessant, weil das Buch eigentlich das Medium per se ist, um seine eigene Vorstellungskraft zu aktivieren. Und wir erleben ja parallel zu den Live-Events, cineastischen Filmen und Games auch wieder eine Reduzierung der sensorischen Adressierung, wie bei Podcasts oder Clubhouse, auf rein akustisch oder eine völlig abstrakte Bildsprache, die nur die Stimmung eines Gesprächs über Wellen wiedergibt, wie bei der Apple-TV+-Serie »Calls«. Das verstärkt dann wiederum den Sinneseindruck und die Aufmerksamkeit.

Yasemin: … Aber erweitert vielleicht nicht unbedingt den Vorstellungsraum. Wir arbeiten bei der Stadtplanung mit kognitiven Psychologen zusammen und die sagen ganz klar, dass unsere Smartwatches unseren Vorstellungsraum ergänzen. Also so, wie das mit den Navigationssystemen begonnen hat, die dich zum Mittelpunkt der Welt machen und dir damit das Gefühl geben, global überall herumturnen zu können. Das erweitert das Selbstvertrauen und folglich das Handlungsspektrum, obwohl sich rein biologisch unser neuronaler Orientierungssinn zurückentwickelt hat. Die Medien bespielen also nicht nur unsere Vorstellungsräume, sondern erweitern sie auch für unsere Interaktionsfähigkeit. Über Augmented Reality kannst du deine Position gleich aus mehreren Perspektiven betrachten und erlebst praktisch die intelligente Vernetzung eins zu eins als deinen Standortvorteil.

Marek: Wir arbeiten mit den erweiterten Realitäten schon im Tourismus, allerdings eher als Täuschungsmanöver, um heruntergekommene Stadtkulissen in weichem Patina-Licht oder gefakt rekonstruiert darzustellen. Soll auch die Wahrnehmung intensivieren und gleich die »richtigen« Bilder beim Urlauber abspeichern.

Karol: Aber wenn sich in Zukunft alles um die individuelle Wahrnehmung und Interaktion mit Menschen, Medien und Maschinen dreht, dann kam das hier – bis auf die Bot-Unterstützungen – noch kaum zum Ausdruck.

Regie: Stimmt, das war noch zu dünn und ich fürchte auch, dass man das Smarte wieder nur technisch oder informationsüberfrachtet wahrgenommen hat. Die beschriebenen Events sollten diese leibhaftigen Erfahrungen eigentlich verdeutlichen, hmm … Bekommen wir die Sinne und das Menschelnde da noch irgendwie stärker rein?

Karol: Man könnte zum Beispiel über das Transgender-Thema noch etwas mehr auf die Selbst- und Fremdwahrnehmung hinweisen.

Sahila: Verwechseln wir da nicht Wahrnehmung mit Befindlichkeiten?

Regie: Ich wollte eigentlich gerade vermeiden, dich zu exponieren, Karol, und dachte: je beiläufiger, desto gleichberechtigter, umso inklusiver.

Karol: Beiläufig? Hey, ich lebe als Transsexuelle aber nicht mit eurer geschlechtlichen Selbstverständlichkeit. Für mich war mein Körper immer eine Auseinandersetzung und da brauchte es Sichtbarkeit und Bestätigung von außen. Ich will nicht unauffällig irgendwo inkludiert sein! Ich will gesehen und mit diesem aufwendig gestalteten Körper anerkannt werden! Ich hab hier mehr Geld und Pharma reinvestiert als jede Midlife-Crisis-Tussi, die sich unters Messer legt.

Sahila: … Die auch nur wieder von anderen gesehen werden will …

Regie: Und wie würdest du gern gesehen werden wollen, Karol?

Karol: Na, einfach höllenmäßig attraktiv! Marek müssten die Augen übergehen! Aber was geht ihm stattdessen durch den Kopf? Ob ich vielleicht doch nicht so richtig Frau bin! Das ist doch scheiße!

Regie: Ja, verstehe, okay, das können wir ändern, nicht wahr, Marek?

Marek: Häh? Ja, klar. War eher die sonore Stimme, die mich drauf gebracht hat. Körper sieht top aus. Vermute Überirdisches! (Karol und Marek lachen.)

Karol: (kokett) Und dann organisiere ich auch noch Fußballfestivals!

Marek: Schier unpackbar! Mein Bot sagt: 100 Prozent Match! – Aber die Regie wollte doch, dass ich eher auf Anne stehe?

Regie: Anne tritt als zweite Hauptfigur ja erst später in Erscheinung und ich weiß noch nicht, ob es zwischen euch überhaupt zu einer Liebesszene kommt.

Sahila: Geht ja schließlich um die Arbeitswelt. Ist wahrscheinlich auch in 20 Jahren noch unprofessionell.

Karol, Marek, Jap, Josh, Steffen, Howard, Arnaud und sogar Yasemin, die Oberbaudirektorin: (entgeistert und wie aus einem Munde) Waaas?!

MOTIV 2

DER KONZERN

Aus etwa zwölf Meter Höhe wandert ihr Blick über die Brüstung. Zu beiden Seiten ist die Aussicht gefasst von den dunklen, textilbespannten Wänden des Kokons, der in den letzten drei Stunden ihre Arbeitszelle gewesen ist. Die getönte Frontscheibe, die ihr eben noch als Screen diente, lässt sie nun zur Seite gleiten. Sie gibt den Blick frei in ein riesiges Atrium, durch dessen Lichtdom gelbes Nachmittagslicht hereinfällt. Glaskuben mit Arbeitsräumen und Kreativlaboren von unterschiedlicher Größe und Höhe stapeln und reihen sich an den Seiten auf- und aneinander. Vorhänge, Holzlamellen oder schuppenartige Spiegel variieren ihr Erscheinungsbild und begrenzen den Einblick in das Innere.

Die unregelmäßige Anordnung aus Vor- und Rücksprüngen gibt Terrassen und Balkone frei, die sich über Spazierwege auf Galerien und ausladenden Treppen weiter verzweigen und hinter Pflanzenvorhängen verschwinden, um sich als Brücken entlang unterschiedlicher Sitzarrangements fortzusetzen. Ihr Ziel ist ein etwa 15 Meter hohes Bergmassiv, das die Mitte des Atriums einnimmt und von einer Glaskuppel überspannt ist. Im oberen Drittel sind die künstlichen Gipfel zugunsten mehrerer Lichtschächte schräg gekappt, um den Tageslichtfang über Spiegelfacetten an der Innenwand weiter nach unten zu lenken. Von Weitem wirkt ihr silbriges Schimmern wie Schneeglitzern. Auf filigranen Stahlbrücken, die von den Stockwerkterrassen zum amorphen Felsendom in der Mitte des gigantischen Luftraums führen, schlendern einzelne Beschäftigte hin und her, verweilen am Lichtkrater oder blicken, vertieft in ihre Telefonate, über die Landschaft.

Unterhalb der künstlichen Schneegrenze beschattet ein Hain von etwa 20 Kiefern einen Halbtrichter, in dem konzentrische Sitzstufen und wechselnd helle Lichtfarben erkennbar sind. Auch an den Felshängen laden Rampen, Terrassen und Nischen mit kleineren Arenen zu spontaner Begegnung, gemeinsamen Arbeitstreffen oder kleineren Präsentationen vor Publikum ein.

Bewegliche Wandelemente, die sich wie Fächer aus der Felsenhaut zur Abschirmung ziehen lassen, und einzeln illuminierbare Lichtstimmungen unterscheiden Flächen zum gemütlichen Rückzug – oder für eine offene, lichtdurchflutete Kollaboration, wie an den Holztischen auf der Felsenterrasse etwa 20 Meter entfernt vor ihr. Drei Frauen und zwei jüngere Männer beugen sich über eine leuchtende digitale Planrolle, die sich in ihren Brillengläsern spiegelt. Während sie auf die leuchtenden Skizzen tippen, entstehen zwischen ihnen virtuelle Elemente, die sich mit ihrem Aufrichten vom Plan zu lösen und entsprechend ihren Gesten zu drehen scheinen, aber für alle anderen Beobachter unsichtbar bleiben. Die angeregte Unterhaltung der kleinen Gruppe schluckt ein Wasserfall, der Flechten und Moose an der Felswand mit seinem Dunst benetzt.

Bevor sich das Wasser weit unten in ein grünes Becken ergießt, rauscht es an einem Tunnelbogen vorbei, der samt Plateau aus dem Bergmassiv herausragt und Menschen über eine pulsierende Medienwand entlang des gebogenen Tragwerks in sein Inneres führt. Eine Gruppe grellgelb gekleideter Personen ist gerade in den Tunnel hineingegangen – und weil der Berg die Besucher nicht in die Landschaft an den Berghängen entlässt, wo Menschen sich beim Flanieren unterhalten, von Balkonen herabschauen oder sich mit ein paar anderen in den Terrassenpolstern wie zum Picknick niederlassen, nimmt die Beobachterin an, dass die Tour entweder recht lange dauert oder der Ausgang auf der Rückseite des Massivs liegen muss.

Sie räumt ihr Pad zur Seite, setzt sich auf den laminierten Vorsprung, der ihr gerade noch als Arbeitstisch gedient hat, und beugt sich vorsichtig über die Balustrade. Unter der faserigen Außenhaut ihres Kokons kragen noch drei dicht besetzte Galerien aus den ansonsten rasterförmigen Stockwerken des ehemaligen Einkaufszentrums, bevor eine große, ausladende Treppe mit verstreuten Bananenstauden- und Bambuskübeln zum grünen Wasserbecken ins Erdgeschoss führt. Dort verwandeln sich ihre Stufen in Stege und Podeste. Bunte Container und möblierte Gastronomieflächen säumen Wasserbecken und kleine Bachläufe, die sich unter den Palmblättern verzweigen. Ein paar Kinder spielen im knöcheltiefen Wasser, während die Erwachsenen mit hochgekrempelten Hosen am Rand sitzen.

* * *

Ich jetzt bin auf dem Weg zu dir, sorry, hat länger gedauert«, schreckt sie Mareks Stimme in ihrem Ohr auf und sie dreht sich zurück in den Kokon, wo das Raumlicht inzwischen in ein anregendes Orange gewechselt hat. Während sie ihre Sachen zusammenpackt, erscheint Mareks Icon auf ihrer Kontaktlinse und mit

Lju<3M ein Memo an ihr letztes Treffen vor drei Monaten in Ljubljana. »Wie sweet von dir, dass du mich persönlich abholst!« »Na klar, wir haben uns so lange nicht real getroffen! Hab mich echt gefreut, dass du vorbeikommst!« »Voll fancy, eure Büros hier!«, muss Anne gleich ihre Begeisterung mitteilen, obwohl Marek noch nicht bei ihr ist. »Ja, finde ich auch«, antwortet er mit leichtem Schnaufen während des Laufens. »An das Einkaufscenter, das dieses Gebäude mal war, erinnert zum Glück nichts mehr. Hörst du den Wind? Ich hole dich gerade über einen extra angelegten ›Spaziergang‹ ab, der Innen- und Außenräume durchquert und helfen soll, seine vorherige Arbeit körper- wie kopfmäßig hinter sich zu lassen und sich für eine neue Aufgabe frisch zu machen.«

»Ich bin begeistert, wie du dich auf mich einstellst!« – »Ja, ha, wie du dir denken kannst, funktioniert der erfrischende Switch im nordischen Nieselwetter so gut, dass selbst die kognitiven Neurologen gestaunt haben.« Anne lacht und nimmt ein Desinfektionstuch aus dem Wandspender, wischt sich über die Hände und noch schnell die Kaffeeränder vom Tisch, als Marek erscheint und an den Türrahmen klopft. »Hey Anne!« – »Hey Marek! – Sorry, blöde Pandemie-Angewohnheit, immer überall rumwischen zu müssen«, entschuldigt sie sich und sucht einen Wertstoffbehälter. »Du kannst es auf dem Tisch liegen lassen. Es zerstört sich selbst, wenn wir das Zimmer verlassen«, behauptet er, dreht sich im Türrahmen um und geht voran. Anne grinst spöttisch, stopft das Tuch mit zwei Fingern in ihre enge Hosentasche und bemüht sich, Marek auf ihren gebogenen Sohlen aus recycelten Motorradreifen einzuholen.

Über eine schmale Passage geht es vorbei an wuseligen Workshopräumen, 3D-Laboren, tiefer gelegten Meeting-Arenen und frei möblierten Terrassen. »Es tut mir leid, dass ich so hetze«, sagt Marek zu ihr, »aber heute Morgen gab es ein Projekt-Kick-off beim Stadtplanungsamt zur verstärkten Nutzung der Wasserstraßen, bei dem eine Frau vom Veranstaltungsorganisator SportsForPeople dabei war, und die hab ich spontan zu unserer Experience-Tour mit eingeladen.« Anne hat ihn auf ihren bereiften Schuhen mit übertriebenem Abrollen eingeholt und er macht einen lustigen Kommentar darüber, bevor er fortfährt: »SportsForPeople wäre super für unsere Event-Touristikangebote. Sein Bottom-up-Spirit ohne das ganze Sportverbandsgewese wäre für ENJOY ziemlich klasse.«

Sie passieren einen Screen, der mit wechselnden Buzzwords und Profil-Icons ankündigt, wer von ENJOY gerade welche Fragestellungen bearbeitet. Anne ist kurz abgelenkt, weil mit »Brainwave-Stimulations@mike« scheinbar mitgeteilt wird, dass Mike (wohl mithilfe mehrerer Bots) alles über die Stimulation von Hirnwellen zusammengetragen hat und seine Erkenntnisse nun für alle zum Abrufen bereitstehen. »Ah, okay, kein Problem«, besinnt sich Anne, »dann machen wir die Experience-Testreihen zusammen mit ihr? Und den Evaluierungsworkshop danach auch?«

Marek biegt auf eine der Schwebebrücken ab und wendet ein: »Das haut mit ihr leider zeitlich nicht mehr hin, und da mir vorhin für den Workshop danach eh eine Interne abgesprungen ist, wollte ich dich fragen, ob wir den Evaluierungsworkshop auf morgen früh verschieben können und du deinen Aufenthalt bei uns bis morgen Mittag verlängern kannst.«

Anne sieht, wie sich ihr Wochenkalender als transluzenter Layer in ihr Sichtfeld schiebt. Als ihr smarter Bot ihren markierten Aufenthalt bei ENJOY um einen halben Tag verlängert, kollidiert das mit einem eingestellten Block ihres Sohnes Luka. Marek fährt derweil fort: »Wir haben oben im fünften OG schicke neue Microapartments, ich kann dich da für eine Nacht reinbuchen.« »Ah, okay. Ja, danke, das wäre toll. Ich weiß zwar grad nicht, was zu Hause alles ansteht, aber das lässt sich sicher regeln. Ich wäre wirklich gern morgen live dabei«, willigt sie ein und hofft, dass sich das irgendwie mit Luka organisieren lässt.

»Super, dann lass das unsere Assistenten klarmachen«, beschließt Marek und beide setzen ihre Smartwatch für die weitere Organisation in Gang. In Kürze wird Anne erfahren, was hinter dem »Luka«-Eintrag steckt und wie wichtig ihre reale Anwesenheit hierbei wäre. Marek holt sie aus ihren Gedanken: »Dann machen wir heute mit den Gästen ein etwas spektakuläreres Testing auf den Consumerflächen, okay? Evaluierungsworkshops kennen die schon, aber für die unterschwellige Form der Datengenerierung über aktives Involvement würde ich sie gern gewinnen, denn ich möchte erreichen, dass sie ENJOY nicht nur als Kooperationspartner, sondern auch für solche Experience-Erhebungen auf dem Schirm haben.«

Sie passieren einen weiteren Shared-Learning-Screen, auf dem Marek gerade mit Outdoor-Möbeln und dann mit recyceltem Einweggeschirr auftaucht. »Dann ist das heutige Testing ja gar nicht so unpassend«, kombiniert Anne. »Na ja. Möbel für draußen und Einweggeschirr passen zwar zu Sport- und Massenveranstaltungen, aber ich hab die Testreihen etwas aufgepeppt. Vor allem die mit den Outdoor-Möbeln wird dir gefallen!«

Sie erreichen eine helle, auskragende Terrasse, von der eine großzügige Freitreppe mit erst sehr breiten Stufen und dann kürzeren steilen Antritten auf eine Ebene zwischen der oberen und unteren Etage führt. Auf dem Plateau haben sich mehrere Kleingruppen an einer langen Holztischplatte gruppiert; sie beugen sich über Pads und Skizzen, begutachten kleine Modelle und kommentieren gegenseitig ihre Ideen. In einer Nische am rechten Rand stehen vor einem schwarz glänzenden Monolithen drei Personen, die mit ihren Fingern Dokumente aus dem dunklen Nichts an die Oberfläche ziehen und diese bewegen, besprechen und beschriften.

»Die Interior-Designer haben sich mit unserem Cultural-Strategy-Gremium echt tolle Sachen einfallen lassen. Wir sind erst vor vier Monaten eingezogen und müssen selbst noch lernen, uns diese neuen Angebote an Meetingformaten und Arbeitsflächen individuell zu erschließen. Die Raumkonfigurationen sollen angeblich die unterschiedlichen Prozessschritte der Design-Thinking-Methode erleichtern. Aber das Ganze ist selbst noch ein Open Process. ›Design Thinking über Design Doing‹ sozusagen, da kannst du gleich mitmachen«, lacht Marek.

Anne, fasziniert von den ansprechenden Darstellungsformen, fällt ein, wie sie sich kürzlich an ihrem uralten Flipchart so dermaßen die Finger geklemmt hat, dass sie es wutentbrannt durch den Raum geworfen hat. »Wenn ich bedenke, dass ich mich gerade erst von meinem Flipchart getrennt habe – und wie hartnäckig es sich selbst beim Entsorgen auf dem Recyclinghof mit seinen verdammten Metallbeinen noch gewehrt hat«, vertraut sie Marek an. »Uuh, diese hässlichen Dreibeiner!«, lacht er. »Aber an sich haben wir hier mit unseren Tools auch versucht, wieder zurück zu den Objekten zu kommen, damit der Arbeitsprozess vor Ort auf natürliche und körperliche Art unterstützt wird. Unsere Forschungsgruppe zur User-Experience – wir nennen uns übrigens seit Neuestem die UX-Füchse, sehr cool –«, er zwinkert Anne zu, »hatte explizit den Auftrag, digitale Oberflächen, deren Inhalte und Verwendung eine bestimmte Arbeitshaltung erforderten, aus der Zweidimensionalität in Artefakte zu verwandeln. Zum einen, um den spezifischen Nutzungs- oder Werkzeugcharakter zielorientierter zu verdeutlichen, zum anderen, um die Verwendung intuitiver zu ermöglichen. Damit unsere Zusammenarbeit hier auch wirklich zwischen uns abläuft und nicht an Bildschirmen.«

»Stimmt, für'n Bildschirm wär ich nicht so gern gekommen. Da wär ich lieber mit dir essen gegangen«, wirft Anne verschmitzt ein, »aber sooooo«, schaut sie sich weiter um, »würde ich direkt mit dir arbeiten wollen!« Marek schmunzelt und erklärt ihr, dass sie den Workshop morgen in einem der Evaluierungsräume machen werden, und zeigt dann zu den Glaskuben gegenüber. »Vom zweiten OG an bis ganz nach oben bleiben die Arbeitsflächen den Mitarbeitern, Zulieferern, Businesskontakten und eingeladenen Experten vorbehalten«, sagt er.

»Gleich unten, im zweiten OG, wird das Wissen zusammengetragen – also Bot-unterstützte Recherchen im Netz, Archivarbeit in der Library und die Filterprogrammierung für das Social-Media-Monitoring im lang gezogenen Media-Space da drüben«, er zeigt auf eine riesige Glasellipse, die auf der einen Seite ins Atrium und auf der anderen aus dem Gebäude kragt. »Dort im Data-Warehouse triffst du auch viele von Marketing, Vertrieb und Kommunikation, die sich kurzschließen, weil hier alle Informationen aus den Destinationen sowie von Partnern wie Kunden eintreffen und je nach Fragestellung teilautomatisiert aufbereitet werden. Rundherum angedockt sind die Flächen für Sondierungsworkshops, die als mehrtägige Arbeitsmeetings intern oder tageweise mit Experten und Kunden stattfinden und die den Projektfokus schärfen oder den inhaltlichen Rahmen abstecken sollen.«

»Da war vorhin auf einem Screen ein Mike erwähnt zum Thema Hirnwellenstimulation«, wirft Anne ein. »Ja, gut gesehen. Ab einer bestimmten Menge an gelerntem Wissen kann sich jede und jeder als interner Wissensträger promoten und das erworbene Wissen teilen. Mike kennt sich jetzt scheinbar mit Hirnwellen aus und kann dir seinen programmierten Bot oder weitere Expertise und Experten zur Verfügung stellen. Und je mehr ENJOY-Leute darauf zugreifen, das Wissen nutzen, anreichern und ihm positive Rückmeldung geben, umso besser für sein Knowledge-Portfolio.«

»Und die kleineren Studios und Terrassen, wie wir sie eben gesehen haben, sind das eure internen Arbeitsräume?« »Ja genau, und dazu gehört auch eine Phalanx klassischer Einzel- und Zweierbüros zum ungestörten Arbeiten sowie ein Riegel Microapartments, von denen Teile als Maisonette auch zum Arbeiten angelegt sind. Im fünften OG kommen dann die strategische Konzeption, die eher vertraulichen Meetingräume sowie die Legal- und HR-Services. Einige Strategiemeetings finden auch im Light-Dome im Bergmassiv statt, wo sich Videos, Geodaten und Satellitenbilder von potenziellen Destinationen so zusammensetzen, dass man ein besseres Gefühl für Ort und Kontext erhält.«

Anne hört interessiert zu, während Marek fortfährt: »Und das sechste OG ist die Vorstandsetage, angedockt an einen fluiden Open Space, in den die Geschäftsführer Partner zur Co-Konzeption einladen. Manchmal starten sie das Kennenlernen mit einem gemeinsamen Essen dort oder kochen sogar zusammen, denn an die Arbeitsbereiche schließt sich eine Art sporadisch besetzte WG für diejenigen Geschäftsführer an, die nicht nach Hause fahren wollen oder von weiter her kommen. Auch die Vorstände entwickeln gerade neue Rituale, wie zum Beispiel Montagsrunden auf dem Teppichboden in Socken oder den gemeinsamen Five o'clock Tea, mal britisch in ihrem Salon mit Scones und Co., mal fast zeremoniell auf der Veranda ihres Gärtchens. Sie haben inmitten ihres Open Space nämlich einen innen liegenden Dachgarten, den hauptsächlich unser Finanzvorstand pflegt, um mal wieder Wachstum zu sehen, wie er sagt.«

»War die Geschäftsleitung nicht früher bei euch auf der Fläche?« – »Als wir noch kleiner waren, sollte das Distanz nehmen, aber selbst da war es schwierig, weil du als Aktienkonzern Insiderwissen vermeiden musst. Es gab für vertrauliche Gespräche nur diese kleinen Boxen, und da drin hast du es nicht lange ausgehalten und wurdest von allen misstrauisch beäugt. Das war einfach ungeeignet. Jetzt haben sie die Umgebung bewusst so gestaltet, dass bestimmte Konzentrationsverfassungen, Tätigkeiten und Arbeitsabsichten atmosphärisch unterstützt werden. Und ich kann auch prüfen, ob das klappt«, erklärt Marek und zeigt ihr auf seiner Smartwatch, wie sich seine physiologische Befindlichkeit mit den Angeboten der ENJOY-Arbeitslandschaft verknüpft: »Hier siehst du meine Agenda, unterteilt in verschiedene Aktivitäten und Ortsvorschläge, die wiederum mit meiner körperlichen Verfassung – das ist die Kurve hier oben – zusammenhängen.«

Anne erkennt hier ihre eigenen Optimierungsanalysekurven wieder, die auch bei ihr zwischen Ist- und Wunschzustand zeitliche Gaps in Violett und den Grad von Anregung bis Stress in einer Farbpalette von Gelb bis Rot anzeigen. Marek geht weiter darauf ein: »Mein Assistent prüft also, wie sich die äußeren Anforderungen auf meine innere Befindlichkeit auswirken, und empfiehlt mir dann Methoden und Raumatmosphären, die mich in meiner Absicht ideal unterstützen.«

»Auch außerhalb von ENJOY?«, fragt Anne, deren Smartwatch für sie als Selbstständige im Grunde das Gleiche macht, aber ohne die Verbundenheit zu einem Arbeitgeber und dessen üppigen Lernwelt-Angeboten. »Ja, denn das ist primär mein Assistent, der mit meinen privaten Daten operiert. Aber als Angestellter kann ich natürlich auf die ganze ENJOY-Palette zugreifen. Und das hat ENJOY auch begriffen, dass sie Co-Working, Home- oder Mobile Office nicht als Konkurrenz, sondern Ergänzung verstehen müssen. Umso wichtiger war es ihnen, nicht einfach nur schön dekorierte Bürostandards hinzustellen, sondern sowohl die Unternehmens- als auch die Mitarbeiterperformance weiterzutreiben. Dafür sind auch diese Experience-Landschaften entstanden: Unten und im Berg als Erlebnis-Begegnungslandschaft zwischen B2B und B2C, ab dem zweiten OG und an den Berghängen als Lern- und Arbeitslandschaft, die dich deutlich anders als ein Open Space willkommen heißen«, erklärt er, während Annes Blick über die unterschiedlichen Grüppchen wandert, die sich am Berghang auf Plateaus, auf grünen Matten oder vor einer kleinen Hütte auf Ausbuchtungen und Baumstämmen niedergelassen haben.

»Wie ihr zu den freien Lernformen und dem Activity-Based-Working animiert werdet, finde ich mega ansprechend und auch für ENJOY als Destinationsgestalter echt glaubwürdig.« – »Absolut! Nur war es für viele ältere Mitarbeiter anfangs nicht leicht, sich vom Bildschirm zu lösen und sich mit eingeblendeten Informationen auf Brille oder Kontaktlinse zum Arbeiten in die freie Landschaft zu begeben.« Er biegt auf eine der Brücken ab und zeigt auf eine weitere ganz oben: »Die Telefontrassen über dem Gipfel wurden als Erstes genutzt, weil man weit schauen oder seinen Gedanken hinterherhängen kann und die meisten eh unwillkürlich beim Telefonieren schlendern. Das war die Aufgabe an das Interior-Team, zu dem auch kognitive Neurologen, Psychologen, Lernforscher und Anthropologen zählten: eine Umgebung zu schaffen, die geeignet ist, um eine natürliche oder intuitive Haltung entsprechend der beabsichtigten Tätigkeit einnehmen zu können und sich gleichzeitig in der Intensität und Aufmerksamkeit angeregt zu fühlen.«

Marek weicht vor ihr in eine Ausbuchtung aus, um genau so einen grauhaarigen, schlendernden Telefonierer vorbeizulassen. Vertieft ins Gespräch, stößt dieser mit gesenktem Kopf doch fast mit Anne zusammen und stoppt beim Blick auf ihre Fußknöchel, die von dunkelgrünem Leder umspannt in einer Autoreifensohle stecken. Er schaut interessiert auf, registriert Marek neben ihr, nickt ihm zu und schaltet sein Gespräch kurz auf Pause. »Hi Marek, hallo … Anne?« »Anne, das ist Ronald, unser Vice President«, setzt Marek an, obwohl alle Beteiligten die Profile der anderen schon auf ihrer Kontaktlinse haben. »Was sind das für crazy Schuhe?« – »Ich kann damit einparken«, spielt Anne auf ihr Ausweichmanöver in der Haltebucht an und beide Männer lachen.

»Anne ist unsere externe Anthroposophin für nachhaltige Arbeitsformen. Ich hatte dir schon von ihr erzählt.« Ronald schaut Anne an, sucht nach seiner Erinnerung und meint: »Und das heißt Recyclingarbeit?« Anne lacht: »Ja, teilweise. Das hier ist tatsächlich ein Stück von einem alten Reifen.« Sie stützt sich an Mareks Arm ab und zieht vom rechten Fuß das Reifenstück ab. »Das grüne Leder und die weiche Sohle bleiben, und entlang dieser Schiene lassen sich unterschiedliche Profile und Absätze aufstecken.« »Man ist bestimmt sehr schnell damit!«, staunt Ronald anerkennend. »Es gibt sie auch aus zerlaserten Formel-1-Reifen, aber meistens drucken sie recyceltes Gummigranulat. Die Lederslipper kommen aus Griechenland und taugen auch als Hausschuhe«, erzählt Anne betont unaffektiert, um nicht als Verkäuferin dazustehen.

»Ah, wo du gerade Griechenland ansprichst: Wir könnten da auch etwas innovativen Input vertragen. Hast du dich schon mit Flüchtlingshilfe an touristischen Destinationen beschäftigt?« – »Ja! Das hier war so ein Projekt und ein guter Freund versucht gerade auf …« »Bestens, also ganz kurz«, unterbricht Ronald: »Wir arbeiten da an einem Pro-bono-Projekt, das speziell die lokalen Tourismus-anbieter, die durch die Flüchtlingsströme und -lager stark betroffen sind, mit neuen Konzepten versorgt. Ich hab dazu übermorgen ein Meeting mit NGOs aus Griechenland und es geht um Ideen, wie man sowohl den Flüchtlingen in den Lagern als auch den Hotels in der Nähe helfen kann – was bei den politischen Auflagen nicht ganz einfach ist.« Sein Call ruft ihn zurück und er ergänzt noch schnell im Gehen: »Wenn du Interesse hast, Anne, und hier ein paar Ideen beisteuern möchtest, schick mir gern was zu!«

»Ja, hab ich!«, ruft Anne Ronald hinterher und an Marek gerichtet: »Hat der mir eben zugezwinkert?« – »Gut möglich, er gehört noch zu den alten weißen Männern«, scherzt dieser. »Aber cool, dass er dich angesprochen hat! Er ist angeblich in Altersteilzeit, aber er kann nicht aufhören und zieht immer noch die Fäden. Er hat irre Kontakte und Deals klargemacht, für die heute keiner mehr seinen Kopf riskieren würde. Mit ihm zusammenzuarbeiten ist echt spannend.« »Damit meinst du am Rande der Legalität und finanziell nicht auskömmlich?«, hakt Anne nach, während die Brücke unter ihrem Gang leicht federt. »Nee, inzwischen muss da immer jemand von Legal dabei sein und das juristisch absichern. Finanziell ist es eher unsicher. Es heißt, dass Ronald immer nur alle zum Output bringt und sich rein auf das inhaltliche Vorankommen konzentriert und dass er auf alles, was Administration und Honorierung angeht, keinen Bock hat. Das muss man selbst immer wieder ansprechen und durchfechten.«

Anne bemerkt, dass in ihrem oberen Sichtfeld bereits Ronalds Icon pulsiert, das auf Bestätigung wartet. »Und wenn ich die Rahmenbedingungen vorab klären wollte …?«, denkt sie laut, und da Marek nicht antwortet, fährt sie selbst fort: »… bin ich sofort die komplizierte Kuh.« – »Ja, das könnte er so sehen. Du kannst ihn eigentlich nur über die Inhalte gewinnen und musst prüfen, ob dir der Wissensaustausch mit ihm als Learning für dein Portfolio genügt. Du kommst über ihn unter Umständen an tolle Referenzen. Ich weiß, dass er immer ein paar wirklich bedeutende Persönlichkeiten zu einer intensiven Zusammenarbeit bewegen kann. Extrem coole Brains und noch hochrangiger als die Workshop-Teilnehmenden, die wir gleich treffen werden.«

Die Teilnehmenden sind, wie sich kurz darauf im Bergmassiv

herausstellt, sehr aufgeschlossen und interessiert. Im Kennenlernkreis in einer der dämmrigen Höhlen des Zentralmassivs antworten zehn eingeladene Personen – darunter auch Karol von SportsForPeople – auf kurze persönliche Fragen ihres jeweiligen Gegenübers, während ihre smarten Assistenten zu ihren Antworten passende Eindrücke aus ihren Fotos oder Storys ins virtuelle Lagerfeuer schicken: Palmen am Gartenzaun, eine Almhütte als Homeoffice, selbst gezüchtete Orchideen, überladene Cupcakes, Gleitschirmflieger in den Alpen, ein Hochhaus aus Holz, Balkone hinter hängenden Gärten, ein grellgelbes Ruder-Rennboot aus dem 3D-Drucker, eigene Bienenstöcke und Tierbabymotive wandern entlang des Oktagons und lassen sich bei Gefallen von anderen Teilnehmenden per Gestensteuerung an die Höhlenwände werfen, wo sie den Raum als riesiges Leuchtbild kurz erhellen. Kurz darauf schnurren die Motive zusammen und verteilen sich auf der Höhlenwand.

Gerade hat Jenny, eine quirlige, pummelige Teenagerin, mit ihren abgefahrenen Waffelsandwiches echte Influencerqualitäten bewiesen und Anne sieht als ENJOY-Involvierte in ihrem Sichtfeld, dass auch Marek und Karol sich Jenny vorgemerkt haben. Der Plan bleibt allerdings, die Teilnehmenden so wenig wie möglich mit ihrer Marktforschungsperspektive zu tangieren, sondern stattdessen eher ihre persönlichen Vorlieben und ihr intuitives Verhalten herauszukitzeln.

Die Sammlung an qualitativen Insights wird erst am nächsten Tag beim internen Evaluierungsworkshop unter der Forschungsfrage ausgewertet. Dazu haben Bots bereits die Pinnwandfotos auf der Höhlenwand zu einer Mindmap zusammengestellt, vor der morgen – bei identischen Lichtverhältnissen – mit der Auswertung begonnen wird, damit die Teilnehmenden mit möglichst umfangreichen Erinnerungen an den Eindruck vom Tag zuvor andocken können. Es kann sein, dass Jenny mit dabei sein wird, wenn es ihr – wie nur wenigen Kunden – gelingt, im Inneren des Bergs buchstäblich aufzusteigen, und sie von ENJOYs strategischer Planung auf die oberen Terrassen zum Evaluations-Parcours eingeladen wird.

Mittlerweile hat sich die von ENJOY- und externen Teilnehmenden infiltrierte Consumer-Gruppe weiter in den Berg bewegt und dort ihre Experience-Tour begonnen. Im Lichtdom beobachtet Marek, wie Karol, Jenny und die übrigen Probanden im Halbdunkel unter einem riesigen Sternenhimmel in knietiefem Nebel auf Liegen Platz nehmen, deren Oberfläche sich bei Belastung angenehm erwärmt. Beim wohligen Räkeln unter dem künstlichen Firmament merkt Jenny, dass sich Sternbilder per Gestensteuerung heranzoomen, mit Motiven füllen und von allen Seiten betrachten lassen, während die Liegefläche ihren Bewegungen wie bei einem Gaming-Sessel nachgibt und sie wärmt.

Als dann von oben silbriges Glitzern zu perlender Musik hereinbricht und gleißendes Licht mit sich zieht, leuchten die dünnen, mit zäh fließender Flüssigkeit gefüllten Liegen plötzlich eisig-türkis und fahren ihre Temperatur herunter, während sich die Umgebung in eine Wüstenlandschaft unter stahlblauem Himmel verwandelt. Anfangs begeistert, dann aber zunehmend geblendet und schwitzend, stapeln die Probanden unter Karols Anleitung ihre Liegen mit der kühlenden Oberfläche schließlich zu einer Art Iglu, hocken sich darunter und warten gespannt auf das Ende der Session. Kurz bevor Jenny versucht, die Gelkissen aufzuschneiden, um zu testen, ob man die Flüssigkeit trinken kann, wird ein kühler Wind hereingeblasen und eine Strandbar mit Sonnenschirm belohnt ihr tapferes Ausharren.

Andere konnten derweil ihr Körpergefühl im Flugsimulator auf drei verschiedenen Sitzmodellen austesten, wobei auch hier die Probanden die Beanspruchung und Verwendung des Möbels über die eigene Erfahrung im Kontext erlebten. Schließlich sollte das Data-Monitoring möglichst authentisch ihre Handlungen, Überlegungen und Erfahrungen aufzeichnen.

Anne hatte sich mit einem Gastro-Pärchen, einem Sales-Partner von ENJOY, der Architektin Julie, drei Touristen und einem Gleitschirm-Flugtrainer die gelben Textilien mit den Sensorapplikationen angelegt und muss nun mit Julie ein schottisches Cottage gegen die übrigen Eindringlinge verteidigen. Anstelle von Ballerwaffen stehen ihnen dazu nur unterschiedliche Stühle, Hocker, Polster und Liegen als Wurfgeschosse oder Mittel zum Verschanzen zur Verfügung. Sie fliehen schließlich in strömendem Regen über matschige Highlands – wobei das breite Lauf- und Crawlband immer wieder Stolperfallen bereithält und sich so steil und schräg nach oben neigt, dass Anne teilweise auf allen vieren Julie durch dieses braun-düstere Nirwana hinterherkrabbelt. Auch hier stehen irrerweise alte

Ohrensessel mit Schottenmuster herum, verkanten sich Barhocker zu kruden Zäunen und kleine weiße Polsterpoufs sollen wohl Schafe darstellen, überlegt Anne, der die Szenerie und ihr Wirken darin völlig absurd vorkommen.

Julie hat sich weiter oben hinter einem umgestoßenen Ohrensessel verschanzt und wirft jetzt zwei »Schafe« über die Lehne, um die Verfolger aufzuhalten. Als Anne sie erreicht, hat Julie sogar einen VR-Mechanismus gefunden, mit dem sich der Sessel in eine geschlossene Kapsel verwandeln ließe, aber gefangen in dem Ding wollen sie sich ihren Verfolgern nicht ausliefern. Also stürmen sie aus ihrer Deckung, hasten durch dichten Nebel weiter den Hang hinauf. Entsetzen, als der Hang plötzlich jäh abbricht und Anne die zähe Sprinterin Julie gerade noch vor dem Abgrund zurückreißen kann. Kurz sehen sie sich aus der kreisenden Vogelperspektive am Klippenrand stehen, von der Hangseite stürmen ihnen gruselige Gestalten entgegen, die unmöglich ihre Mitspieler sein können, oder? Tief unten in der Schlucht lässt weiße Gischt auf Stromschnellen auf einen reißenden Fluss schließen. Ein Blickwechsel voller Kampfgeist – und sie springen.

Das Unglaubliche: Es geht tatsächlich rasant abwärts. Beide schreien, und ihre Rufe erschallen laut zwischen den Felswänden. Sie fallen, verdammt eng beieinander, sehen Gesteinsklippen vorbei- und die weißen Stromschnellen auf sich zurasen. Anne streckt vorsichtig die Hände nach Julie aus, hört das Wasser rauschen und spürt sogar einen feuchten Nebel, als ihre Füße plötzlich eine Art Plane berühren, die sich sofort um ihre Beine schließt. Panisch reißt sie sich die Brille ab und sieht sich bereits bis zur Brust in einer Art gelbem Schlafsack stecken, der sich in gigantischem Tempo aufbläst, während ihre Fallgeschwindigkeit abgebremst wird.

Sie schaut aus dem prall umrahmten Sichtfenster. Rechts von ihr federt Julie wie eine gelbe Made auf und ab, links von ihr rauscht die Rückseite eines echten kleinen Wasserfalls vorbei. Verbunden sind sie in diesem etwa fünf Kubikmeter großen Schacht über dasselbe elastische Netz, das ihren fallenden Körpern mit seinem intelligenten Faserwerk zunächst nachgegeben, sie dann abgebremst und sich zum Schutz vor Zusammenstößen an ihren Kontaktflächen aufgepumpt hat. »Wow, das war cool!« Julie befreit sich aus den erschlaffenden Luftmatratzen und hilft Anne, die sich mit ihren langen Haaren darin verfangen hat. »Auf der nächsten Baustelle muss ich echt aufpassen, dass ich mich nicht in den erstbesten Fahrstuhlschacht stürze«, strahlt die Architektin begeistert.

Auf ihrem Weg vom Wasserfall zum Treffpunkt an den Containern unter den Bananenstauden meldet sich Marek bei Anne im Ohr: »Wie war's?« – »Du meinst Mud-Crawling in den Highlands?«, fragt sie und koppelt das Gespräch zu Julie durch, die dicht neben ihr geht und den gleichen Navigationspfeilen in ihrem Sichtfeld folgt. »Tja, in eurer Gruppe hatten sich vier von acht für die Highlands entschieden, wahrscheinlich, weil es als Game spannend zu werden versprach.« – »Ja, als Game, klar. Als Architektin darf ich inzwischen auch fast nur noch Kulissen bauen, aber wie sollen matschige Highlands mit touristischen Sehnsüchten zusammengehen?«

Und Anne unterstützt ihre Gefährtin: »Was sollen die Schotten von uns denken, wenn wir künftig matschige Hügel hochjagen und mit ihren Schafen um uns werfen?« Die Frauen lachen über die Tossing-the-Sheep-Vorstellung und Marek versucht zu erklären: »Hier kommen zwei Dinge zusammen: Zum einen, dass wir eigene Gaming-Formate möglichst realgetreu ausbauen wollen, quasi als ortsunabhängige Destination. Auch wenn das Vor-Ort-Sein fehlt, soll es sich körperlich so anfühlen als ob, und das erfordert einen Mix aus realen und virtuellen Eindrücken.«

»You say! Unser Absturz war echt!« – »Ja, ihr seid fast vier Meter in die Tiefe gerauscht, bevor euch das Netz umschlossen hat. Das hätte euch eigentlich ein bisschen eher fassen müssen, aber da arbeiten wir noch dran« – Julie grinst, als sie Annes weit geöffneten Mund sieht. »Zwei Stockwerke tiefer haben wir eine ausrangierte Surfwelle mit VR-Impressionen komplett neu flottgemacht. Da kannst du von echter Brise aus dem Windkanal bis Gewitterwolken alles haben! Der Regler von realer bis virtueller Experience liegt bei uns und wir basteln derzeit an Verstärkern für beides.« – »Also auch, dass sich reale Urlaubserlebnisse durch Einspielungen verstärken oder sich über Gamification das Social Involvement erhöht?«, fragt Julie. »Ja, genau. Augmented Reality hat die Wahrnehmungsgrenzen verschoben und die Informationsaufnahme erweitert. Wir arbeiten daran, dass unsere Explorer – so nennen wir unsere aufgeschlossenen Touristen lieber – diese Grenzerweiterung nun auch sensorisch stärker empfinden können.« Julie und Anne nicken zustimmend, schließlich ist das emotionale Involvement auch Teil ihres Tagesgeschäftes.

Sie erreichen die bunten Container, die am Wasser vor der erleuchteten Kulisse von Mangrovenwäldern zu diversen Verkostungen einladen. Schmetterlinge und exotische Vögel kreuzen entlang der überdimensionalen OLED-Leuchtwand, die sich durch das halbe Erdgeschoss schlängelt und vor der ein paar echte Baumstümpfe aus dem Wasser ragen. »Und was testet ihr so?«, fragt Karol gerade Marek. »Hier unten überwiegend neue Food- und Gastrokonzepte. Außerdem gerade Essgeschirr auf Algenbasis oder aus fermentierten Essensresten. Die Container am Wasser gehören Partnern und Zulieferern und werden monatlich ausgetauscht.« Karol zieht die Augenbrauen hoch und schaut sich ihren semitransparenten Trinkbecher und dann die Liegen und Hängematten an, in denen sich die anderen niedergelassen haben.

»Du kannst auch in einer Hängematte im Dschungel übernachten«, schlägt Marek vor. »Das ist ein Angebot der Zoo- und Pflanzenhandlung, die hinter der Gastronomiefläche beginnt, wenn du den Bachlauf weitergehst. Die stellt mit ihrer Tier- und Pflanzenwelt drei Klimazonen nach und pro Abend können drei Pärchen oder zwei Familien hier übernachten.« – »Privates Dschungelcamp«, rollt Anne die Augen. »Geweckt von der Sprinkleranlage«, ergänzt Julie kichernd. Marek schaut etwas irritiert zwischen den beiden Frauen hin und her: »Ja, dreimal am Tag gibt es warmen Sprühregen. Ihr könnt ruhig mal reinschauen, es wachsen da gerade extrem schöne Orchideen!« Ein begeisterter Ruck durchfährt die beiden und als Marek sie für die Tropical Experience freischaltet, freut sich Julie: »Von der Highland-Matsche in den Tropenregen, hier wird einem wirklich was geboten!«

Regie

Lasst uns hier bitte kurz eine Pause einlegen, ich hab eh ein paar Punkte, die ich mit euch besprechen wollte:

1. Dieser riesige gebogene OLED-Screen als Kulissenwand: Braucht man den noch, wenn kontextbezogene Bildeindrücke im Sichtfeld auftauchen? Oder wird er gerade wichtig, damit die Filterblase einmal durchbrochen wird und man auf andere Dinge aufmerksam wird? Selbst mit den beweglichen Lichtdioden, die sich auch zu Wellen und Wölbungen formieren können, bleibt die OLED-Kulisse im Wasser eine Plakatwand. Zwar könnte ENJOY damit die Szenerie immer wieder verändern und mehr Feedback einholen, wenn sie den Bachlauf zum schwimmenden Markt in Bangkok ausdehnen und Minuten später am Ufer gegenüber Mangrovenwälder entstehen lassen – aber das macht die Übergänge zur realen Umgebung nicht einfacher. Fällt die Bewegtbildwand weg, bleiben allerdings nur Sitzgruppen am Bachlauf inmitten tropischer Bananenstauden, die weiter hinten in die Zoohandlung übergehen. Und tropische Pflanzen wären im normal temperierten Atrium schwierig …

2. Unklar ist in dem Zuge auch, wie realitätsnah die Reiseziele eigentlich simuliert werden sollen. Unter Marktforschungsgesichtspunkten wäre für den Tourismuskonzern »ziemlich genau« wichtig, um strategische Schlüsse zu ziehen. Aus Marken-Erlebnisperspektive der Konsumenten würde ich sagen: »Hauptsache, es flasht im Hier und Jetzt.« Statt der paar Bananenstauden bräuchten wir hier ein Pflanzenwachstum, das unsere Vorstellungen von »wild« oder »tropisch« gewaltig übersteigt. Das würde auch dem Biophilia-Trend zu gesundheitsförderlichen Arbeitsumgebungen entsprechen. Über grüne Gentechnik wäre so eine »Real-Life-Dekofauna« in Zukunft wahrscheinlich sogar züchtbar und müsste aus Naturschutz- und Urheberrechtsgründen als unfruchtbares Unikat erzeugt werden. … Was? Aus Naturschutzgründen fleischfressend? Ha ha. Nee, aber bis dahin vielleicht gedruckt wie Fleisch. Und dann wird ein Märchen wahr: Jacks Bohnenranke vom Bachlauf im Untergeschoss bis

hoch zum Telefonierbalken über der Schneegrenze! (Kichernd) Marek, könntest du dich bitte von einer Liane auf die Arbeitsplattform schwingen? – Aber mal ehrlich: So ein gigantischer Rankenbewuchs? Dann könnten besondere Pflanzen zum eigentlichen Reiseziel werden. – Gab's ja alles schon im Viktorianischen Zeitalter, aber wäre jetzt spektakulärer, vielleicht sogar Spekulationsobjekt, wie die Tulpen im 16. Jahrhundert. Da kann man nach den Finanz- und Immobilienblasen doch mal kreativer werden! Ich meine, wenn in Zukunft eh alles gestaltbar ist.

3. In dem Zuge gleich weiter gefragt: Ist das mit dem Bergmassiv zu sehr Disney oder Las Vegas? ... Man sah eigentlich ganz schön, welche positive Wirkung sich aus der naturnahen Landschaft sowohl für die Zusammenarbeit auf den Terrassen als auch für die intuitiven Spaziergänge ergab; schön auch, dass die amorphe Landschaft samt Wasserfall die eingespielten Erlebnisse auf den Parcours der Touristen um die passende echte Sinneswahrnehmung ergänzt. Ja, also danke, ich hab's mir gerade schon selbst erklärt, das bleibt.

4. Wie überzeugend findet ihr generell die Idee, marode Shoppingcenter und verwaiste Büroimmobilienflächen als Corporate Brand Experience für Angestellte *und* Konsumenten erlebbar zu machen? Der Aufwand, den der Tourismuskonzern hier betreibt, um seine wesentlichen Stakeholder zur Zusammenarbeit an Bord zu holen, ist ja beachtlich. Andererseits braucht die Verbindung von Mitarbeiter und Kunde im physischen Raum neue Aktions- und Attraktionsflächen – wenn schon die Kommunikation über erweiterte und simulierte Realitäten immer mehr individuelles Involvement erzeugt, muss die Customer-Journey buchstäblich neue Berührungspunkte ausbilden.

5. Auch werden die Büroimmobilien mit bloßer Wohnzimmerdeko das Abwandern der High Potentials ins Homeoffice nicht stoppen können, zumal sich der technologische Vorsprung auch nicht mehr im Büro, sondern überall in der Cloud bzw. in den Angeboten der Smart City viel individueller und inspirierender erfahren lässt. Insofern punktet diese erlebnisreiche Arbeitswelt als Lern-

landschaft, in der sich Kollegen, Experten, Business- und End-kunden begegnen, austauschen und zum gemeinsamen Arbeiten verabreden. Dabei ist mir wichtig zu zeigen, dass die heute noch typischen Arbeitshaltungen, wie das Sitzen vor dem Bildschirm, Relikte aus der Maschinenwelt sind und wir in der vernetzten Zukunft je nach Tätigkeit viel natürlicher lernen und arbeiten werden. Deswegen gehen die da oben beim Telefonieren spazieren und deswegen lädt die Umgebung zu assoziativen Bildern und intuitiven Verhaltensmustern ein, die von naturnaher bis urbaner Vielfalt reichen. Nur so lässt sich unsere Sensorik bezüglich der Mitwirkenden und der Aufgabenstellung in einer Weise zur produktiven Zusammenarbeit nutzen, wie uns dies allein virtuell oder im Homeoffice auch in Zukunft nicht gelingen kann.

6. Im Falle eines Tourismuskonzerns funktioniert die Verbindung aus Anwendungsbezug und Marktforschungslabor mit den simulierten Welten im Bergmassiv und den zu testenden konsumierbaren Services in den unteren Geschossen natürlich besonders gut. Auf den Ausstellerflächen zeigt sich auch, wie sich Marken künftig in die Angebotspalette von Unternehmen einkaufen. Das Unternehmen als Absender wird Teil einer Story, die als individuelle Customer-Journey meine Fragen beantwortet und meine Interessen bedient.

7. Entspricht diese Öffnung auch dem Smart-City-Gedanken für neue Retailkonzepte: Wenn alles in meiner direkten Umgebung konsumierbar wird, muss sich die physische Verkaufsfläche nicht mehr auf ein Ladengeschäft, Kaufhaus oder Shoppingcenter begrenzen. Die Innenstädte brauchen also Konzepte, die Kommerz und Kultur für die jeweiligen Anrainer smart verbinden und kuratiert erlebbar machen.

8. Okay. Und jetzt: Was wäre eurer Meinung nach die letzte tolle Experience, die sich als Schlussmotiv eignen würde? Na? Welche Angebote würden euch denn in dieser vermischten Welt aus Büroflächen, Zielgruppenforschung und Brand-Erlebnispark begeistern? – Was guckt ihr so betreten? Ist euch gar nicht aufgefallen, dass es darum ging? Och Leute, das machen wir hier doch

nicht zum Spaß! … Was? Ihr wollt jetzt lieber die Love-Experience? – Ja, die kommt ja noch … – Wie? Emotion statt Funktion? Ja, okay, hab verstanden!

MOTIV 3

FAMILIENARBEIT

Eng anliegende schwarze Locken um ein Gesicht, das sich ihr jetzt zuwendet. Ein Streifen Sonnenlicht über silbrig grauer Bettwäsche, der hochwandert, sich über die nackte Schulter legt und dann das Gesicht abtastet. Julies Blinzeln, ihr Lächeln und dann das Versinken in der Neigung einer Umarmung. Schnitt. Das verschlafene Gesicht eines Neunjährigen mit Sommersprossen, das sich langsam aufhellt und dann plötzlich in begeisterte Aufregung umschwenkt. Schnitt. Höhlenmalereien im Bergmassiv, die sich in trübem Licht selbstständig zu drei verschiedenen Mindmaps clustern und dabei von sechs Workshop-Teilnehmenden mit Schlagworten aus kleinen Audiofiles ergänzt werden. Annes Finger modellieren eine Blockhütte mit Homeoffice und den Bienenstöcken. Schnitt. Nächste Sequenz im sonnendurchfluteten White Cube, alle verteilt in Sitzkissen und in sich versunken. Überblendung. Dann Zweiergruppen: Der Marktforscher Ben mit einem Stadtmöblierungspartner, Jenny mit einem Entwickler, Mareks Gesicht ihr gegenüber. Fragend. Schnitt. Ein Spaziergang mit Jenny auf der Brücke entlang des glitzernden Berggipfels. Jennys aufgeregtes Hüpfen und ihr Gedanken-Schlagabtausch, der das virtuelle Board zum Überquellen bringt.

Überblendung. Dann Ideenverdichtung am Monolithen auf der Terrasse mit den anderen. Marek, der zwei vorbeilaufende Kollegen hinzuzieht, die auf ein anderes Projekt am Monolithen hinweisen, der Stadtmöblierungspartner, der Teile daraus mit eigenen Entwicklungen koppelt, und Jenny, die mit Ben parallel ein alternatives Konzept erstellt. Schnitt. Ein Memo-Motiv mit bezaubernden Orchideen von Julie. Schnitt. Stegreif-Entwürfe von digitalen Zwillingen auf den Gastronomieflächen im Erdgeschoss: ein Schaffell, das sich in ein Klappstuhlgerüst spannen lässt, eine temperierbare Liege, ein Anlehnsitz zum Cornern, ein Rollkoffer als Sitz mit Cape-artiger Lehne und interessierte Besucher, die das kommentieren. Schnitt. Marek, der jedes Mal, wenn er Anne ansteuern will, von anderen aufgehalten wird. Überblendung zur Bilanz: umgekehrt Anne, die von 240 möglichen Minuten nur 5 Minuten proaktiv das Gespräch mit Marek gesucht hat. Stopp.

* * *

öchtest du die Momentaufnahme deiner ersten Tageshälfte speichern?« Anne bejaht. Für die Workshop-Dokumentation hätte sie es eh getan und für die Sequenz mit Julie ist sie dankbar, weil sie an den Coup de Foudre selbst noch nicht recht glauben kann. Sie sitzt zu entspannter Musik im Zug und schaut in grellgelbe Rapsfelder. Dazwischen Knickgehölze, die vorbeihuschen. Weiter hinten autonom fahrende Landmaschinen. Darüber Schäfchenwolken. Im Vordergrund ihres Sichtfelds, rechts am Rand, erkennt sie eine kleine Orchidee sowie drei rote Punkte, von denen einer langsam pulsiert.

Es ist eine Gesprächsanfrage von Ronald und Anne erklärt sich zum nächstmöglichen Zeitpunkt bereit. Sie hätte eigentlich heute Morgen noch bei ENJOY mit ihm frühstücken sollen, um eine mögliche Kooperation bei einem Flüchtlingsprojekt zu besprechen, aber das wurde kurzfristig gecancelt. Und jetzt schien er trotz Anklopfens auch noch nicht gesprächsbereit zu sein.

Während sie alles on hold hält, bestellt sie über ihren Bot ein paar Einkäufe für das Wochenende und einen Offroad-Wagen für den Abenteuertrip, den sie Luka für Samstag versprochen hat. Der Regionalzug fährt durch ein wiederbelebtes Dorf mit den typischen Mehrgenerationenhöfen, Biogenossenschaften und der Illusion einer Selbstversorgeridylle, wie auch Anne sie ein paar Kilometer weiter lebt – dank vernetzter Rundumversorgung.

Der Zug stoppt an einem renovierten Bahnhof mit nettem Café, in dem Familien die Maisonne genießen und die Kinder in einer ausrangierten Lok spielen. Ihr Bot teilt ihr mit, dass Luka sich ein anderes Müsli ausgesucht und auch schon eine Einkaufsliste für das Wochenende im Familienchat angelegt hat. Anne staunt, bestätigt die Lebensmittel und eine neue Badehose, verzichtet aber auf Taucherbrille und Angel und spendiert dafür das Wurf-Iglu-Zelt – sofern es ihrem Bot gelingt, es in den gleichen Farben 25 Euro (unrealistisch!), 20 oder 15 Euro günstiger aufzutreiben und bis morgen früh liefern zu lassen. »Off you go, Honey!«

Und da sie schon mal beim Arbeitverteilen ist und zu Hause gleich mit zig anderen Dingen beschäftigt sein wird, fragt sie Ronalds Bot, ob nicht schon irgendeine Projektbeschreibung, ein Briefing oder eine Hintergrundinfo für sie hinterlegt ist. Der verneint, erklärt aber, dass die Gesprächsanfrage über Ronalds Mitarbeiterin Kaysa aus der Rechtsabteilung erfolgt ist, die sie bittet, vorab eine Vertraulichkeitsvereinbarung zu unterzeichnen, und übermittelt ihr das Dokument. Weil Anne in 4,5 Minuten aussteigen und dann erst mal keine ruhige Minute haben wird, öffnet sie es jetzt noch schnell, obwohl rechtskräftige Formulare das Verweilen pro Abschnitt per Kamera überprüfen. Schon nach den ersten drei Absätzen merkt sie allerdings, dass sie hier nicht nur eine Geheimhaltungspflicht, sondern eine Mitverantwortung an der Projektumsetzung unterschreiben soll. An einem Projekt, das sie noch nicht einmal kennt.

Sie bricht ab, kommentiert ihre Fragen im Dokument und schickt es zurück. Quasi postwendend meldet sich Kaysa und fragt in überheblichem Ton, ob sie davon ausgehen müsse, dass Anne kein Interesse an der Zusammenarbeit habe. »Das kann ich ehrlich gesagt nicht beurteilen, denn ich weiß noch gar nichts über das Projekt.« Julies Orchidee im unteren Bildrand verwandelt sich kurz in einen flatternden Schmetterling und lässt Annes ersten Ärger über Kaysa verfliegen. »Hat Ronald Ihnen denn nicht berichtet, dass es um ein Flüchtlingsprojekt geht, bei dem wir mit Tourismusdestinationen, die in der EU von Flüchtlingsströmen betroffen sind, Lösungskonzepte entwickeln?« – »Das sind zumindest jetzt schon mehr Informationen, als ich bisher hatte.« – »Hm. Aber ist es nicht so, dass Sie auch schon in Brüssel wegen eines Flüchtlingsprojekts vorstellig geworden sind?« – »Das sind jetzt wiederum mehr Informationen, als ich bisher preisgegeben habe«, wundert sich Anne und Kaysa präzisiert: »Also, es ist nur, weil Sie fragen, wofür Sie die Verantwortung übernehmen sollten, und die Vereinbarung wäre, dass alle gemeinsam im Verbund die Lösungsansätze einreichen und nach dem Zuschlag die Verantwortung für die Projektumsetzung wieder bei demjenigen liegt, der das Projekt vorgeschlagen hat.«

Jetzt tanzt Anne auch noch Lukas Avatar in ihrem Sichtfeld buchstäblich vor der Nase herum, er schüttelt seine rotblonde Mähne, und sie hat Mühe, weiter im Gespräch zu bleiben »Ach so. Okay, das hatte ich in dem Schriftstück anders verstanden.« Anne wischt Luka weg und sucht ihr Sichtfeld nach der Einblendung ab, aber vergeblich. Scheinbar findet ihr Bot den Passus, den sie in Erinnerung hat, gerade nicht. Derweil stöhnt Kaysa: »Ja, das liegt an unseren Standardformulierungen, wenn wir die jedes Mal individuell abändern müssten, würden wir schon Minus machen, bevor es losgeht.« Julies Orchidee im unteren Bildrand verwandelt sich in einen Knutschmund und Anne merkt sich vor, sich unbedingt gleich aus dem Auto bei ihr zu melden.

Kaysa redet weiter, während Annes Bot ihr drei Bilder mit Preisen von SUVs zeigt, wovon sie den grünen Pick-up zum Sondertarif direkt jetzt schon am Bahnhof abholen und bis Samstagabend haben könnte. »Zunächst gehen alle pro bono in Vorleistung. Wenn es uns gelingt, die EU für ein Konzept zu begeistern, wird das in eine Ausschreibung mit Fördergeldern übergehen. Und dafür wäre es für Sie sinnvoll, mit bei uns an Bord zu sein. Als Solo-Selbstständige fallen Sie da sonst durchs Raster.«

Anne bestätigt das grüne Sonderangebot und packt ihren Rucksack samt Jacke, um gleich auszusteigen. »Aber dazu müsste ich die Rechte an meinem Konzept schon vor der Verbundpräsentation an ENJOY abtreten?« – »An den Verbund, ja. Und sollte es für die prämierten Ideen eine Ausschüttung geben, wird die unter allen paritätisch aufgeteilt. Aber davon unabhängig behält jeder Partner die alleinige Verantwortung dafür, ob und wie seine ursprüngliche Idee umgesetzt wird.«

Der Zug hält und Anne folgt den eingeblendeten Pfeilen, um zum Wagen zu gelangen. »Nun bin ich aber kein Tourismusbetrieb, der das vor Ort umsetzen kann. Da falle ich als Solo-Ideengeberin leider auch durchs Raster.« Sie durchquert die Gleisunterführung und wäre fast in ein Rollgerüst gelaufen, das zum Leuchtmittelauswechseln hier parkt. »Überlegen Sie es sich. Auch zur Umsetzung könnten Sie sich Partner suchen. Eine gute Idee, die man alleine nicht nach vorne bringen, geschweige denn umsetzen kann, ist vergebliche Liebesmüh. Und gerade beim ehrenamtlichen Engagement wäre damit niemandem geholfen!«

Anne, die gerade den Bahnhofsvorplatz betritt, auf dem ein kleiner Maimarkt stattfindet, findet die Tour ziemlich frech, weiß aber, dass es unklug wäre, über diese Kaysa die ENJOY-Tür zuzuschlagen. »Gut, ich überlege es mir, würde mich dazu aber mit Ronald im Vorfeld noch direkt austauschen wollen.« Obwohl die Pfeile sie nach rechts schicken, kauft sie schnell noch ein Flaschen-Mix-Set Maibock und Waldmeisterlimonade aus dem einen und einen Bund Mairübchen aus dem anderen Marktstandautomaten. Während Anne am Stand auscheckt, wundert sich Kaysa: »Haben Sie denn heute Morgen nicht schon mit ihm gefrühstückt?« Und während Anne nun wieder brav den Pfeilen folgt und am Parkrondell schon einen grünen Pick-up erblickt, versucht sie das Gespräch zum Abschluss zu bringen und dabei möglichst interessiert zu wirken: »Nein, das fiel leider aus, aber ich würde dafür sehr gern noch einmal in die Stadt kommen.«

Als das Gespräch beendet ist, erscheint direkt Lukas Sommersprossengesicht mit der langen Mähne und fragt, wo sie bleibt. Anne packt ihre Einkäufe direkt hinten auf die Ladefläche, dreht dann an der Krone ihrer Smartwatch, drückt sie und lässt ihren Sohn das Öffnen der Türen hören. »Oh! Hast du schon das Auto für morgen?« – »Ja, hab ich! Aber keine Angel und keine Taucherbrille und …« – »Hab ich schon gesehen, krieg ich alles von Papa!« – »Ah, klar. Na gut, dann bist du ja ausgerüstet. Aber angeln kann ich nicht, das sag ich dir gleich!« Sie verschafft sich ein Bild vom Innenraum des Wagens, der tatsächlich noch ein Halbautonomer mit Lenkrad ist, wie Luka es wollte. »Hier, Luka, schau mal!« – »Boah, wie cool! Kannst du den fahren, Mama?« – »Konnte ich zumindest mal …«

Er schickt ihr eine Mäuschenanfrage, um das sehen und hören zu können, was sie gerade sieht und hört, und sie bestätigt, obwohl sie ihn gerade nicht beeindrucken kann. »Ja, komm dazu, schau: Der Startknopf macht nicht, was draufsteht!« Sie drückt, um es Luka zu demonstrieren, mehrmals den Knopf und das Bremspedal, während ihre Begeisterung über die Überraschung schwindet. »Du musst ihn reindrücken und das Gaspedal treten!« – »Ja, Luka, dann macht es einen Satz und ich hab die drei Tesla da vor mir zusammengefaltet! Das kann ich jetzt noch brauchen, dass mir mein neunjähriger Sohn erklärt, wie ich diese Karre hier vom Hof kriege!« – »Das ist wie beim Autoscooter!«

Anne muss lachen. »Ja, da hast du wahrscheinlich sogar recht, aber warte mal, ich bekomme grad ein paar Instruktionen eingeblendet.« Sie erhält die Aufforderung, zunächst alle Macken und Kratzer am Auto außen zu fotografieren und der Versicherung zu bestätigen. Erst dann würde die Wegfahrsperre aufgehoben. »Das regt mich doch jetzt schon wieder auf! Ich denk, das ist ein Offroad-Fahrzeug!« – »Können wir Ihnen behilflich sein?«, meldet sich eine Servicestimme, die in kurzen Abständen die Nase hochzieht, also noch ein Mensch sein muss. »Ach, ich ärgere mich gerade darüber, dass ich hier ein Offroad-Modell miete und Sie mich jetzt jeden Kratzer dokumentieren lassen. Das müsste Ihnen doch längst vorliegen! Haben Sie keine Kameras in den Garagen? Oder diesen sensitiven Lack, der die Oberflächenspannung misst und kleine Verletzungen selbstständig zuzieht?«

Ausgiebiges Nasehochziehen, dann etwas heiser: »Nicht an diesem Modell. Wenn Sie das eben für die Versicherung aufnehmen würden (schnief), gebe ich Ihnen noch einen kleinen Rabatt für Ihre Mühe.« Die Frauenstimme wird etwas weinerlich, als sie anfügt: »Wir möchten gern, dass Sie zufrieden sind. Okay?« – »Ja, gut, danke.« Anne hat plötzlich das Gefühl, dass mit der Frau etwas nicht stimmt, was nichts mit ihr zu tun hat. »Das ist sehr nett von Ihnen, wirklich!« – »Gern geschehen und gute Fahrt!«, kommt es jetzt mit vor Tränen erstickter Stimme und Anne beendet lieber schnell das Gespräch, bevor die Frau durch diese Aufnahme noch Ärger bekommt.

»Was hatte die denn? War sie traurig?«, fragt Luka, der mitgehört hat. »Ja, komisch, nicht? Erst dachte ich, sie hat nur eine Schniefnase, aber ich glaube auch eher, dass sie überlastet oder wegen irgendetwas traurig ist«, interpretiert Anne, die Lukas Sensibilität für Stimmen zwar fördern, aber spekulativ nicht überfrachten will. Sie weiß, dass inzwischen viele Callcenter-Mitarbeiter von zu Hause aus arbeiten müssen und gerade Frauen vor häuslicher Gewalt oder auch einfach nur psychischer Überlastung kaum geschützt sind.

»Okay, Ma, steig aus und mach das Video! Ich will den geilen Scheiß endlich hierhaben!« Anne befolgt das Kommando ihres Sohnes und sucht nach Macken, wobei Lukas Begeisterung wieder steigt: »Was ist das da auf der Ladefläche?« – »Waldmeisterlimo und Mairübchen!« – »Häh? Was soll ich denn damit? Kein Zelt?« Anne tippt an ihr Ohr, um ihren Bot dazuzuschalten: »Das Zelt wollte ich noch etwas günstiger bekommen, was ist damit?« Und der Bot antwortet, dass ein nur zweimal benutztes in ähnlicher Farbe und Bauart heute Abend vorbeigebracht wird. »Hmm. Okay. Wenigstens ist das dann auch nachhaltig, Luka«, versucht sie ihren Sohn für das Angebot zu gewinnen, was bei ihm zwar kein Maulen, aber auch keine wahre Freude verursacht. Anne mag es eigentlich nicht, wenn ihr smarter Assistent sie nicht wenigstens vorher zustimmen oder ablehnen lässt, aber bei konkret verlangten Vergünstigungen ist das bei ihrem Tarif so voreingestellt.

Sie startet jetzt den Wagen problemlos, hört Luka begeistert johlen und macht sich mit dem Fahrgefühl des Geländewagens vertraut. Kurz darauf ist sie auf der Bundesstraße, die durch die frischen Frühlingsfarben führt, hört ihren Sohn sehnsüchtig stöhnen, wie gerne er jetzt wirklich dabei wäre, und sieht in ihrem Sichtfeld, wie Lukas Anwesenheitsprofilbild den einen Arm zum Schulterschluss ausstreckt. Weiter unten verwandelt sich eine kleine Orchidee in eine Herzform.

»Pass auf, Luka, ich mach noch ein paar Telefonate und bin gleich zu Hause und dann kannst du alles live sehen, okay? Tschüss, mein Schatz, ich kick dich jetzt raus.« – »Over and out«, bestätigt der in Opas Funkersprache und dann ist sein Profilbild aus dem Sichtfeld verschwunden. Freie Bahn für alles Blumige!

»Julie! Endlich! Entschuldige, aber ich hab ewig nach der richtigen Kulisse für unser Gespräch gesucht.« – »Ah, endlich!«, Julie lacht über Annes Anspielung auf ihren Job. »Na, meine Kulisse hier im Zug ist ein Trauerspiel. Da brauchte ich jetzt wirklich mal ein Lebenszeichen von dir!« Sie rückt näher an die Kamera und auf Annes Windschutzscheibe erscheint ihr feines Gesicht mit der hohen Stirn in den Baumkronen der Allee, die sie gerade durchfährt.

Ihre Lippen wirken jetzt noch größer und die ganze Szenerie ist herrlich surreal, als Julie laut überlegt: »Ich frage mich die ganze Zeit, ob ich nur geträumt habe.« – »Ja, da hat sich wahrhaftig eine Parallelwelt aufgetan! Ich bin auch noch ziemlich verwirrt«, gesteht Anne, während Julie sie intensiv anschaut: »Ich wusste, dass das passieren würde.« – »Was? Wann?« – »Sofort als ich dich gesehen habe! Wir waren die Einzigen, die das Game lieber in der rekonstruierten Bibliothek von Alexandria gespielt hätten.« – »Echt? Lustig. Und was machen wir stattdessen? Erst schmeißen wir mit Schafen nach irgendwelchen Entstellten, dann krieche ich dir durch den Modder bis zur Felskante hinterher …«

»Du hast mich vor dem Absturz gerettet!« – »Wieso? Wir *sind* abgestürzt!« – »Ja, danach! Und mit dir zusammen war das fantastisch!« – »Bei mir hat es erst gefunkt, als wir da oben an der Klippe standen und du deine Hand zu mir ausgestreckt hast. Ich meine, wir hätten ja auch den Hang runter zurückstürmen können, aber ich wollte mit dir einfach weg.« – »Weg von allem in was Neues! Gefährliches!«, sie ahmt eine tiefe Stimme nach und lacht dann. »Wie zwei Teenager, die in einem Game zum ersten Mal um ihr Leben spielen«, beschreibt es Anne und Julie nickt leicht mit dem Kopf: »Mich hätte das eigentlich kaltlassen müssen. Schließlich entwerfe ich die Kulissen.« – »Aber doch als reale Architektur, nicht als Game, oder?« – »Das vermischt sich ja immer mehr. Oh, Anne, ich hasse teilweise meinen Job, weil Architektur immer unechter, entertainiger und massentauglicher wird. Jeder dahergelaufene Passant darf inzwischen Gebäude bewerten und zusätzlich erklären mir die analysierten Customer-Journeys, ob meine Architektur auch ›funktioniert‹ hat, also ob genug damit oder darin verkauft werden konnte.«

»Du musst sie einfach mit deinem Stil verführen, Julie. Du kannst das! Sehr gut sogar!« Anne sieht, wie Julie lacht und dann fragt: »Und du bist sicher, dass das nicht die Pheromone waren?« – »Sexualduftstoffe? Wo waren die denn?« – »Na, auf den Orchideen!« – »Den Orchideen, die wir beide uns gestern noch im Bergnebelwald angeschaut haben?«, fragt Anne und ihr fällt ein, dass sie unbedingt noch Marek anrufen muss, weil sie sich ihm nach der Expedition mit Julie und auch heute Morgen kaum gewidmet hat. Julie reißt ihre großen dunklen Augen auf: »Ja! Ich habe mich echt gefragt, ob die da bei ENJOY eine verkappte Dating-Plattform testen!« – »Waas? Das ist doch verrückt, Julie. Das glaube ich nicht! Erst mal kenne ich Marek ganz gut und bin fast sicher, dass er mich in so etwas eingeweiht hätte, und zweitens – viel wichtiger: will ich einfach nicht glauben, dass unser Empfinden füreinander nur ein künstliches Arrangement war!«

»Ja, wäre schade. Wahrscheinlich hast du recht und ich habe als Kulissenfrau, die dauernd an der Beeinflussungskraft ihrer Bauten gemessen wird, bestimmt schon einen Tick.« – »Außerdem sehe ich doch dauernd, wie du an mich denkst, und dabei müsste die Pheromonwirkung längst verflogen sein«, ermuntert sie Anne. Doch Julie senkt ihren Kopf, sodass Anne einen kurzen Moment nur die eng anliegenden Locken sehen kann. Dann hält sie Anne eine echte Orchideenblüte in die Kamera: »Weiß man's? Ich hab die Blume noch! Bevor ich sie beim Auschecken heute Morgen kaufen konnte, hat sie mir die ENJOY-Assistentin geschenkt und ich konnte mir beim Verpackungsterminal noch einen Duftbehälter mitgeben lassen.«

Zwei attraktive Frauen schauen sich an und schweigen einen Moment lang. Dann beschließt Anne:»Okay, Julie, das bedeutet für mich nur, dass ich dich jetzt umso dringender wiedersehen will! Das müssen wir rausfinden!« – »Ja, Anne, ich will dich auch sehen, aber ich sitze im Zug nach Paris und fahre die ganze Zeit in die falsche Richtung! Ich wollte dich fragen, ob ich umkehren soll.« – »Aaah, shit! Das wolltest du mir die ganze Zeit sagen?« – »Ja, ich hab's durch die Blume versucht«, lacht Julie, »aber scheinbar vernebeln die Duftstoffe nur meinen Kopf und du bist schon wieder in deinem richtigen Leben angekommen.« – »Mit Bockbier und Mairübchen im Offroader?«, fragt sich Anne entsetzt und antwortet:»Da bin ich mir heute auch noch nicht so sicher, aber normalerweise bin ich schon ein totaler Kopfmensch und das war für meine bisherigen Beziehungen immer schwierig. Das solltest du auf jeden Fall wissen, bevor du umkehrst.«

»Und was sagt dein Kopf zu meinem Vorschlag, zu dir zu kommen?« Anne gibt leicht gequält zu:»Das ist ein Samstag, den ich meinem Sohn versprochen habe, aber ich könnte vielleicht verschie…«, und Julie wehrt sofort ab:»Okay, so was ist heilig, da möchte ich mich nicht gleich unbeliebt machen.« – »Ja, aber Julie, ansonsten sagt mein Kopf diesmal nur: Komm bitte!« Und außer dem Samstagsabenteuer mit Luka spricht in ihrem Kopf gerade wirklich nichts gegen ein weiteres, stellt Anne überrascht fest. Im Gegenteil: Sie will Julie unbedingt näher kennenlernen.

»Bitte komm! Der versprochene Ausflug ist die einzige Einschränkung, ansonsten lebe ich ungebunden und bin höchstens noch mit meinem Job verheiratet. Ich bin mir ganz sicher, dass ich dich bei mir haben will! Ich war noch nie mit einer Frau zusammen, aber fand das gestern so eine tolle Mischung aus Selbstverständlichkeit und Zauber und ich möchte einfach mal schauen, was so passiert. Das lief wie von selbst – wahrscheinlich auch, weil mein Kopf so ein Wesen wie dich noch nicht kannte.«

Ihre Mitspielerin lächelt glücklich. »Dann drehe ich um und komme. Ich weiß auch noch nicht, was das mit meinem Leben anstellt, aber jetzt hab ich einfach Lust, das rauszufinden. Vielleicht kann ich auf der Rückfahrt auch noch einen Kunden oder eine Ausstellung besuchen und wäre dann erst Sonntag bei dir.« – »Das wäre fantastisch! Und könntest du dann auch ein bisschen bleiben?« – »Ich hätte Zeit bis Dienstag und könnte von dir aus über Frankfurt nach Shenzhen fliegen. Müsste mir nur ein paar Dinge von Bamako-sur-Seine nach Frankfurt schicken lassen«, überlegt Julie laut. »Also pass auf: Ich klär das noch, aber komme irgendwie Sonntag zu dir, okay?« – »Ich freue mich wahnsinnig, dass du das möglich machst! Gros bisou!« – »A très bientôt, ma chérie! Je t'embrasse!«

Als sie über das Kopfsteinpflaster in den Mehrfamilienhof fährt, erntet Anne von ihren Co-Bewohnern ein paar bewundernde Blicke, aber größtenteils abfällige Kommentare. »Meine Güte, jetzt legt doch nicht alles auf die Goldwaage: Ich möchte einfach mal ein bisschen Spaß mit Luka haben, jetzt verderbt uns das bitte nicht!« – »Ich bin ja nur neidisch, weil ich immer ohne Spaßmobil auf ihn aufpassen darf«, knufft Amelie sie in die Seite, und Anne ahnt, dass das nicht nur zur Erheiterung gemeint war.

Sie holt die Mairübchen, das Bier und die Limo von der Ladefläche und lädt alles auf dem großen Steintisch ab, der als gemeinsamer Treffpunkt vor Amelies und Johns Wohnung steht. John wirft ihr für Amelie einen versöhnlichen Blick zu und öffnet die Bier- und Limoflaschen für die Anwesenden. Ihr Bot kündigt einen Anruf von ihrem Exkollegen Ole an. »Was will der denn jetzt? Nee, bitte nicht!« Sie drückt ihn weg, aktiviert den Family-Blocker, ahnt aber, dass Ole es sicher gleich noch einmal versuchen wird. »Boah, wie groß der Wagen ist!«, ruft Luka und kommt die Außentreppe heruntergestürmt.

Zweiter eingehender Anruf von Ole Müller-Niederhausen, meldet ihr Bot im Ohr »War klar«, denkt Anne, die jetzt viel lieber ein Bierchen mittrinken als ausgerechnet mit ihrem nervigen Exkollegen sprechen würde. »Ja, schau dir den Wagen schon mal an, ich muss noch kurz telefonieren«, sagt sie. »Da drüben ist auch ne Limo, wenn du willst.« Seufzend nimmt sie ab, um es hinter sich zu bringen: »Hallo Ole, was gibt's?« – »Ah, danke, Anne, dass du abnimmst, entschuldige bitte, dass ich trotz Family-Blocker zu dir vordringe, es ist mir auch meeega unangenehm, aber ich bin

gerade in einer verzwickten Lage und bräuchte mal deinen Rat.«
Anne wartet, was kommt. »Anne?« – »Ja, ich bin noch dran, nun
sag schon.« – »Ja, also du bist mit deinem Arbeitsprofil einfach *die*
Nummer im Tourismusgeschäft und es gibt niemanden, der bei den
innovativen Nischenanbietern so drinsteckt wie du, Anne.«

Schon drei Sätze reichen und sie hat genug von Ole, der offensichtlich wieder etwas will: »Okay, pass auf, ich will dich nicht lange stören und mach's kurz: Also, du weißt ja, dass sich die Dinge
nach unserem letzten gemeinsamen Projekt für die Destination De-
velopers für mich nicht so toll entwickelt haben.« »Fair enough«,
denkt Anne, die sich erinnert, wie sie Ole für diesen recht innovativen Kunden vorgeschlagen hatte und dann in der Zusammen-
beit feststellen musste, dass die ganzen Referenzen entweder Fake
oder übertrieben wohlwollend gewesen waren. Am Ende hatte sie
das Projekt für den Tourismusanbieter fast alleine wuppen müssen
und wegen unsinniger Absprachen, die Ole auch noch hinter ihrem
Rücken getroffen hatte, beinahe den Kunden verloren. Im Grunde
eine Unverschämtheit, dass der sie überhaupt noch anrief!

»Ach, echt?«– »Na ja, das soll jetzt nicht nachtragend klingen,
aber ausbleibendes Feedback vom Kunden, ausbleibendes Feedback
von dir ...« Hoppla! »Kein Feedback war da immer noch besser, als
mein Feedback gewesen wäre, Ole.« – »Oh Mann, ich hör schon,
du bist immer noch sauer. Ich hatte Beziehungsprobleme, wie oft
soll ich dir das denn noch erklären?« – »Am liebsten gar nicht. Und
Beziehungsprobleme bekommen auch wir, wenn du mir die Schuld
an deiner Misere zuschieben willst!« Das war so irre, mit welcher
Dreistigkeit der Typ seine Fehler immer auf andere abwälzte und
sich selbst zu Unrecht benachteiligt glaubte! »Okay, Anne, falscher
Anfang. Machen wir es auf die sachliche Tour: Nach außen war
klar ersichtlich, dass ich drei Monate lang mit dir voll im Projekt
hing, was aber keinerlei Resonanz bei den übrigen Involvierten
fand, weswegen sich daraus auch nichts weiter entwickelt hat.« –
»Ja, und wenn ich da mal einhaken darf: Dass dein Engagement
nach außen ersichtlich war, lag nur daran, dass du die ganze Zeit
Arbeit von mir und Interna vom Kunden in sämtliche Kanäle ge-
postet hast, um dich interessant zu machen. Und – ganz ehrlich?
Ich finde es nur fair, wenn sich das für dich nicht ausgezahlt hat,
Ole!«

»Warum bist du bloß so aggro? Ich habe schließlich auch dich dabei erwähnt! Na, egal. Jedenfalls ist das jetzt vier Monate her, und danach kam leider auch nichts anderes rein. Und du weißt ja, wie das mit der Auftragsbeschaffung ist: Ich muss jetzt binnen zwei Monaten unbedingt was vorweisen, sonst … na weißt du ja: setzen sie mich gehaltstechnisch wieder auf die Basislinie.« – »Mir kommen die Tränen. Du kannst so froh sein, dass du angestellt bist!« – »Ja klar, weiß ich, aber ich brauch die Sicherheit ja auch für meine Kinder und will's mir nicht verderben.« – »Und da rufst du ausgerechnet mich an? Mit mir hast du's dir nämlich verdorben. Wenn ich an deine ganzen Fake-Referenzen denke, auf die ich reingefallen bin und für die ich dem Kunden dein Superhonorar aus den Rippen geleiert habe!« Er scheint das gar nicht zu hören, sondern überlegt: »Hmm, die von damals machen inzwischen alle was anderes. Du weißt ja, wie die Hypes kommen und gehen, das ist selbst beim Thema Nachhaltigkeit so. Ha ha! Sogar da, wirklich komisch.«

»Ich fasse es nicht! Du würdest es genauso wieder tun! Ole dreht einfach an der Welt, bis sie für ihn passt.« – »Was hast du bloß für einen freien Nachmittag, dass du so gestresst bist?« – »Meine Family-Quality-Time, Ole! Auf die sich mein Sohn extrem gefreut hat. Wenn der gleich erfährt, dass du dran bist, rupft der mir meinen Bot aus den Ohren.« – »Oh. Ja, Mist. Bei dem hab ich ja auch verschissen. Der hatte mich damals sogar ein ganzes Wochenende lang mit Anrufen tyrannisiert, weil du angeblich meinetwegen zum Kunden fahren musstest. Hatte ich dir das eigentlich erzählt? Der hat mich permanent angerufen! Sogar von verschiedenen Nummern aus, und wie bekloppt rumgeschrien! Also nichts für ungut, Anne, der ist vielleicht zu oft alleine oder was weiß ich, aber auf mich wirkte der fast ein bisschen gestört.« – »Jetzt reicht's«, denkt Anne und sagt: »Ja, genau. Und mir geht es ganz genauso. Wir fühlen uns einfach durch dich gestört, Ole. Ich bin auch kurz davor, loszuschreien, und lege jetzt auf!«

Wütend drückt sie ihn weg, blickt verärgert in ein paar fragende Gesichter, die bei Bier und Rettich um den Steintisch sitzen. »War das Ole?«, fragt Luka. »Der hat's eben schon bei mir versucht, weil du den Family-Blocker drin hattest.« – »Und was hast du gesagt?« – »Dass du nie wieder mit ihm arbeiten wirst und er sich verpissen soll!« – »Luka! Wie redest du denn mit meinen Arbeitskollegen?«

Aber innerlich muss Anne lachen und ihm beipflichten. Und als sie mit ihrem Sohn zu den anderen geht, hört sie, wie in ihren Ohren die bekannte Musik zur Entspannung einsetzt. »Nee, das geht anders besser!«, denkt sie, nimmt mit der rechten Hand ein Bier von Amelie entgegen und rupft sich mit der linken den Ohrstecker raus, der wie ein angeseilter Schmuckstein in die Kreole zurückfällt.

Am Samstagmorgen wird Anne vom Vogelgezwitscher geweckt. Sie liegt ziemlich hart auf dem Rücken und blickt in diffuses Hellgrün. Sonnenlicht haftet an Schwebstoffteilchen, raumgreifend bis unter die Kuppel des gespannten Textils. Schattenspuren von draußen begleiten die Lichtreflexe, die an der Membran entlang bis zu einem geöffneten Reißverschluss tanzen. Winzige gelbe Plastikzähne markieren die Grenze von Hellgrün zu Blau. Ein offen gelassener Zipper, an der runden Öffnung ein schlaff nach unten hängendes Kunststoffnetz und der Blick driftet haltlos ins Freie, zieht sich über eine glitzernde, blaugrüne Wasserfläche und einen Schilfgürtel hinweg bis hinten zum Wald, katapultiert sich hoch zum Himmel und – mit überstrecktem Hals – zurück in die nächste Umgebung. Mitten hinein in ein Gestrüpp aus Röhricht, aus dem Vogelstimmen schnarren und zirpen.

Sie dreht sich zur Seite. Neben ihr liegt Luka in Embryonalstellung in seinem dunkelgrünen Schlafsack und schläft noch. Über ihren Köpfen wieder ein Rascheln im Schilf, diesmal langsamer und weich aufsteigend und abfallend. Heimlich greift sie nach den Smart Lenses, die sie eigentlich auf diesem Trip nicht benutzen wollten, aber jetzt will sie schnell checken, was da alles kreucht und fleucht. Sie schält sich vorsichtig aus dem Zelt, das Luka hier gestern direkt auf dem Steg aufgebaut hat.

Diesmal besser ausgestattet, schaut sie gebückt ins Röhricht: *Erle, Schilfrohr, Eichenbohlen, Schilfrohr*… sie fokussiert die Stelle, von der das Geräusch kam … *Schilfrohr* … sie sucht die Bewegung, peilt ihr voraus, der Zoom folgt, vergrößert, hellt die fixierte Stelle auf, ohne dass man mehr erkennen kann, und justiert sich wieder neu … *Schilfrohr … Schilfrohr …* Es ist zwecklos, das Schilfblätterchaos ist zu dicht. Ein Rascheln, jetzt aus dem Zelt. »Ich glaube, hier sind irgendwelche Tiere«, zischt sie in Richtung Luka. Keine Antwort. »Hörst du das Rascheln?« – »Ich hör nur laute Vögel und dich, und beides nervt beim Schlafen«, nuschelt es endlich aus dem Zelt. »Pft.« Sie macht ein paar Schritte auf dem Holz Richtung Land. … *Nagellack Blueberry von Ochida … hier und nur jetzt für € 12,99 …* verrät ihr Blick auf ihre Füße. »Oh, Fuck, kann dieser Scheiß nicht mal aufhören?«

»Äeeeeh. Was is denn?«, fragt Luka Sie dreht sich um, noch genervt von der Werbung, aber erfreut, dass ihr Sohn zu kommunizieren beginnt. »Über Nacht gab es ein Update und jetzt kommen alle diese ›Kauf-mich-Aufforderungen‹ wieder in mein Sichtfeld«, erklärt sie, während sie durch die Zeltluke hinein zu dem verpuppten Etwas krabbelt.

»Du musst deine Filter neu setzen«, informiert sie ein zerknautschtes Gesicht, umrahmt von angeklatschten Haaren, das sich verschwitzt aus dem orangenen Innenfutter wälzt. »Ja, danke, du Superhirn. Hab ich ja höchstens schon tausend Mal gemacht« Die Teenagerraupe dehnt ihren ringförmig wattierten Körper in die Länge. »Hey, wir wollten doch alles ausstöpseln!« – »Ich hab nur die Linsen mitgenommen, falls wir etwas genauer ansehen wollen. Die KI ist zu Hause. Wahrscheinlich kommt deswegen die ganze Werbung rein«, überlegt sie laut, als die Made neben ihr zusammenzuckt und an sie heranrobbt: »Blockier dann aber nicht meinen Wunschgenerator!« Wird sie nicht. Die Geschenkideen, die ihr Lukas Wunschgenerator zusteckte, waren meist ganz originell. Nicht unbedingt typisch für Neunjährige, fand sie manchmal, aber für Luka doch passend. Außerdem sind die monatlichen Tipps immer auch ein verdeckter Hinweis, wohin sich die Interessen ihres Sohnes gerade entwickeln. Sie tupft die Linsen wieder von den Augen und legt sie zurück in das elektrifizierte Döschen.

»Wollen wir den Tag mit einem Swim beginnen?«, schlägt sie vor, als sie mit zusammengekniffenen Augen über den See blickt: In der Mitte lockt glitzerndes Blau und am Waldrand sind die grünen, öligen Untiefen zu vermuten. Luka hat seine neue Badehose an und springt einfach rein. Arschbombe vom Steg. Wieder ein Rascheln neben ihr im Schilf. Verschreckt nimmt sie Anlauf und springt über Luka hinweg.

Das Wasser ist herrlich und sie haben richtig Spaß, bis Anne kurz erstarrt, weil sie eine schwarze Schlange mit gelber Sichel am

Kopf etwa zehn Meter entfernt von ihnen davonschwimmen sieht. Sie unterdrückt einen kleinen Aufschrei und tastet mit den Augen hektisch die Wasserfläche ab. Nichts weiter, und die Schlange ist im Schatten der Bäume verschwunden. Luka hat nichts gesehen, erklärt, dass er jetzt einen Bären verspeisen möchte, und während Anne sich noch auf den Holzplanken von der Sonne trocknen lässt, holt er das Frühstück aus dem Wagen.

Sie hört ihn schwer bepackt zurückkommen und er stellt die Kiste direkt neben ihr ab, richtet sich auf und wischt sich demonstrativ zwei kleine Schweißperlen von der Stirn. »Dafür würde Papa jetzt ein paar Kid-Coins spendieren!« Sie blinzelt hoch zu ihm: »Ein paar was?« – »Kid-Coins. Das sind kleine Beträge in Kryptowährung, die nette Eltern ihren Kindern für Gefälligkeiten überweisen.« Er baut etwas entfernt auf einer feuerfesten Unterlage den Gasbrenner auf und setzt die Pfanne drauf. Anne holt Öl, Eier, eine Zwiebel, Fenchel, Käse und Tomaten aus dem Beutel. »Und Papa überweist dir die? Für was denn?« Sie legt die Zwiebel auf die Bohlen und beginnt mit einem Taschenmesser kleine Spalten abzuschneiden. Luka entflammt vorsichtig den Gaskocher und kippt etwas Öl in die Pfanne.

»Na, damit ich mein Zimmer aufräume, den Müll rausbringe und mich als Mann im Haushalt ein bisschen nützlich mache. Ich soll schließlich kein Macho werden, hat er gesagt.« Luka gibt die Zwiebel zusammen mit den Fenchelspalten in die Pfanne. »Ja genau. Deswegen kannst du zum Beispiel auch schon so professionell kochen und ein selbstständiger großer Junge sein – und das funktioniert ganz wunderbar auch ohne Kid-Coins.«

Sie schneidet eine Tomate über der Pfanne. »Ich glaub es einfach nicht, dass Papa so was anfängt, ohne das abzustimmen! Also, Luka, von mir bekommst du die nicht. Ich möchte, dass du es als etwas ganz Selbstverständliches erlebst, dass man sich innerhalb der Familie und unter Freunden gegenseitig hilft und nützlich macht – übrigens auch, wenn du mal woanders isst oder übernachtest. Tischabräumen und Bettabziehen erwarte ich da von dir.« Luka hat die Eier in einer leeren Gemüseschale angerührt, den geriebenen Käse reingestreut und kippt die Melange jetzt auf das brutzelnde Gemüse. »Ja, das mache ich ja auch, Mama. Außerdem kenne ich keinen Jungen in meiner Klasse, der so ein spitzenmäßiges Omelett braten kann wie ich. Mach bitte aus den Kid-Coins kein Drama. Ich glaube, Papa und du, ihr wollt das Gleiche.«

Raffiniert! Das klang schon wieder nach so einem Mediationstraining aus der Schule. »Wir wollen beide keinen Macho großziehen, das stimmt. Hausarbeit ist zwar Arbeit, die leider immer noch überwiegend von Frauen erledigt wird, aber es wäre schon viel getan, wenn man sie in der Familie gerecht aufteilt.« Sie reicht ihm den Silikonpfannenheber, er lupft das Omelett. »Man muss nicht gleich alles bepreisen oder gegeneinander aufrechnen, damit es einen gesellschaftlichen Wert hat. Wer so erzogen wird, für den spielen später immer nur Geld und Gegenleistung eine Rolle. Das wünsche ich mir nicht für dich, verstehst du?« Luka kommt konzentriert aus der Hocke hoch, fasst den Pfannengriff mit beiden Händen, schwingt die abgewandte Seite nach oben, das Omelett löst sich, dreht sich, und er fängt es mit der Pfanne wieder auf. »Yeah! Wow! Hast du das gesehen? Ich kann's einfach!«, ruft er und dreht sich einmal tanzend auf dem Steg.

Unterm Steg platscht etwas und beide zucken so heftig zusammen, dass sie lachen müssen. »Wir sind wirklich für die Wildnis gemacht, was?« Sie streckt den Arm nach ihm aus und er kuschelt sich in den Schneidersitz vor ihren Bauch. »Stell dir vor, wir wären hier ausgesetzt in einer fremden Welt. Was würdest du tun?«, fragt er sie. »Nichts anderes als jetzt«, flüstert sie und drückt ihn an sich. »Vielleicht noch mehr den Tierstimmen lauschen.«

Als sie dann beide still sind, hören sie Frösche oder Kröten quaken, einen Specht hämmern, sehen Gänse über sie hinwegfliegen und einen Milan kreisen. Beinahe Wildnis. Und die Abenteuer mochten noch kommen.

Luka

My Name ist Luka – and yes, I think you have seen me before …

Meine Eltern sind aber ganz okay und meine Mutter misshandelt mich nur, wenn sie sich Adventure-Wochenenden ausdenkt, weil sie glaubt, ich würde da voll drauf abfahren. Nee, Scherz, das war schon ganz okay. Ich freu mich auch echt, wenn meine Eltern sich mal Zeit für mich nehmen, aber irgendwie muss es dann immer gleich was Besonderes sein. Als ob sie auf mich alleine und meinen Kram keine Lust hätten. Und mit »meinem Kram« meine ich bestimmt nicht die Schule!

Ich bin ein bisschen dick und leider nicht besonders stark oder sportlich und werde deswegen in der Schule oft gehänselt, obwohl ich da nicht der Einzige mit Bauch bin! Aber die anderen sind irgendwie schlagfertiger oder nehmen das nicht so ernst. Ich nehme alles zu ernst, meint mein Dad, und findet, dass ich ruhig mehr Blödsinn machen dürfte und Spaß haben sollte. Wenn ich bei ihm bin, machen wir Sachen, die ihm als Junge früher Spaß gemacht haben, und was mir dabei Spaß macht, ist, meinen Papa so ausgelassen und vergnügt zu sehen.

In seiner neuen Familie gibt es ein Mädchen, das etwas älter ist als ich, und wir können ganz gut miteinander reden. Aber ich will nicht, dass die anderen denken, da würde was laufen.

Meine Ma meint, dass ich einfach nur sensibler bin und dass das in einer Welt, die voller Bots und Maschinen ist, eine wichtige Eigenschaft ist, die uns Menschen ausmacht. Aber ich denke, ich wäre manchmal gern ein bisschen mehr Roboter. Dann würde ich mir nicht bei jedem Scheiß Gedanken machen und Fragen stellen und dafür einfach mehr können und machen.

Ich hätte dann mit meinem Scannerblick sofort gemerkt, dass bei dem Zelt ein wichtiges Verbindungsstück gefehlt hat. Der Schlange im See hätte ich mit meinen Laseraugen Beine gemacht! Und das Müllraustragen, Spülmaschineausräumen und Zimmeraufräumen würde mich nicht mehr stören, weil es ganz automatisch – ohne meinen Willen – praktisch unbewusst passiert (kichert). Obwohl, nee. Dann krieg ich ja keine Kid-Coins mehr! Und ich finde es cool, zu sehen, wie sich mein Krypto-Coins-Haushaltskonto füllt! Da kann mich Ma mit ihrer Predigt nicht von freiwilliger Arbeit überzeugen. Eine Arbeit, die nicht richtig bezahlt wird, ist auch keine richtige Arbeit! Da kann sie sich noch so aufregen, dass die Frauen immer noch das meiste im Haushalt machen und mit ihrer »Aufopferung für die Familie« gleich das Vorbild für die nächsten Machos abgeben. Nee, ich bin kein Opfer! Ich koche gern und helfe bei dem, was mir Spaß macht, aber um die doofen Aufgaben zu machen, brauche ich – wie sagt das unsere Lehrerin: »eine positive

Lernumgebung«. Und sie meint damit dann wohl eher Kid-Coins als dreckiges Geschirr oder Stinkesocken. Wieso haben wir für solche einfachen Sachen eigentlich noch keinen Roboter? Die gibt es nämlich. Mit Gummihänden, damit das Geschirr nicht abrutscht, dreh- und streckbar, damit sie auf kleiner Fläche an die oberen Schränke kommen, und mit Scannerblick, um die Wäsche zu sortieren.

Ich werde mir, wenn ich groß bin, so einen Chip einbauen, damit ich meine smarten Assistenzsysteme immer bei mir hab. Kompletter Durchblick mit Künstlicher Intelligenz! Da kann mir nix mehr passieren. Dann hätte ich Mama gleich am Bahnhof sagen können, wie man das Auto startet, oder dass es verboten ist, Kinder auf der Ladefläche zu transportieren. Obwohl: Das wusste Mama ja, und ich wollte trotzdem rauf – und echt: Es war soooo so geil, da hinten drauf zu stehen, sich am Holm festzuhalten und den Fahrtwind zu spüren, während dieses Riesending den Feldweg entlangbollerte! Ich hab vor Freude laut geschrien und dabei eine Fliege verschluckt. Bäh! Dann bin ich mit dem Kopf an den Holm gestoßen, weil ich sie rauswürgen wollte, und Mama hat es nicht gleich mitbekommen, weil wir unsere Bots ausgestöpselt hatten, um echtes »Nature Feeling« zu haben. Sie hat erst angehalten, als sie mich nicht mehr im Rückspiegel gesehen hat, aber es war nichts Schlimmes passiert.

Blöd war nur, dass wir nicht die Kamera am Dach gesehen haben, die das direkt der Versicherung gepetzt hat. Aber ohne Bots konnten wir das zu dem Zeitpunkt noch nicht wissen. Und als Mama am Samstagabend erklären musste, dass wir die Kommunikation unterbrochen hatten, gab es dann gleich noch mal eine Strafe.

Aber davor – auf unserem Adventure-Trip – da waren wir frei! Und das war toll. Deshalb bin ich auch hinten auf der Ladefläche geblieben, hab die Decke unter meinem Kopf zu einem Kissen zusammengefaltet und mich hingelegt und durchschaukeln lassen. Über mir waren nur der Himmel und ein paar Frühlingszweige, das war wunderschön! Ma ist dann auf einen Waldweg abgebogen und im Schatten im Schneckentempo runter zum See gefahren. Dass das auch verboten war, hätten wir uns »auch ohne Assistenzsysteme ja wohl denken können«, meinte am nächsten Tag die Försterei, die dafür auch eine Strafgebühr verlangt hat. War dann doch ganz gut, dass Ma mir das Lagerfeuer ausgeredet hat. Wir hatten eh so viel

Hunger, dass wir die Veggie-Würstchen direkt roh aus der Packung gefuttert und uns eingeredet haben, dass sie toll schmeckten, aber Ma meinte, ihre »Geschmacksknospen« seien grad eh durcheinander.

Ich hab nicht genau gecheckt, was sie damit gemeint hat, aber ich tippe, es war was Versautes!

MOTIV 4

DAS BRAND-ATELIER

Vorne, in der Sonne: der Jungfernstieg, auf den man sich von der Binnenalster aus zubewegt. Es schaukelt leicht, eine Handbewegung kommt ab und zu undeutlich ins Sichtfeld. Jetzt geht es unter der Brücke durch, ein Blick erhascht im Kanal die Spitze des Boards, vor den eigenen Füßen. Linker Hand auf den abfallenden Stufen die Schwäne, dahinter das prächtige Rathaus, und rechts der Anleger. Kurze Balance in der Grätsche, dann fester Boden unter den Füßen. Das Board und seine Utensilien fallen von einem ab und eine alte Sandsteintreppe führt hoch zu einer Promenade, die unter weißen Arkaden dem Wasserlauf folgt. Zahlreiche Geschäfte und Cafés mit Außenmöblierung bieten Touristen und Einheimischen einen Postkartenblick auf den gegenüberliegenden Rathausplatz.

Der Blick wandert zurück an den Anfang der Arkade und die Schritte bewegen sich hin zum historischen Eckhaus an der Brücke mit den großen Schaufenstern auf zwei Etagen. Vom Sonnenlicht geht es unter dem Türbogen zunächst ins Dunkle, dann hellt es auf und eine riesige künstliche Krake aus gräulich glänzenden Facetten wird unter der Decke sichtbar. Acht Arme, die sich windmühlenartig in Zeitlupe bewegen und gläserne Wassertropfen, kleine Segeltuchfahnen oder das Logo tragen, klingen leicht in Bewegung, fangen das Licht ein oder geben Flattergeräusche von sich. Der Kopf der Krake muss bis ins Obergeschoss reichen, denn ihr Rumpf endet in der schillernden Wellenoberfläche, die das Erdgeschoss abschließt.

Auch die Wellen an der Decke können sich in Längsrichtung auf und ab bewegen und halten in ihren Wogen Lichtkegel versteckt, die gezielt die Aufmerksamkeit der Passanten lenken. Einige sitzen vor den Fenstern an langen Tresen und tippen auf darauf projizierte Fotos und Videos, die ihnen in einem Wasserstrom angespült werden und zum Bewerten interessant erscheinen. Andere wandern um die Schaukästen im Raum herum, befühlen die Materialcollagen oder fachsimpeln hinten in der Bibliothek mit den Ali.does-Brand-Evangelisten. Vorbei an einigen Klamotten, smarten Spiegelkabinen und touristischen Gadets geht es, einen alten, reaktivierten Paternoster hoch ins erste Obergeschoss. Wieder gilt es, einen kleinen Niveauunterschied beim Einsteigen zu überbrücken, derweil sich das Erdgeschoss zu senken scheint und man aus der Vogelperspektive gut erkennen kann, wie in den Schaukästen immer wieder Protoypen angewählt werden, die dann über der Vitrine als Hologramm aufsteigen, die Funktionsweise von Board und Fortbewegung erklären und wie ein Geist wieder in der Miniatur verschwinden.

Ein Schrei – ausgelöst durch einen Krakenarm, der einer Besucherin auf die linke Schulter tippt und ihr drei Glastropfen überreicht, in denen scheinbar ein Bot steckt. Wasserrauschen wie vor einem Schiffsbug erfüllt die Paternosterkabine, die jetzt durch die Decke des Erdgeschosses fährt und den Blick des Besuchers über den Boden des Obergeschosses wandern lässt, der aus zahlreichen Monitoren besteht, die eine durchlaufende Wasserfläche simulieren, weiß durchzogen von den Spuren der Besucher. Um einen älteren Herrn in den Paternoster einsteigen zu lassen, verlangsamt sich der Umlauf. Langsam rutscht man Auge in Auge mit dem schwankenden Krakenkopf, an dem Kinder hängen oder sich entlang der blauen Woge hochzuziehen versuchen, während ein paar Mütter und Väter in den auslaufenden Wellen lässig abhängen.

Gleich daneben bewegen sich Probanden, den Blick auf ovale Parabolmonitore gerichtet, auf unterschiedlich gestalteten Boards. Hinter jedem ist eine digitale blaue Nummer im Wasser zu sehen, überspült von den Wellen, die ihre Bewegungen verursachen.

Die Längswand gegenüber ist vollgepackt mit transluzenten 3D-Druckern, die dort stehen oder hängen und von denen die oberen nur über eine Rollleiter zugänglich sind. Davor stehen Tische aus gebrauchten Boards, in unterschiedlichen Höhen, mit fancy Bürostühlen oder Stehhilfen dahinter. Einige Ali.does-Mitarbeiter arbeiten hier ganz unter sich, während andere Termine mit Influencern oder Prosumenten haben, die ihre Ideen in die Produktentwicklung einbringen möchten. Ganz hinten, quer vor den Fenstern mit Blick aufs Wasser, stehen drei alte Werkbänke unter großen Industrieleuchten, an denen Teenager und Junggebliebene ihre Boards reparieren, mit Folie bekleben oder die neu gedruckten unter Saugglocken abschleifen.

* * *

Das ist wunderbar, dass Sie persönlich und so zahlreich erschienen sind«, nähert sich eine Frauenstimme und Milan nimmt die Brille ab. Seine UEG-Kollegen und ein paar andere Geschäftsleute, die er noch nicht kennt, stehen etwas verloren auf der ausgelegten Plane im noch völlig nackten Erdgeschoss. Es riecht nach feuchtem Putz und die dunkelhaarige Frau, die mit energischem Schritt auf sie zukommt, muss ein paar Hilfsarbeiter, Roboter, Säcke und Gerätschaften umschiffen, bis sie vor ihnen steht. »Ich grüße Sie, mein Name ist Sahila, ich bin die Brand-Atelier-Beauftragte von Ali-does. Wir können die Vorstellungsrunde mit all jenen, die ich noch nicht kenne oder die mich noch nicht kennen, vielleicht dahingehend abkürzen, dass sie mir einfach Ihren Verantwortungsbereich nennen, denn der interessiert mich hier sowieso am meisten!« Ihre dunklen Augen, die gerade den Halbkreis an Männern taxiert haben, reißen kurz auf – so als wollten auch sie noch nachfragen, ob der scharfe Ton angekommen ist.

Nachdem sich unter den Fangarmen der Krake, die Milan als Metallgerüst unter der Decke wiedererkannt hat, die Blicke der Besucher unsicher gekreuzt haben, beginnt ein kaum 30-Jähriger, der noch zarten Babyspeck am Körper zu tragen scheint: »Gut, dann fange ich einfach mal an. Mein Name wird Ihnen ja eingeblendet, also ich verantworte bei der European Investment Bank das Asset-Management und vertrete praktisch die Fondsgesellschaften, die hier in den Business-Improvement-District investieren.« – »Na, das ist doch eine schöne Aufgabe, um in die Berufswelt zu starten«, rutscht es Sahila raus und ihr Gegenüber erwidert gelassen-freundlich: »Zuvor war ich fünf Jahre bei Goldman Sachs in Singapur und habe dort die letzten zwei Jahre das Retail-Portfolio für den Jewel Changi Airport betreut. Es ist tatsächlich eine schöne Aufgabe in einer schönen Stadt, ja.« Die Ali.does-Frau ist noch in Singapur am Flughafen hängengeblieben: »Ach, den kenne ich: Ist das der mit dem riesigen Indoor-Wasserfall und dem gigantischen Tropenwald?« »Genau der, ja – und 70 000 Quadratmeter Retailfläche.«

Sahila legt einen versöhnlichen Blick auf und fragt diesmal auf Augenhöhe: »Und wobei könnten Sie mir behilflich sein?« »Nun, ich denke, dass der Diversity-Ansatz von Singapur auch der deutschen Handelslandschaft helfen wird. Und ich sehe da vor allem Ihr Projekt als einen Vorreiter, den ich durchaus höherwertig einstufen würde als meine Vorgänger. In einer smart vernetzten Konsumwelt, wo Sie sich von jedem vorbeilaufenden Passanten die Jacke scannen und auf Ihre Körpermaße zugeschnitten beim hinterlegten Hersteller oder Händler bestellen können, kann doch niemand ernsthaft glauben, dass man sich noch in seinen Laden stellen und warten kann, bis Kunden kommen, um sich ein paar Textilien von den Ständern zu nehmen und sie anzuprobieren! Das ist doch geradezu eine groteske Idee von Handel«, und er schaut sich in der Runde um, als hätte er einen Witz erzählt.

Milan ging das gerade zwar ein bisschen zu schnell, aber er ist froh, dass sein erster Ausflug mit seinem neuen Arbeitgeber so spannend zu werden verspricht. »Ach, das interessiert uns jetzt aber doch, Ben«, meldet sich der UEG-Geschäftsführer Real Estate im Kreis zu Wort: »Denn Sie wissen vielleicht, dass die Urbane Entwicklungsgesellschaft schon seit etwa 20 Jahren nicht mehr in das klassische Handelssegment oder in Einkaufszentren investiert. Was bedeutet denn smarter Handel für Sie? Multichannel?« – »Na, wenn Multichannel noch ein zu besetzendes Thema ist, dann ist der Zug eh abgefahren. Smarter Handel meint vernetzte Wertschöpfung mit dem Konsumenten. Eine Win-win-Situation beim Aus- und Verhandeln, Angebot und Nachfrage zusammenzubringen – und wer das ohne die Abhängigkeit von den großen Vertriebsplattformen tun will, muss seine Produkte oder Serviceangebote eben *direkt* mit seinen Konsumenten verbinden, auf einer viel spannenderen Fläche als der Amazon-Plattform: *hier* in der Innenstadt, im echten Leben!«

»Ben, es freut mich außerordentlich zu hören, dass Fonds inzwischen auch vernetzte Geschäftsmodelle jenseits von Amazon und Co. fördern, und ich darf Ihnen sagen: Genau das werden wir hier auch tun!« Sahila setzt noch mal einen Gang zurück und erklärt: »Natürlich ist unser Daseinszweck, hier mit Hamburgern eine Sportausrüstung zu entwickeln, über die sich die Wasserstraßen als Verkehrswege miteinbeziehen lassen, aber« – sie macht eine dramatische Pause – »wenn sich unsere Superdesigner hier schon mit den Konsumenten rumschlagen müssen, um das Brand-Involvement zu erhöhen, dann sollen doch bitte diejenigen, die unsere Marke am Leib tragen oder mit ihren Füßen draufstehen, auch im Außendienst für uns tätig werden.«

Milan versucht zu verstehen, worauf sie hinauswill, und ahnt, dass es etwas mit der Jacke zu tun haben muss, die Ben eben beschrieben hat, als sie nun den künftigen Ali.does-Weg erläutert: »Wenn sich hier jemand ein Board zulegt – ob mit oder ohne Kreativinput –, dann können draußen alle Interessierten über Near-

Field-Communication sämtliche Infos zum Board und seinem Besitzer abgreifen und direkt in eine Handelsbeziehung mit ihm treten. Dafür, dass der Besitzer quasi als Testimonial oder Influencer für unsere Marke fungiert, erhält er für jeden Kunden, den er direkt akquiriert hat, eine Provision von zehn Prozent, was seine Bindung zu uns erhöht und für uns immer noch günstiger ist als die Provision, die wir Amazon zahlen müssten!«

Genau! Das war's! Jetzt erinnert sich Milan, dass ihm seine exaltierte Kommilitonin Fiona vorgemault hatte, dass sie sich als Influencerin noch mit viel Mühe ihre Millionen Follower erarbeiten musste, um ein bisschen Kohle zu verdienen, während bald jede dahergelaufene Shopperin saftige Provisionen für ihre Bad-Taste-Klamotten erhalten kann.

»Ben ist ein Segen für uns«, konstatiert Milans oberster Chef, ein Mittfünfziger in beraterblauem Anzug. »Davor hatten wir nur Ansprechpartner in der Bank, die in ihren Regularien so gefangen waren, dass sie solche neuen Konzepte mit ihren Fonds und uns nie gewagt hätten!« Milan ist erstaunt, den Vorstand, den alle nur »den Terrier« nennen, so geschmeidig zu erleben. »Man muss halt in den Fesseln auch tanzen *wollen*«, pflichtet Ben bei und ein Herr im luftigen Mantel wirft ein: »Interessant, Sie verwenden da ein Zitat, mit dem Gropius seine Architektenprofession beschrieben hat«, und er reicht der Brand-Atelier-Projektleiterin die Hand: »Wir haben uns schon getroffen, ich bin Ihr Architekt.« Sie schaut verwundert zurück: »›Mein Architekt‹ war gefühlt bisher eine etwa 40-jährige Influencerin, die nur mit Babelle angesprochen werden wollte – und den Rest der Kommunikation würde ich dann eher wie ›Babel‹ beschreiben wollen.«

»Äh, ja. Sie hat mir von der Auseinandersetzung bezüglich der Bibliothek erzählt«, lenkt der Architekt, der sich auch in Zukunft gern schwarz kleiden wird, ein und geht mit wehenden Schößen an den Aufzugschächten vorbei in einen noch kahlen Raum, in dem ein Roboter die Schlitze in der Wand verspachtelt und ein Hilfsarbeiter Material nachfüllt. Sahila folgt dem Architekten und der Tross schleppt sich mit. »Die Bibliothek war auch wieder so ein Zugeständnis«, erklärt sie, »weil wir die Tanzfläche auf den Waveboards angeblich nicht bauen durften.« Sie wischt mit dem Fuß einen Mörtelkrümel da weg, wo leicht schwingende Boards unter einer elastischen Membran den Boden überdeckt und ihre Tänzer entweder in Schwingung oder aus dem Gleichgewicht gebracht hätten.

»Der Waveboard-Club wäre eine so coole Idee gewesen, um hier auch nachts ein bisschen Leben in der Bude zu haben! Ich hab Babelle das nicht glauben können, dass wir dafür keine Zulassung bekommen. Hier wohnt niemand über oder neben uns – alles nur Büros oder Praxen, die nachts leer sind. Aber nein, stattdessen kam sie mit einer Bibliothek an! Dabei ist dieser Retro-Museumskram bei Marken inzwischen so old fashion! Das holt mir nur die ganzen pseudointellektuellen Fachsimpler in den Laden. Und die Rentner, die dann da in den Ecken mit ihrem Coffee to go ihren Tag verbringen und meine Shop-Assistants nerven. – Nee, echt jetzt. Ich hab hier auch eine Verantwortung. Den Shop-Assistants, die sich auf diese sechsmonatige Traineezeit beworben haben, wurde versprochen, dass auch sie in der Interaktion mit dem Kunden und der Marke ganz neue Chancen bekämen, den Job nach ihren Neigungen zu formen.«

»Ach?«, denkt Milan, »darüber könnte ich mir ja direkt auch mal Gedanken machen.« »Sogenanntes ›Job-Crafting‹«, wirft der Workplace-Manager ein, der endlich auch einen Beitrag platzieren kann: »Unter dem Slogan ›Make their brand experience to your personal development‹ wollen wir unsere Mitarbeiter einladen, ihre bisherigen Jobbeschreibungen wirksamer weiterzuentwickeln.«

»Jobbeschreibung?«, fragt sich Milan gerade. Hat er so was als Student im dualen Bildungsweg überhaupt von der UEG bekommen? Oder hat das einfach sein Dad mit ausgehandelt, als er mit Steffen den Job für ihn klargemacht hat? Und dann vergessen, es ihm mitzuteilen? »Tja, und damit ist das hier wohl für ausnahmslos jeden ein Experimentierfeld«, wirft Sahila leicht ironisch ein und schaut versonnen aus dem Fenster.

»Wenn ich mir eine Bemerkung zum Clubthema erlauben darf«, kommt ein älterer, untersetzter Herr von hinten zum Vorschein, der den typischen pragmatischen Hanseaten verkörpert: »Ich könnte Ihnen da eine Versicherung nennen, die Diskotheken und besondere Veranstaltungen gegen all die Ängste versichert, die hier so von Amtsseite vorgetragen werden.« Und weil die übrigen Herren wenig Bereitschaft zeigen, mitzugehen, fügt er hinzu: »Am Ende ist es ja bloß die Frage, wer den Kopf hinhält.«

Sahila klatscht in die Hände und ruft: »Ja eben! Bloß, dass vorher sämtliche irgendwie Beteiligten und möglicherweise Tangierten gern noch mal dranpinkeln oder sich an der Wertschöpfung beteiligen möchten!« Während sich die Ali.does-Projektleiterin wieder in Rage redet, legt der Hanseat die Hände verschränkt auf seinem Bauch ab und meint: »Ich bin da absolut bei Ihnen, meine Liebe: Wenn das so weitergeht, wagt in diesem Land keiner mehr was.«

Sie dreht sich zu ihm und fragt neugierig: »Ah, und wo machen Sie solche Erfahrungen, wenn ich fragen darf?« »Als Ihr Nachbar und Vermieter des LVMH-Department-Stores, fünf Häuser weiter«, erwidert der ganz unverblümt. »Raboisen mein Name, Entschuldigung: Bernie von Raboisen. Ich hab schon so viel Spannendes gehört und wollte mir das hier gern mal ansehen«, gesteht er und lässt dabei seinen Blick über die metallenen Krakenarme und kahlen Betonwände streifen: »Aber ich will die Besprechung nicht stören, sondern Sie – wenn Sie Zeit finden – herzlich gern auf einen Kaffee herüberbitten. Fragen Sie nach dem ›Alten Reibeisen‹ am Empfang, ich würde mich sehr freuen«, lacht er, hält ihr die Hand auf gute Nachbarschaft entgegen und während sie ihn noch kurz zur Tür begleitet, entfährt es Milans Oberchef, dem Terrier: »Ha, der alte Raboisen! Gewiefter Hund, kommt einfach rüber und schaut sich das hier mal an!«

Nachdem Sahila in den Raum zurückgekommen ist und alle einen Augenblick lang versonnen dem Roboter beim Wandspachteln zugeschaut haben, hakt Steffen nach: »Also, ist das jetzt durch mit dem Waveboard-Partyraum oder möchtest du das noch einmal angehen?« – »Das mache ich davon abhängig, wie viel ihr mir jetzt noch in den anderen Bereichen zusammenstreicht.« »Also bitte, Sahila, wir vertreten doch als Quartierskuratoren *deine* Interessen! Wir wollen doch auch, dass dieser geniale Hybrid aus Prototyping-Atelier und Shared-Brand-Experience ein neuer Magnet wird!«, betont Helge, der UEG-Kurator für den Business-Improvement-District zwischen Rathaus und Gänsemarkt. »Ja, Helge, und entschuldige, dass ich das so hart formuliere: Kuratieren können wir beide ganz klasse, es nützt nur leider nichts, wenn das Quartiers-*management* nicht mitzieht!«

»Okay«, jetzt wird es dem Terrier zu bunt, »können wir das jetzt bitte einfach konkret durchsprechen? Wo gehen wir nicht mit?« – »Sie haben einen Architekten gestellt, der weder im Zeitplan noch mit den lokalen Brandschutzbestimmungen vertraut ist.« Der großgewachsene Workplace-Manager versucht zu vermitteln: »Sie können nicht erwarten, dass in Hamburg das geht, was in Kopenhagen geht.« – »Dann brauche ich gegenüber Ali.does aber langsam eine Erklärung, warum ich es in diesem komplizierten Hamburg mit tausend Beteiligten und nicht in Kopenhagen mache!« – »Weil die Stadt Hamburg Ihr Projekt unterstützt und weil wir Ihre Idee gut fanden«, versucht es der Real-Estate-Geschäftsführer.

»Dann bitte! Schauen Sie sich um, Sie sind ja dankenswerterweise gekommen, um sich ein Bild zu machen: In vier Wochen müssen wir diese Baustelle eröffnen!« Ihr strenger Blick trifft den Architekten und sie geht vor zum Schacht: »Also hier: Die Paternoster sollte es erst geben dürfen, dann wurden sie von irgendeinem anderen Amt wieder verboten, dann hieß es: Nur wenn sie nicht aus Holz sind und Absperrungen erhalten. Ja bitte: Das ist dann eine stinknormaler Aufzug, der sich buchstäblich im Kreis dreht!«

Der Architekt bremst sie und erklärt: »Uns wurde nahegelegt, das von den professionellen Aufzugsfirmen machen zu lassen – auch wegen Gewährleistung, Wartung etc. …« – »Was? Die bewegen sich hier lächerliche sechs Monate lang – das muss ja wohl noch ohne Wartung zu schaffen sein!« – »Aber es geht ja, wenn ich das richtig verstehe, um die Sicherheit der Kunden«, hört Milan seinen Vorgesetzten Steffen beruhigend einwirken, doch Sahila winkt ab: »Das haben wir längst geklärt: Ab Türhöhe fährt die Kabine hinter Acrylglas, das wir bereit sind, auf die Wand zu montieren.« Doch den Architekten überzeugt das nicht: »Und wenn ein Kind von innen die Hände an das vor ihm herunterfahrende Acrylglas legt oder mit seiner Wange drankommt?« – »Dann wird es die Wange wohl wieder wegziehen!« – »Und wenn ein Spielzeug durch den Schlitz nach unten fällt?« – »Dann ist es weg. So läuft das im richtigen Leben, und meine Kunden haben wieder was gelernt!« – »Und wenn es heißer Kaffee ist, der da runterkippt?« – »Sagen Sie mal, für wie stumpfsinnig und bescheuert halten Sie unsere Kunden eigentlich? Wenn Sie denen nicht einmal zutrauen, vier Meter in einer Kabine nach oben zu fahren, wie sollen die dann auf einem Board über die ganze Alster zur Arbeit kommen? Das schafft Ihr Menschenbild nie!«

»Dafür muss ich es aber auch nicht gewährleisten!« – »Oooh! Da ist es wieder!« Sahila ringt die Hände und der gelblich-grüne Kristall in ihrem Halsband funkelt. »So, mit den Paternostern sind wir also nicht viel weitergekommen, oben könnte ich Ihnen noch Abweichungen von Planung und Realisierung zeigen, da hat der Roboter irgendwas gedruckt, was er nicht sollte, und das klopft gerade ein Hilfsarbeiter wieder weg«, erklärt sie das zeitweise Hämmern und Presslufthammerbohren. »Oben neben die Aufzüge kommen die Getränkeautomaten und wir brauchen da noch einen schönen Abfallbehälter – irgendwas zwischen dezent und doch sichtbar«, bestellt sie bei ihrem Workplace-Designer und ergänzt: »Das mit den recycelten Algenbechern wurde uns leider aus dem Budget gestrichen.«

Sie geht weiter die Punkte ab: »Das Deckenloch für den Krakenkopf erlaubt der Hausbesitzer nicht. Das ist nicht so schlimm, hier unten kaschieren das die Wellen und oben setzen wir den Kopf mit der Bullenreiter-Robotik einfach auf dem Fußboden auf.« Milans innerliche Begeisterung, als er sich die Kids darauf vorstellt, zeichnet sich als breites Grinsen auf seinem Gesicht ab. »Äh, wo du gerade den Hausbesitzer ansprichst, Sahila, da bin ich beauftragt, dich in seinem Namen noch über einen anderen Punkt zu informieren«, hört Milan Steffen etwas zaghaft beginnen. »Der Nachbarvermieter hat Ärger mit seinem Mieter, weil der befürchtet, dass vom Tag der Eröffnung an hier die ganzen Hoodies abhängen und Teenager cornern.«

»Ja, es wäre doch wünschenswert, wieder ein bisschen Leben am Jungfernstieg zu haben.« – »Wo das gelangweilte Jungvolk auf der autofreien Meile doch genügend Platz hat zum Bierflaschenschmeißen.« Alle drehen sich erstaunt zum Architekten um, von dem der Einwurf kam. Und der erklärt: »Sorry, aber genauso denkt Ihr Nachbar. Wenn der erste Graffito gesprayt und die Ecke mit der schönen Brückenbalustrade zum neuen Abhängeort auserkoren ist, dann hängen da nicht nur die falschen Typen vor seinen Schaufenstern rum und verscheuchen seine Kundschaft, sondern dann fährt insgesamt das Niveau runter.«

Und weil Sahila immer entsetzter schaut, schickt er schnell hinterher: »Also, die Angst, dass es hier mit Ali.does zum Broken-Window-Phänomen kommen könnte, ist aus meiner Sicht völlig unbegründet, solange wir eine absolut hochwertige Ausstattung auffahren.«

Milan begeistert es, zu erkennen, wie hier jeder um seine Kompetenzen und Budgets kämpft und das gleichzeitig als Lösung verkauft. Sahila gibt sich betont gelassen: »Um welchen Nachbarn geht es konkret? Den, der eben da war?« – »Nein, der direkt neben Ihnen am Jungfernstieg.« »Und warum lädt *der* mich nicht zum Kaffee ein, um das direkt mit *mir* zu besprechen?« Der Vorstand schält sich nach vorn: »Weil *wir* für das Quartiersmanagement zuständig und damit auch sein Ansprechpartner sind.« – »Ach so. Und als mein Ansprechpartner: Was ist jetzt Ihre Idee dazu? Sollen wir das hier lieber lassen, um des lieben Friedens willen?« – »Wir wurden lediglich in Kenntnis gesetzt, dass es zwischen dem Nachbareigentümer und deinem Vermieter so eine Art Kaffeetrinken gab«, umschreibt es Steffen.

Auf dem Rückweg ins Büro bricht Steffen das Schweigen: »Die war bestimmt so auf Zinne, weil wir nur Männer waren.« – »Ich hätte Babelle mitbringen sollen«, gibt der Architekt sich die Schuld, »die steckt auch viel mehr im Thema, aber sie konnte heute nicht.« – »Na, Milan, was war dein Eindruck?« – »Ich fand die Ideen alle ziemlich geil. Wenn das Wirklichkeit wird, was ich heute durch die Brille gesehen hab, dann wird das groß.«

»Und Sahila? Bisschen anstrengend, oder?« Milan schaut zu seinem Vorgesetzten und zur Gruppe: »Na, ich denke, die braucht schon eure Hilfe …«, worauf der Terrier lachen muss und dem Real-Estate-Typen der Kragen platzt: »Hey Leute, die tickt doch nicht ganz richtig! Wer soll diese ganzen spinnerten Ideen denn bezahlen? Das bekommt die nie reingespielt, was sie da alles aufziehen will!« – »Aber wenn wir«, jetzt mischt sich Helge, der Kurator, ebenso energisch ein, »wie ihr sagt, dringend die Monokultur aufmischen und der Luxusmeile mal zeigen müssen, wie progressives Branding und Customer-Involvement geht, dann ist ihr Brand-Atelier genau das, und es ist verdammt noch mal unser Auftrag, so eine Chance zu realisieren, bevor in dieser Innenstadt die Lichter ausgehen.«

»Lichter ausgehen! Pah! Hast du die Puppen gesehen, die beim Alten im Luxuskaufhaus gerade über den Laufsteg marschieren?

Das sind atemberaubend schöne Humanoiden! Gelabelt von den ganzen Luxusmarken. Die bringen jede Saison einen Avatar, mit dem du in Lizenz dein digitales Konterfei aufhübschen darfst, und verkaufen die menschenähnlichen Roboter seit Neuestem wie Riesenbarbies fürs Zuhause. Im Basement hat der sogar mit allen Luxusbrands zusammen ein Sex-Toy-Department eingerichtet – von wegen Lokalkolorit Hamburg oder was weiß ich –, hey, wenn du das siehst, da gehen auf der Reeperbahn die Lichter aus!« Gelächter in der Herrenrunde.

Der Händler Benni von Raboisen

Ich bin das alte Reibeisen – so nenne ich mich selbst. Ist ein bisschen dämlich und kokett, aber es funktioniert. Baut Stufen ab. Hamburg hatte viel altes Geld, und wer es noch hat – und es nicht im Handel, in den Reedereien, den Medien, der Werbung und am Ende auch im Hafen hat untergehen sehen –, hat es meist in Immobilien. Es ist traurig, dass alles, was Hamburg einst reich und bedeutend gemacht hat, heute nicht mehr viel wert ist. Noch trauriger ist, wie lange das keinem aufgefallen ist. Der wirtschaftliche Niedergang, dem Strukturwandel geschuldet, geschah hinter den prächtigen Fassaden. Schon lange vor Corona, aber erst recht nach Corona war es zumindest beim Handel und den großen Kaufhäusern in der Innenstadt offensichtlich, dass ein Weitermachen wie bisher nicht funktionieren konnte. Eine Weile noch hofften Immobilieneigentümer wie ich, dass zumindest in den A-Lagen die nächste Kette schon kommen würde. Schließlich sind die Mietpreise in Deutschland im internationalen Vergleich immer noch sehr moderat – fürs Gewerbe übrigens genauso wie fürs Wohnen – und so hielt man die A-Lagen lange für sichere Cash-Cows.

Das bahnbrechende Konzept war dann, die Monokultur des Luxus-Shoppings mit Gastronomie zu beleben. Passt schon auch für eine überalterte Gesellschaft, für die Essen eh die Lieblingsbeschäftigung geworden ist und die sich immer wieder hinsetzen oder auf ein Klo muss. Aber wie kann man in A-Lagen auf Aufwertung durch Gastronomie hoffen, wenn bekannt ist, dass sich nur mit (alkoholischen) Getränken noch Geld verdienen lässt? Man musste schon vor Corona nur nach Antwerpen fahren, um zu sehen, wie viel Mühe, Reinigungskräfte und schöne Stadtmöblierung es braucht, um der Verwahrlosung, die damit einhergeht, Herr zu werden: Gemischte Geschäftsstraßen sind dort reine Kneipenviertel geworden und haben mit grölenden Touristen und Junggesellenabschieden die hochpreisigen Läden und Arztpraxen verdrängt. Die Aufenthaltsqualität ist dort tagsüber so mies, wie die Mieteinnahmen es geworden sind, und die Abwärtsspirale verhindert jedes neue Investment.

Erst haben wir Vermieter uns zusammengesetzt: Diejenigen, deren Mieter ausgezogen waren und die lange auf neue hofften, ohne etwas zu unternehmen – und andere wie ich, denen das Gleiche zu passieren drohte und die etwas Besseres finden und anbieten wollten. War klar, dass wir hier auf keinen gemeinsamen Nenner kamen und die wenigen Läden, die noch mieteten, durch den Leerstand auch in Mitleidenschaft gezogen wurden. Dann kam die Stadt und machte den Eigentümern Druck, indem sie verfügte, dass bei mehr als sechs Monaten Leerstand die Fläche über das Quartiersmanagement bespielt werden würde. Die Stadt bestimmt dabei auch den Nutzungsmix, das heißt, je nach Quartier werden Flächenanteile für Kultur, Bildung und Soziales festgelegt.

Aber wo was stattfindet und wie das Quartier zwischen den Anrainern und Mietern gemanagt wird, das haben sie schlauerweise nicht in städtische Hände gegeben. Sie haben stattdessen die UEG Group mit dem Quartiersmanagement beauftragt, weil die von der Historie her sowohl Handels- als auch Shoppingcenter-Management beherrscht und ihren Fokus dann generell auf alle konsumierbaren Angebote einer Smart City samt ihren Nahtstellen zu Büro- und Wohngebäuden verlagert hat.

Und natürlich braucht es einen Auftrag und ein Gerüst, um die Erdgeschossfläche nicht egoistisch weiter in dieser Monokultur zu belassen, sondern für diese Hybride wie solch ein Pop-up-Brand-Atelier zu öffnen. Solange wir als Business-Improvement-District gelten, organisiert die UEG jetzt die Flächenvergabe und kümmert sich um Kuratierung und Quartiersmanagement. Ein zu bestimmender Prozentsatz der Mieteinnahmen fließt in einen Topf und wird entsprechend der Flächenanteile unter allen wieder aufgeteilt.

So hat auch der einen Vorteil, der seine Fläche für soziales Engagement stiftet. Und auch der, der sie sonst hätte leer stehen lassen, wird zu neuem Handeln ermutigt.

Neu hinzugekommen sind in der Smart City die öffentlichen Freiflächen, die für Events gebucht werden können. Wenn Louis Vuitton zum Beispiel eine neue Kreuzfahrtschiff-Kollektion präsentieren wollte, könnten wir die am Kreuzfahrtterminal in einem überdimensionalen Schiffskoffer zeigen, den wir dort als Pop-up-Showroom für eine Woche aufbauen. Meine Kuratoren buchen für die LVMH-Luxusmarken, die sich in meinem Department-Store präsentieren, ständig Plätze in Hamburg, die ein gutes Bildmotiv liefern und die Szenerie einzigartig machen. Das zwingt die Ketten übrigens auch endlich, in die Werbetöpfe einzuzahlen, was sie sonst immer schnöde den lokal ansässigen Händlern überlassen haben. Wer heute auch nur einen Aufsteller im öffentlichen oder städtischen Raum der Smart City will, muss zahlen.

Mal bauen wir ganze Pop-up-Stores, mal ist es nur ein zweistündiges Live-Event mit Musik oder Theatergruppen. Neulich hatten wir am Spielbudenplatz einen nostalgischen Automaten aufgestellt und mit Sex-Toys von allen unseren Marken, die so etwas führen, bestückt. Wir kamen mit dem Auffüllen gar nicht mehr hinterher! Die Luxusmarken, die wir hier im Department-Store unter bestimmten Themenstellungen immer neu zusammenstellen, bekommen draußen in Hamburg so ihre ganz eigene Bühne.

Mit der Ali.does-Frau würde ich mich gern einmal länger unterhalten, die ist im Grunde meine neue Zielgruppe, nachdem die stumpfen Markenfetischisten, die nur mit den Logos angeben wollten, durch sind. Das gelbliche Mineral in ihrem Tiffany-Lederhalsband war ein Axinit, eine der seltenen Erden, wie sie gerade im Schmuckbusiness im Wettlauf um die letzten Ressourcen en vogue sind. Ich find's ja dekadent, aber Tiffany haben wir dafür ein ganz besonderes Event angeboten: Am Hansaport Schüttgut-Terminal werden wir zwölf solche Anhänger in den typisch türkisen Tiffany-Kartons in einem gigantischen Sandhaufen vergraben und unsere Kundinnen oder ihre Gatten müssen sie selbst ausbuddeln. Ich denke, mit den haushohen Bergen aus grünen Kupfererzen, rostrotem Eisen und schwarzer Kohle im Hintergrund wird das Graben nach den seltenen Erden ein besonders ästhetisches Motiv sein und der

Renner in den sozialen Medien. Wer einen der zwölf Anhänger findet, darf ihn behalten und gehen; hat die Kundin sich ja quasi erarbeitet (heiseres Kichern).

Aber damit unsere Kundinnen und Kunden die Steine auch ruhigen Gewissens tragen können, muss jeder, der mitbuddeln möchte, vorab ein CO_2-Zertifikat bei The Compensators kaufen. Das Zertifikat wird von der Organisation einbehalten und soll den Preis für Emissionshandel in die Höhe treiben. Also, so ähnlich haben mir das meine Marketingleute erklärt. Konsum braucht jetzt Experiences! Ja genau: persönliche Erfahrungen. Damit meinte man früher, etwas zu lernen. Ich find's nur superspannend, wie sich alles mit allem verknäult. Die Werte, an die wir früher geglaubt haben, müssen sich heute konsumieren lassen Aber so ist das. Mein Beruf verlangt von mir, meinen Kundinnen dabei ein gutes Gefühl zu geben. Mein persönliches Interesse ist aber, ihnen den Spiegel vorzuhalten. Bin gespannt, ob die Luxuskundin da – knietief in den Rohstoffen grabend – nicht plötzlich eine ganz andere Seite an sich entdeckt. Eine, die auch sie zur Beteiligten macht.

MOTIV 5

CHINESISCHER CAMPUS

Es ist früher Abend und schon stellenweise dunkel, als sich der lang gezogene Grünstreifen unterhalb der Beitucheng West Road mit rasanter Geschwindigkeit nähert. Silbrig gefiederte Zweige von Trauerweiden rauschen vorbei, und dunkles Buschwerk wirft rhythmische Flecken ins Bild. Spaziergänger und Pärchen werden überholt, die über die Ufersteinplatten und kleine Terrassen im Schutz alter Bäume entlang der Relikte der mongolischen Stadtmauer schlendern. Im Sinkflug geht es über das dunkle Wasser des schnurgeraden Kanals gen Osten. Entgegen der Strömung, die silbrige Lichtreflexe zum Schaukeln bringt. Unten im Sichtfeld erscheint manchmal etwas Grau-Violettes, bei Beschleunigung Flatterndes. Rechter Hand, oberhalb der säumenden Mäuerchen, führen ältere Chinesen Bewegungen in Zeitlupe aus. Dann: unter einer belebten Fußgängerbrücke durch, zwei Spritzer gurgelnden Wassers und eine scharfe Rechtskurve auf einen stärker frequentierten Weg.

Der Flug folgt dem Strom der Passanten gen Süden. Plötzlich auftauchende Zweige, scharfes Abbremsen und eine 180-Grad-Drehung vor empfindlich nahem Blattwerk. Der Blick zurück auf die Gruppen, die von der Ostseite der Beitucheng Road den ehemaligen Stadtgraben kreuzen. Ein rotes Rechteck zoomt ein paar Gesichter heran, bevor es wieder erlischt und der Bildausschnitt plötzlich nach unten fällt, sich um die eigene Achse hochschraubt, weiter den Menschen folgt und fast mit einer prächtigen Papierlaterne zusammenstößt, die direkt über dem Weg von den Ästen herabhängt. Bunt leuchtend ist sie bereits vorbeigerauscht, gerade noch blitzt eine Ankündigung im Sichtfeld auf – »*Save-the-Date*« *zur Sommernachtstraum-Modenschau am 21. Juni 2040* –, während sich die Flugbahn wieder stabilisiert.

Um den Baumkronen auszuweichen, wird die Fahrt langsamer. Vorne, hinter der kreuzenden Jian'an East Road, ist schon das große Gate des Campuseingangs zu sehen. Daneben markiert ein neungeschossiges, sandfarbenes Hochhaus den Nordeingang. Seine plastische Pfosten-Riegel-Fassade umrahmt verschieden hohe Felder, hinter denen die Scheiben weit zurückspringen. Ihr Blaustich nimmt mit dem Sonnenuntergang ab und gewährt an der Nordfassade Einsicht in ein noch belebtes Bistro mit Terrasse, einer Automaten-Lounge und dem lockeren Übergang zu mehreren Showrooms mit Holografien, Materialcollagen und Objekten.

Jetzt geht es dicht an den verkleideten Riegeln der Ostfassade entlang, wo unter dem fünften OG plötzlich ein waagerechter Riegel auskragt, der sich weit in den Campus streckt und dessen drei verkleidete Geschosse über den unteren zurückgesetzten Glasscheiben zu schweben scheinen. Im Schutze der Auskragung dringt der Blick durch sechs Meter hohe Fenster in eine tiefe Halle mit acht beleuchteten Messeständen, auf denen sich automatisierte Web- und Strickmaschinen sowie Digitaldrucker für verschiedene Materialien den flanierenden Interessierten präsentieren. Mehrfach fahren Holme direkt an Stützprofilen entlang und verweben das Standgerüst. Die Gesichter von zwei jungen Frauen werden ins rote Rechteck herangezoomt und wieder verworfen, bevor sich der Flug fortsetzt.

Unweit des Sockels mit der umlaufenden Freitreppe bildet das massive Betongebäude der alten Library die Anfänge und das Zentrum des BIFT-Campus ab. Auf seinem weit auskragenden Eingangsdach erfolgt die sanfte Landung. Der Blick wendet sich von dort zum belebten Platz, der jenseits der Library-Einfahrt beginnt und bis zum gegenüberliegenden Treppensockel der flächigen Bronzeskulptur, den Hecken und dem alten Baumbestand reicht. Die verdeckten Sportflächen und Forschungsgebäude dahinter tauchen als *Smart Materials Lab*, *Fabrics Fab Lab* und *UX Media Design Lab* kurz als Texteinblendung im Sichtfenster auf. Nur das Media Lab überragt die dichten Bäume mit einem sich drehenden White Cube vor blauem Nachthimmel. In der holografischen Überhöhung wechseln Motive, Videos und abstrakte Schaustücke. Dazwischen die Ankündigung *Open Garages*. Auf dem Platz flanieren, stehen und sitzen überwiegend junge Menschen zwischen einem Dutzend Containern, deren farbiger Metallanstrich in der blauen Stunde gerade verblasst. Durch geöffnete Stirn- oder Breitseiten strahlt Licht aus dem Inneren auf die Zuschauer, die davor in Trauben zusammenstehen. Ein Container hinten links zoomt sich heran. Über einer der beiden jungen Frauen, die darin etwas vorführen, dreht sich ein roter Pfeil im Bildausschnitt.

* * *

Milan hat Xiao Yan gefunden. Sie agiert dort vor Publikum genauso, wie auch er sie bisher erlebt hat: Ihr Gesicht – obwohl in Bewegung und auf die Distanz nur unscharf zu erkennen – strahlt und sendet permanent unter dem asymmetrischen Pagenkopf.

Milan selbst ist zehn Kilometer Luftlinie entfernt im Hardware-

Accelerator von Zhongguancun, zu dem ihm Shawn Einlass verschafft hatte. Shawn war ein Junge aus der Nachbarschaft und sein Kinderfreund, bevor die Familie wegzog und er nach Irland in ein Internat kam. Milan hatte ihn zufällig wiederentdeckt, als er in Peking nach Bekannten suchte, und Shawn hatte ihn sofort zu einem Kaffee eingeladen. Er war inzwischen wissenschaftlicher Mitarbeiter an der wohl besten Universität des Landes und hatte ihn wegen eines Termins kurzerhand in das High-Tech-Quartier und den HAX-Z mitgenommen.

Was von außen wie ein langweiliges Bürogebäude aussieht, wirkt innen wie ein krasser Brutkasten: eine riesige, wuselige Fläche, auf der alle Trennwände bis auf die um die Nebenräume herum entfernt worden sind, sodass die Stützen frei im Raster stehen. *Technologie ist ein für alle zugänglicher Rohstoff* – dieser Spruch hängt gleich bei den Fahrstühlen in großen Lettern unter der freigelegten Betondecke, unter der sich dicke Kabelpakete an Lüftungskanälen vorbeiquetschen. Überall stehen 3D-Drucker und Terminals im Weg, Säcke voll Granulat, verpackte Materialien auf Paletten, hier Tische mit Schleifschwämmen und Feilen, dort andere mit Leiterplatten und Lötkolben, dazwischen Brillen und VR-Tools.

Hipster und Unscheinbare, Teenager-Girlies, Studierende und Senioren arbeiten an ihren Bauteilen, beugen sich über Platinen, hocken konspirativ zusammen oder operieren mit ausladenden Gesten an digitalen Zwillingen. Dazwischen kurven mobile Trinkbrunnen, kleine Werkzeugcontainer oder farbige Recyclingbehälter zur Mülltrennung. Permanent wird gedruckt, gelötet, montiert und programmiert, um die Herzstücke herzustellen: Protoypen aller Größen und unterschiedlichster Verwendungen. Fahrradrahmen aus Titan, Sprunggelenkprothesen aus Carbonverbundstoffen oder kleine Serviceroboter und Drohnen wie die Taube, die er eben zu Xiao Yan geschickt hat.

Wenn er hier nicht noch auf Shawn warten müsste, wäre er eben liebend gern mit seiner Taube zu Xiao Yan geflogen, um ihrer aktuellen Performance live beiwohnen zu können, die gerade auf dem Campus ihrer Uni, dem Beijing Institute of Fashion Technology, kurz BIFT, stattfindet.

Er greift erneut zu seinem Lenkstab und verfolgt über die Einblendung, wie die Robo-Taube vom Bibliotheksdach abhebt und sich dem Präsentationscontainer von Xiao Yan nähert. Was die beiden Frauen da in ihrem gelben und roten Overall veranstalten, sieht eher wie eine Performance oder ein Schlagabtausch aus, nicht wie eine seriöse Präsentation vor potenziellen Investoren, die aber wohl auf den Klappstühlen vor ihnen sitzen. Während die Fans begeistert jubeln, lenkt Milan seine Drohne auf das Dach des gegenüberliegenden Containers, wo sie ihren Stand auf dem Trapezblech stabilisiert.

»Du weißt schon, dass du dafür eine Lizenz brauchst?«, raunt ihm plötzlich sein Tischnachbar von der Seite zu. Milan stutzt kurz, weil er in ein sehr verlebtes, faltiges Gesicht schaut, dessen Augen ihn aber keck und wach ansehen. Er packt den Lenkstab in eine verdeckte Tasche seines Diagonalgurtes und dreht sich verstohlen um.

An dem langen Tisch, an dem er den ganzen Nachmittag gesessen, ein wenig gearbeitet, doch überwiegend das geschäftige Treiben auf der Hardware-Accelerator-Etage beobachtet hat, hat hinter ihm die Besetzung gewechselt. Die betont hippen Hacker, die hier eben noch mit der modisch abgefahrenen Teenagerin saßen, haben Milan mit ihrem ADHS-Getue so genervt, dass er sich optisch und akustisch eingeigelt hat. Und mit dem eingeschränkten Blickfeld hat er gar nicht bemerkt, dass sich der gut 70-jährige Asiate mit schulterlangen Haaren und Stirnband und eine attraktive, lässig-elegante Frau, die seine Tochter sein könnte, neben ihn gesetzt haben.

»Cooles Teil«, der Langhaarige, der ihn eben noch ermahnt hat und sich nun als Dan zu erkennen gibt, deutet auf Milans Schärpe. »Hast du die hier im HAX-Z entwickelt?« – »Nee, die wurde am Beijing Institute of Fashion Technology von einer Freundin kreiert«, antwortet Milan, obwohl er Xiao Yan erst vor 48 Stunden als seine Zimmervermieterin kennengelernt hat. »Aber sie würde sich bestimmt freuen, wenn du Interesse signalisierst, der Toolgurt ist gerade eben auf dem BIFT-Campus gelauncht worden«, rührt Milan die Werbetrommel und freut sich, dass Dan – so hat er eben beim Vernetzen erfahren – den digitalen Zwilling des Gurtes bereits geöffnet hat. »Vor allem zieht der Krempel einem nicht mehr die Hosen runter«, lacht Milan und schiebt sein Pad in den rückwärtigen Bereich der Schärpe, der zu einem carbonverstärkten Rückenprotektor erweitert ist.

Dan schaut jetzt zwischen dem realen Rückenprotektor an Milan und der virtuellen Darstellung hin und her. Er erhebt sich und

Milan sieht, dass er das Modell schon angelegt hat. Dan dreht seiner Tochter oder Freundin den Rücken zu und fragt sie über die Schulter:»Na, Amber, wie findest du den an mir?« Sie tippt kurz an ihre Brille, die als durchgängiges Shield direkt aus einem quer über der Stirn geflochtenen Zopf zu kommen scheint:»Gefällt mir!« Zu Milan gewandt ergänzt sie:»Ich hab dir meinen Like mit seinem Bild am Produkt hinterlegt«, und fügt, während Milan sich über das sichtbare Posting von Amber freut, tuschelnd hinzu:»Dann hat deine Freundin eine größere Altersspannweite bei der Zielgruppe.«

»Lästert meine Tochter da etwa über mich als alten Sack? Ich bin wahrscheinlich nicht nur der Älteste hier, sondern ich war auch einer der Ersten!«, tönt Dan und erzählt, dass er als Student am MIT gelernt und geforscht hat und dann einer der früh umworbenen Heimgekehrten war, die hier im Inkubator von Zhongguancun von der Regierung mit Investoren, Unternehmen und Gründungszuschüssen »ganz nett gepampert wurden«, wie er es ausdrückt. Heute liefe das ja alles von selbst.

Milan blickt kurz zu Amber hinüber, aber die hat sich eingeigelt, ihr Screen ist verspiegelt und sie reagiert auch nicht auf die Geräusche um sie herum.»Ist wohl froh, die Story nicht zum x-ten Mal hören zu müssen«, denkt Milan, während Dan weiterspult: Na, jedenfalls müsse man sich um die Millionen chinesischer Brains, die heute weltweit studierten, keine Sorgen mehr machen. Die kämen alle von allein nach China zurück, weil die Marktmacht und die Chancen einfach so gigantisch seien.

»Ja, hat hier einfach eine andere Dynamik«, stellt Milan fest, kaut auf der Unterlippe und spürt, dass ihm dieser Speed irgendwie zusetzt. Die Taube, die er eben präzise zehn Kilometer entfernt auf dem Dach parken konnte, hat ihm ein 14-jähriges Mädchen aus einem Kinderbaukasten, ergänzt mit ein paar Platinen, binnen 30 Minuten vor seinen Augen zusammengebaut. Als er so alt war, hat er sich nur fürs Gamen interessiert. War halt noch die Generation der Konsumierer anstatt der Veränderer. Blöd war nur, dass er jetzt auch nicht wirklich mitmachen, sondern höchstens zuschauen und wieder nur konsumieren konnte.

Dan reißt Milan aus seinen trüben Gedanken:»Und immer mehr ausländische Brains entdecken umgekehrt die Universitäten und Inkubatoren von China!«, dabei knufft er ihn an. »Deswegen bist du ja wohl auch hier, oder?« – »Äh, das trifft eher auf meinen Freund Shawn als auf mich zu. Ich bin hier eher der Tourist«, erklärt Milan, »aber ich muss auch langsam los, sorry«, und er reckt den Kopf, um nach Shawn Ausschau zu halten.

Ambers Vater betrachtet noch immer den Gurt, während Milan zusammenpackt, und es tut ihm ein bisschen leid, dass er nicht weiter auf Dan eingegangen ist. »Das Stirnband ist auch ziemlich cool«, versucht er einen Move. »Ja, das ist es!«, lacht Dan. »Es kann wirklich kühlen oder auch Temperatur messen! So was macht alles meine vielbeschäftigte Tochter!«, und er verweist stolz auf Amber, die – wie sich beim Abschied und Austausch der Kontakte dann noch herausstellt – selbst eine BIFT-Absolventin ist. Inzwischen hat sie ein eigenes Unternehmen für Smart Textiles gegründet und forscht gerade an olfaktorisch sensiblen Oberflächen, die Gase analysieren können.

Als das Milans Interesse weckt, zeigt sie ihm ihren Prototypen einer Mund-Nasen-Maske, deren innenliegendes Textil nach Beatmung erst farbige und beim Umklappen dann Textreaktionen auf der gewölbten Oberfläche zeigt und anhand des Atems medizinische Diagnosen erstellen soll. »Sie ist damit schon mit einem Pharma-Multi im Gespräch«, ergänzt Dan. »Stell dir vor, das Tragen dieser Spezialmasken würde Pflicht, dann könnte man von außen sehen, ob jemand mit einem Virus infiziert ist!«

Amber scheint über Dans Einmischung nicht so glücklich und wirft ihrem Vater einen genervten Blick zu, doch das Potenzial der Maske ist angekommen. »Wow!«, denkt Milan und sieht zu, dass er sich jetzt abseilen kann, bevor er diese krasse Idee aus Gründen der Höflichkeit noch liken muss. Er klopft auf den langen Tresen – ohne zu wissen, ob das in China überhaupt üblich ist –, wünscht viel Glück und verabschiedet sich von den beiden, die den schnellen Abgang nicht weiter verwunderlich finden.

Als Milan sich bei Shawn meldet und nur dessen Sprachbot erreicht, erfährt er, dass sein Freund bereits wieder an der Tsinghua University ist und gerade eine Klasse betreut. »Ihr Aufenthalt im Accelerator ist aber über Shawns Account noch bis heute 10 p.m. genehmigt. Sie können bis dahin kommen und gehen, wie Sie möchten.«

Bevor Milan in den Fahrstuhl steigt, blickt er sich noch einmal um: Der Betrieb hier ist schon eine geile Brutkiste. Er versucht, einen letzten Eindruck per Video festzuhalten, aber die Funktion ist blockiert. Er stutzt: Das Upload, das am Flughafen bei der Einreise erfolgt war, kann das nicht bewirkt haben, er hatte zwischendurch immer wieder Situationen aufgenommen. Es muss hier intern beim Einchecken passiert sein. Oder heute Mittag, als er mit Shawn die Datenbruderschaft geschlossen hat, um ihn als neuen Mentor für seine Aufenthaltserlaubnis angeben zu können. »Mach keinen Scheiß«, hat der ihn ermahnt und auf Milans Grinsen hin warnend hinzugefügt: »Du bist hier bei jedem Schritt auf dem Radar!«

Der Fahrstuhl hat ihn mittlerweile unten wieder ausgespuckt und er schaut zurück auf die zwölf Geschosse des HAX-Z und das gewaltige Stahlgerüst, das man zur Straße hin für einen Lastenaufzug vor die bläulich verspiegelte Fassade gesetzt hat. Die Videofunktion geht wieder und filmt den HAX-Z dramatisch schön im niedrigen Stand der Sonne, obwohl es eigentlich nur eines der typisch uniformen Hochhäuser aus dem letzten Jahrtausend ist, als es noch genügte, hoch bauen zu können, ohne schön bauen zu müssen.

»Der Stadtteil Zhongguancun wurde 1988 als das erste staatlich initiierte Tech-Powerhouse aus Universitätsclustern, Forschungsinstituten und Technologieunternehmen hier im Bezirk Haidian gegründet«, hat ihm Shawn heute Mittag erzählt, als sie über den Radweg von der Tsinghua-Eliteuniversität hierher zum HAX-Z fuhren. Und weil Milan bisher immer nur von Shenzhen als Innovationsmekka gehört hatte, startete Shawn für ihn zur Einordnung einen kleinen Vortrag: »Etwa 20 Jahre später und gut 2000 Kilometer südlich hat sich dann die Millionenstadt Shenzhen vom Billigersteller-Hinterland zum Hightech-Produzenten gewandelt und stieg wie ein Phönix aus der damaligen Weltwirtschaftskrise. Schon zehn Jahre später, also 2019, erwirtschaftete Shenzhen mehr als ein Viertel des chinesischen Handelsbilanzüberschusses und stellte die Hälfte der aus China eingereichten internationalen Patente«, erzählte er. Und fügte dann als Peking-Liebhaber etwas enttäuscht hinzu, dass heute die meisten Universitätsabsolventen ihr Unternehmen in der 18-Millionen-Stadt in der Greater Bay Area gründen wollen, weil Shenzhen den größten Teil seiner Wirtschaftsleistung für Forschung und Entwicklung ausgebe, die Berge im Hinterland von Hongkong unter Tage mit Quantenrechnern vollgepackt seien – und weil in Shenzhen darüber hinaus die Nähe zu den Headquartern der Telekomausrüster Huawei und ZTE, zum Internetkonzern Tencent, dem Drohnenproduzenten DJI oder dem Automobilhersteller BYD hilfreich sei.

Es rauscht noch immer in Milan, wenn er an alle diese Informationen denkt, und er freut sich, an der frischen Luft zu sein. Die Abendluft Ende Mai ist angenehm, die Sonne gerade hinter den Hügeln des Sommerpalastes verschwunden und die Straßen von Zhongguancun haben sich in helle, bunte Schaufenster verwandelt. Auf der Haidian Street schnurren die Elektroautos an ihm vorbei und er findet kaum noch deutsche Marken darunter. Nur einige wenige SUVs sind als Statuskarossen unter ihnen. Kein einziger Verbrennungsmotor mehr – nicht einmal unter den kleinen Lieferfahrzeugen. Der extra Sound, den sie auf den Bike-Lanes beim Überholen von sich geben, wird auch elektronisch erzeugt.

Milan leiht sich ein Fahrrad neben den Blumenkübeln vor dem HanaHaus und schaut auf die Lichtmuster auf der Straße. In der Pekinger Dependance des Accelerators von Palo Alto scheint es einen Empfang zu geben. An der langen Bar des Eingangsbereiches nehmen Kleingruppen aus gepflegten Männern und eleganten Frauen Cocktails und Häppchen zu sich, während man durch das große Schaufenster sieht, wie sich weiter hinten auf einem Laufsteg und vor zwei großen Monitoren mehrere Start-up-Gründer und ihre Teams auf ihren Auftritt vorbereiten.

Der Kleidungsstil der geladenen Gäste lässt auf Regierungsbeamte und Konzernchefs schließen, was Milan an Shawns kleinen Vortrag über den Unterschied von Peking und Shenzhen erinnert. Von Größe, Volumen und auch von der Schnelligkeit und Innovationskraft her könne Zhongguancun zwar mit Shenzhen bei Weitem nicht mithalten, doch habe Shawn Peking eher er als kleines, feines Experimentierfeld in direkter Nähe zur besten Uni und zur großen staatlichen Schaltzentrale gereizt. Im zentralistischen Reich der Mitte würde am Ende des Tages doch in Peking bewilligt, was sonst wo erfunden worden war.

Today 7 p.m.: Pitch & Party! – lenkt ein leuchtender Schriftzug auf dem Straßenpflaster Milans Aufmerksamkeit auf die Angebote des Abends. Und direkt darauf: *Tomorrow 8 a.m.: Grains & Brains*. Dass mit *Pitch & Party* das inzwischen gängige Freitagabendprogramm gemeint ist, das mit aufwendigen Präsentationen den einen eine noch anstrengendere Woche und den anderen immer mehr Spektakel zum Wochenende beschert, weiß Milan. Nun will er schnell noch wissen, was es Samstagfrüh mit *Grains & Brains* auf sich hat. Er fixiert den Schriftzug und liest in der Übersetzung, dass *hier ab 08:00 Uhr ein Investorenbrunch mit Liveschaltung zum Stanford-Berkeley-Schaukampf stattfindet, der in Palo Altos HanaHaus um 17:00 Uhr startet. Die Gästeliste ist leider voll ...* Milan wischt das *Mehr ...*, das jetzt erscheint, weg, findet es interessant, dass US-Eliteuniversitäten ihre Studierenden direkt vor chinesischen Investoren pitchen lassen, und fädelt sich mit dem Sharing-Bike in den Pekinger Verkehr ein.

Zwei- und Dreiräder nutzen jeweils die Randstreifen, die hier nicht mit den üblichen Leitplanken, sondern mit Blumenrabatten eine Barriere zu den vier Spuren bilden, damit die Elektroautos dicht aufgereiht und ungestört vorbeigleiten können. Die meisten Bikes fahren ohne Licht, werden aber von den hell erleuchteten Bars und Automaten-Cafés, Garküchen und Deli-Kiosken angestrahlt. Andere Fahrräder bewegen sich so ruhig und geschmeidig um ihn herum, wie er es von europäischen Fahrradstraßen nicht kennt und was angesichts der hohen Frequenz scheinbar auch nur so funktionieren kann.

»Easy«, denkt er und freut sich, dass es so leicht ging, sich von den UEG-Kollegen abzuseilen und einfach noch hierzubleiben. Ja, er würde schön brav weiter seinen Projektbericht schreiben und darin auch die wichtigen Aspekte zum Smart-City-Management einfließen lassen, die sie von den Besuchen bei verschiedenen Planungsstellen mitgenommen haben. Hat er Steffen ja versprochen, der im Gegenzug dann sogar dem Terrier dessen Einverständnis für seine Woche Peking abringen konnte. Nach abrupter Stille an der Bar und einem gedämpften Wortwechsel haben sich die beiden mit wohlwollenden Mienen zu ihm umgedreht und ihm die Erlaubnis zur Verlängerung seines Aufenthaltes gegeben.

Milan hat sich bedankt, fand es innerlich aber auch cool, in den Augen des Terriers wieder den Neid auf seine Generation aufglimmen zu sehen, denn beim nächsten Drink meinte der Vorstand eigentlich zu Steffen, aber auch ein wenig in seine Richtung, dass es doch unglaublich sei, was die jungen Leute sich heute alles rausnehmen könnten: »Das Studium bekommen sie finanziert, parallel echtes Konzernleben und die aktive Mitwirkung an wirklich spannenden und uns extrem wichtigen Projekten. Und jetzt, wo man auf Firmenkosten schon mal da ist, drängt es sich doch geradezu auf, dass man Peking gut noch eine Woche länger und ohne die lästigen Kollegen vertragen kann. Tsss!«

Der Terrier winkte müde ab, stürzte den Drink runter, knackte einen Eiswürfel und lehnt sich über den Ellenbogen zu Steffen: »By the way: Was genau war dein Argument, mit dem du mich eben überredet hast?« Steffen hatte Milan derweil schon ein »Leave quietly« als Befehl zukommen lassen und wenig später den Vermerk geschickt, dass Milan für die Verlängerung außer den Gebühren für die Flugumbuchung mit keinerlei Extraspesen rechnen dürfe.

Milan war zu dem Zeitpunkt nicht klar, wie er das mit seinem Studentensalär in Peking würde darstellen können, beruhigte sich aber, als er sah, dass ihre beiden smarten virtuellen Assistenten schon Flugnummern und Termine austauschten. Wenig später hat Milans Assistent angeboten, das Hamburger Microapartment noch eine Woche länger unterzuvermieten. Glücklich über die Gelegenheit, ließ er sich dann auch für Beijing die entsprechenden Angebote zeigen und ist so auf Xiao Yan gestoßen.

Vor der Metrostation Zhichun Li muss Milan das Fahrrad auf einer metallenen Abstellplatte in tiefe Rillen stecken, die beide Räder mit zwei Klicks fixieren und ihn mit rotem Blinken und Piepen an der Einfassung zum Zurücktreten auffordern. Im Sichtfeld bestätigt er 22 Yuan als zu zahlende Ausleihgebühr und die Platte samt dem Rad versenkt sich unter dem Pflaster des Metrovorplatzes, das danach wieder eine geschlossene Oberfläche bildet.

Als Milan zu den Gates der kobaltblauen Linie 10 hinunterfährt, schlägt ihm sein Bot vor, ein Wochenticket für Studierende für 4 Ringe sowie den Flughafentransfer als Gesamtpaket zu buchen. Die Vergünstigungen gälten im Zuge der »Friendly China Policy« auch für ausländische Studierende. Nach der Einwilligung fällt ihm ein, dass er gar nicht weiß, ob die Wohnung von Xiao Yan überhaupt innerhalb der 4 Ringe liegt, und er fragt bei seinem Assistenten nach, der das beleidigt bestätigt.

Während die Bahn aus der Versenkung hoch auf die Trassen des Jingcheng Expressway gleitet und Milan über das nächtlich erleuchtete Peking und vereinzelte Holografie-Highlights blickt, muss er an seine Eltern denken, die in Organisationsdingen immer total überdreht haben. Als sein Bot die Ausstiegsstation Shaoyaoju als die zweite folgende ankündigt, hat er das Gefühl, mit seinen Eltern zu verreisen, und ist kurz davor, in seine Teenager-Lethargie zurückzufallen. Wenig später verlässt er zur Vibration seiner Smartwatch die Metro und befolgt auch noch ihren Vorschlag, den Rest der Strecke zu Fuß zu gehen. Die Beitucheng East Road ist zwar eher uninteressant, aber es gibt ein paar dieser Billboard-Häuser, auf deren Fassade projizierte Werbung, riesige Blumen, Käsescheiben, Dalmatinergesichter, abstrakte Muster oder Emojis das nächtliche Peking zu erheitern versuchen.

Nach ein paar Minuten übernimmt ein Pfeil, den Xiao Yan ihm mit ihrem Icon in sein Sichtfeld geschickt hat, die Wegeleitung und führt ihn über die Brücke, die seine Taube vorhin unterflogen hat, direkt zu ihrem Aufenthaltsort auf den Campus des Beijing Institute of Fashion Technology.

Kaum passiert er die Detektor-Pylone unter dem breiten Campustor, bekommt er heftige Elektromusik auf die Ohren. Dass die Pitches also vorbei und die Party in vollem Gange ist, bestätigt sich, als er vor den Open Garages tanzende Studierende, Lehrkräfte und scheinbar auch noch ein paar der Jurymitglieder sieht, die sich rhythmisch zu den Klängen der drei D-Janes bewegen, die ihre Musik händisch auf einem Desk abmischen. Hinter ihnen fahren im Takt zur Musik vier Drohnen mit Scheinwerfern am Bronzedenkmal der riesigen Mao-Jacke auf und ab. Der betont unaufgeregte Dress der D-Janes steht in krassem Kontrast zu den zwei weiblichen und zwei männlichen Eintänzern, die rechts und links auf den beiden Containerdächern eine heiße Performance liefern. Milan versucht fieberhaft seine Taube zu orten, die vorhin noch auf dem Dach stand, wo jetzt die beiden Typen ihre Hüften kreisen lassen. Er pegelt die Lautstärke herunter und findet ihr Signal schließlich in einem ellipsenförmigen Gebäude weiter südlich, wo auch Xiao Yan zu sein scheint.

Aus einer Senke hinter Bäumen schnecken sich zwei riesige Rampen zu einer Helix-Spirale empor. Auch hier sind die Glasscheiben nach innen versetzt und von den überkragenden Rampen verschattet, auf denen Milan einige Studierende in Grüppchen zusammenstehen oder hoch- und hinunterlaufen sieht. Die außen liegende Erschließung über die Rampen führt immer wieder auf ebene Terrassen, die sich ins Gebäude hineinziehen und dort Boden- oder Deckenversprünge verursachen. In diesen Bereichen haben sich unterschiedliche Arbeitszonen eingenistet: Milan erkennt Workshop-Räume, die teilweise von Deckenflutern hell erleuchtet sind. Weiter innen erblickt er in gedämpftem Licht eine kuschelige Nische mit einer späten Diskussionsrunde und etwas abseits gelegen scheint es auch noch Stillarbeitsplätze zum konzentrierten Arbeiten zu geben, wie kleine helle Punktbeleuchtungen an mehreren Stellen hinter halbhohen Abtrennungen verraten.

Xiao Yan, erzählt ihm ihr Pfeil, ist die nur schemenhaft erkennbare Frau auf der äußeren Rampe, die dort mit einem Kommilitonen am geöffneten Fenster lehnt und Milan jetzt zuwinkt. »Ich komme runter!«, hört er erst ihre Stimme im Ohr und dann noch den Kommilitonen: »Ich war so on fire, als ich dir vorhin bei den Open Garages zugehört hab. Echt! Ich bin immer noch total verliebt in euer Intro!« Er hört Xiao Yans Lachen, sieht, wie die beiden sich umarmen und sie dann die Rampe außen hinunterläuft. »Das macht mich ja jetzt neugierig!«, bringt sich Milan wieder ins Spiel. »Ja, ich hatte einen Poetry-Slam-Start mit Vivian und der hat sie alle ziemlich gerockt«, beschreibt Xiao Yan wahrscheinlich die Session, die Milan nur von Weitem gesehen hat. »Cool. Und sonst?« »Auch ziemlich gut. In der Jury waren zwei sehr interessierte Investorinnen – kleiner Interessenkonflikt, hihi«, kichert sie, »und es waren zwölf (!) potenzielle Hersteller zugeschaltet, die alle sehr gutes Feedback gegeben haben.« – »Na Glückwunsch! Dann musst du es jetzt wohl durchziehen«, freut sich Milan für sie. »Ja, keine Frage. Danke übrigens auch für deine Likes, die du im HAX-Z für mich generiert hast. Amber, die du dort getroffen hast, ist eine sehr erfolgreiche Geschäftsfrau und Absolventin von hier. Dass sie den Gurt wertgeschätzt hat, hat mir eine Menge Follower beschert!«

Vivian begrüßt Milan und gesellt sich zu ihnen: »Du warst im HAX-Z?«, fragt Vivian interessiert. »Ja, über einen alten Schulfreund, der jetzt an der Tsinghua Assistent ist und dort heute Nachmittag ein paar Studierende besuchte. »Wusstest du, dass der BIFT-Park hier offizieller Satellit des Technologiezentrums Zhongguancun ist?«, fragt Vivian. »Der strahlende Designsatellit sozusagen«, ergänzt Xiao Yan, wird dann aber ernst: »Nein, es ist wirklich so und macht auch Sinn, denn digitale Innovation lässt sich nur noch über ihr Design vermitteln, also den Service, den sie bietet, das, was du siehst und fühlst, die User-Experience. Und da sind wir die ideale Ergän...« von hinten rempelt der Student von eben sie an. Er ist ihr auf der Rampe hinterhergelaufen und hat sie nun mit seinem Schwung fast zu Fall gebracht. »Hey! Renxing! Nicht so stürmisch!« Milan, der hilft, ihn zu stoppen, ist sich nicht sicher, wo er ihn anfassen kann, denn über Renxings Shirt tanzen winzige Lichtpunkte.

»Wisst ihr es schon? Es gab wieder inoffizielle Wetten heute bei den Open Garages!«, verkündet Renxing aufgeregt. »Und?« Alle Köpfe drehen sich neugierig zu ihm. »Es ist schier unfassbar! Der wirklich unerwartete Gewinner ist – Tian mit seiner elastischen Knetmasse für Hörgeräte!«, verkündet Renxing und erntet erstaunte Ausrufe. »Hat jemand auf ihn gesetzt?« – »Das ist doch eine uralte Idee!«, empört sich Vivian. »Das haben wahrscheinlich viele der Wettenden genauso gesehen, nur nicht die Jury«, vermutet Renxing. »Aber das ist doch voll ungerecht! Und der bekommt auch noch einen Anteil aus der Gewinnausschüttung!« Vivian ist immer noch erbost.

»Ich könnte mir vorstellen, dass die Jury das sogar wusste. Da sind ja nun nicht ohne Grund Branchenvertreter eingeladen«, überlegt Xiao Yan. »Häh?«, »Ja und?«, »Umso schlimmer!« kommt es von allen Seiten. »Manchmal ist der richtige Zeitpunkt einfach wichtiger«, erklärt Xiao Yan ruhig. »Außerdem kann es nicht identisch gewesen sein mit dem, was es schon mal gab, sonst hätten sie es gar nicht zugelassen.« – »Oooh, Blödsinn! Wenn mich nicht alles täuscht, verkaufen sie diese Knetmasse inzwischen schon auf unseren Night Markets!«

»Was für Night Markets?«, fragt Milan interessiert. »Das ist ein Format, bei dem wir die chinesische Tradition der Geister- oder Nachtmärkte ein bisschen abgewandelt übernommen haben. Die fanden immer in der Dunkelheit statt und früher gab es da unlizenzierte Produkte, geschmuggelte Antiquitäten oder einfach Waren von Händlern, die tagsüber anderen Geschäften nachgingen«, erklärt Xiao Yan und Vivian hebt die Hände und macht unter ihrem pinken Lidschatten dramatisch große Augen. »Und wir fanden das cool, dieses leicht spooky geschäftige Treiben für unsere noch unfertigen Protoypen zu nutzen.« Sie legt schlagartig das Theatralische ab und schlägt Milan sacht vor den Bauch: »Da sehen wir auch die Tüftler aus dem HAX-Z meistens! Die kommen zu uns zum Night Market und wir präsentieren, liken oder bestellen dann ihre und sie unsere Protoypen. Das ist immer echt interessant!«

»Habt ihr das initiiert?«, wundert sich Milan. »Klar! Wir sind doch die Kreativen!«, ist sich Renxing sicher. »Die Profs formulieren die Aufgabe – hier ging es um ein Format, das neben dem Studium zum kreativen Austausch anregen und auch Externe einbinden sollte – und wir müssen uns dann was einfallen lassen. Bei den Ghost Markets haben sie die Aufgabenstellung so nebulös formuliert, dass man eigentlich nur auf Ghost Market kommen konnte!«, kichert er und die Lichtpunkte auf seinem Shirt verfärben sich pink.

Alle lachen kurz auf, bevor Vivian ergänzt: »Und umsetzen müssen wir es natürlich auch. Wir haben dazu ein fachbereichs- und stufenübergreifendes halbjährlich wechselndes Komitee, das die monatlichen Night Markets organisiert« – »Schade, dass ich den verpasst habe«, bedauert Milan und Renxing klopft ihm tröstend auf die Schulter. »Für unsere spektakuläre Mittsommernachts-Modeschau im Mauerpark ist es vielleicht noch nicht zu spät?« – »Stimmt! Die Fashionshow am Kanal ist nächste Woche schon!«, kommt es von Vivian. »Ja, und diesmal wird es richtig Drama, meine Damen, weil wir total irre AR-Charaktere entwickelt haben und die den Passanten anheften werden, sodass alle – auch die Thai-Chiler und Liebespärchen, die im Park sind – entweder richtig oder virtuell verkleidet sind!«

Renxing schaut stolz in die Runde: »Wisst ihr, was das wird? – Das wird ein Dating-Drama!«, juchzt er und die Gruppe ist nicht mehr zu halten: »Aaah wie toll ist das denn?« – »Kann ich mir schon was aussuchen?« – »Kann ich meine Showfigur noch aufpimpen?« – »Wie date ich?« – »Was ist das Motto?« – »Mittsommernachtstraum? Elfen, Esel und Blumenkinder?« Renxing wehrt ab: »Wir – also unnötig zu sagen, dass ich natürlich mit im Komitee bin – brauchen gerade ganz dringend Leute, die helfen, die Papierlaternen und die Lichtdeko herzustellen, die wir übrigens«, er schaut zu Milan, »dann auf dem nächsten Night Market meistbietend versteigern wollen.«

Wenig später sitzen sie auf gekachelten Labortischen im eingegrabenen Sockel des benachbarten Fabrics Lab, das Xiao Yan ihm als die Hexenküche am BIFT vorstellt. Die Außenfassade bilden leuchtende Kühlschränke, denen sie gerade selbst fermentierte Energy-Drinks entnommen haben. Den Rest der Wand bedecken Drucker, Automaten, bestückt mit Werkzeugen, und schwach beleuchtete Vitrinen, in denen Milan beim näheren Hinsehen Pilzkulturen erkennt.

»Hier mixen oder testen wir neue Materialien«, erklärt Xiao Yan, die seinem Blick gefolgt ist. Da drüben steht die Maschine, mit der wir die Carbonteile für den Gurt hergestellt haben«, sie weist auf eine Batterie an Schränken, die den ellipsenartigen Grund zur einen Längsseite als schulterhohe Wand durchtrennen. »Die hat uns der Fabrikant, der heute auch in der Jury war, für ein Jahr zum Experimentieren hingestellt und daher sind bei uns gerade wieder viele Projekte mit Carbonfaser.«

»Und wo sind die Textilmaschinen?«, fragt Milan. »Wir haben im Gebäude nebenan mehrere digitale Strick- und Webstühle, haben aber keine Phalanx an Faserherstellungs- und Coatingmaschinen hier, weil da eine Vielzahl an Prozessschritten ineinanderlaufen muss. Die Maschinen füllen ganze Hallen und müssten, um rentabel zu sein, die ganze Zeit laufen. Es würde also gar nicht gehen, sie immer wieder zu stoppen, um verschiedene Coatings auszuprobieren. Wir simulieren das chemische und physikalische Verhalten stattdessen zunächst über digitale Zwillinge und arbeiten dann gezielt mit der verarbeitenden Industrie zusammen«, erklärt Xiao Yan.

»Aber wir drucken inzwischen recht viel Fasern für Wearable Electronics«, ergänzt Vivian, die sich mit einem Getränk zu ihnen auf den Labortisch geschwungen hat. »Mal bringen wir die Funktionen direkt in den Faden und mal nur in Teilbereiche.« Sie reicht Milan ein verschlungenes Gewebe, in dem sich zwei unterschiedliche Materialien unregelmäßig abwechseln. »Die hellgrauen Fasern leuchten im Dunklen, während die anderen Energie speichern können«, erklärt Vivian, in deren Trinkbecher ein faseriger Pilz schwimmt, wie Milan gerade auffällt. Vivian bemerkt seinen erschrockenen Gesichtsausdruck und lacht über ihrem schwammigen Etwas: »Ja, die sind schon ein bisschen drüber, aber ich mag das Bittere ganz gern. Ist wirklich ungefährlich.« – »Ja klar, und das sagt mir eine, die wahrscheinlich auch Tausendjährige Eier verspeist!«, witzelt Milan und Vivian mimt ihm eine Gotcha-Geste.

Der Dekan

Mein Name ist Changwei Chang und ich bin ausnahmsweise keine fiktive Figur. Ich bin Vater einer siebenjährigen Tochter, was zudem als Beweis gelten sollte, dass ich ein humanes Wesen bin.

Als Dekan verantworte ich die School of Art and Design am Beijing Institute of Fashion Technology, dem BIFT-Campus, den Birgit, die Autorin, hier eben 20 Jahre in die Zukunft versetzt hat.

Unser Verbund mit dem Wissenschaftsstadtteil Zhongguancun ist real; er existiert bereits seit 2012 als Talenttrainingsbasis der Kultur- und Kreativbranche und findet bei uns im BIFT-Park seine Erweiterung als offener Innovationsraum der Stadt Peking.

2019, zum 60. Geburtstag unserer Universität, haben wir mit Lehrkräften und Studierenden in die Zukunft geschaut und überlegt, wie sich wohl unser Lernen auf unserem Campus verändern wird. Zu stärken galt es unserer Meinung nach die folgenden Aspekte:

1. Die Autonomie der Studierenden
2. Die Zusammenarbeit der Mitarbeiter
3. Die dynamische Interaktion
4. Die gegenseitige Sichtbarkeit

Daraus haben wir vier Raumprototypen abgeleitet. Um der gedanklichen Vorstellung mehr Raum zu geben, habe ich unserem Wunsch in Versform Ausdruck verliehen.

Meine Kollegin (Luran Xiao / Dozentin für Animation) und mein Kollege (Weihan Li / Dozent für Environmental Design) haben die vier Gedichte aus dem Chinesischen ins Deutsche übersetzt und wir freuen uns sehr, unsere Vorstellung mit Ihnen zu teilen.

Prototyp Raum 1: Design-Thinking-Studio

Design Thinking hat die besten Chancen, für Lehre und Forschung
die gängige Sprache für innovatives Arbeiten zu werden.
BIFT wandelt sein Selbstverständnis von der Vermittlung
professioneller Fähigkeiten zu einem Projektlernmodell.

Design-Thinking-Studios
befinden sich an mehreren Standorten.
Perfekt ausgestattete Arbeitsplätze ermöglichen den Lernenden,
sich voll auf ihre Aufgabe zu konzentrieren.
Riesige Whiteboards zum Darstellen von Diskussionsergebnissen,
ausreichend Fläche für die Präsentation und Strukturierung von Ideen.
Bildschirme, breit genug, um das Sicht- und Interaktionsfeld
der Akteure abzudecken, und dennoch komfortabel zu handhaben.
Damit Wissen und Informationen Präsenz und Gewicht bekommen.

Hinter dem Bildschirm leistet ein intelligentes System
umfassende Wissensmanagement-Dienste
und reichert die Lernumgebung mit Informationen an.
Hier können Benutzer mit Lernenden auf der ganzen Welt
kollaborativ in Verbindung treten,
die Ergebnisse früherer Diskussionen oder Arbeiten abrufen,
ihr Projekt jederzeit vorantreiben und Support erhalten.

Im Studio unterstützen komfortable Stühle den Körper des Benutzers,
steuert der Vorhang den Lichteinfall nach den Nutzerbedürfnissen,
eignet sich der Schreibtisch zum Schreiben wie zum Zeichnen,
hilft ein Schneidebrett bei der Herstellung einfacher Papiermodelle
und den Boden reinigt nachts ein Staubsaugerroboter.

Ein smartes Monitoring erlaubt, den eigenen Arbeitsprozess
zu beobachten, zu hinterfragen und zu verbessern.
In den Studios sind die Studierenden Akteure und Darsteller,
deren Lösungsweg jedem Wissbegierigen
Aufschluss und Erkenntnis bietet
und das tägliche Leben und Lernen am BIFT repräsentiert.

Prototyp Raum 2: Kolleg-Lernlabor

Das BIFT sieht die Schaffung eines Interim-Kollegs vor.
Angelegt, um über Bereiche, Disziplinen und Studienabschlüsse hinweg
vernetzt zu lernen und zusammenzuarbeiten.

Das temporäre Lernlabor bietet unterschiedliche, anfangs leere Räume,
die von den Lernenden besetzt und verändert werden.
Arbeitsmodell, -methode und -raum sind Teil der Gestaltungsaufgabe.

»Nichts wissen« gilt als legitimer Ansatz,
um Fachbarrieren abzubauen und wissbegierig lernen zu können,
um selbstorganisiert und kreativ nach Lösungen zu suchen,
zur Erkundung neuer Wege und bisher unbekannter Kompetenzen.

Studierende werden befähigt, sich auf neue Lernformen einzulassen.
Mit technologie- und innovationsgetriebenen Unternehmen vernetzt
werden Wissensaneignung und -produktion zu demselben Prozess.

Prototyp Raum 3: Cafeteria als Knotenpunkt

Kreativität braucht soziale Treffpunkte
und soziale Treffpunkte sollten Kreativität anregen.
Das BIFT möchte die Cafeteria als gemeinschaftlichen Nucleus
variantenreicher ausgestalten und
weitere soziale Knotenpunkte unterschiedlicher Größe andocken.

Lerninhalte ließen sich einstreuen und soziales Lernen ermöglichen
und Externe sich gastfreundschaftlich zur Mitwirkung bewegen.
Eine reichere Topografie könnte mehr Bewegung erzeugen.
Eine komplexere Innenbeleuchtung
die Atmosphären an das jeweilige Sujet anpassen.
Die Cafeteria kann ein großzügiger Ort für Innovation werden.

Prototyp Raum 4: Mitarbeiter-Gemeinschaftsbüro

Das BIFT plant ein kollaboratives Gemeinschaftsbüro
für die Lehrkräfte der Fakultäten.

Der zentrale Raum unterstützt eine Vielzahl von Arbeitsweisen,
Kommunikation und Wissensaustausch,
die Darstellung von Ergebnissen,
Hintergrundmusik und das Servieren von leichten Mahlzeiten,
gesonderte Besprechungsräume und Zonen konzentrierter Stillarbeit.

Hier stellen sich Lehrkräfte gegenseitig ihre Arbeit vor.
Hier wird das Material geschrieben,
das bottom-up den Unterricht reformiert.
Von hier weht der Wind in die Klassenräume.

DIE WORKING UNIT

Eine gesummte Melodie, dann klappernde Geräusche von hinten, von draußen. Linker Hand dringt blechernes Scheppern herauf, metallisches Kratzen setzt ein und Gemurmel. Wortfetzen einer unverständlichen Unterhaltung hallen die Hauswand hinauf, während unten ein müder Wasserstrahl auf Pflasterplatten läuft. Hacken in Erde. Irgendwo daneben eine Schwingtür, die sich zieht, zurückschnarrt und an ihren Rahmen klatscht. Ein lang gezogenes »Nǐ hǎo!« einer Frauenstimme und drei dunklere »Nǐ hǎos«, die vom Hof zurückschallen. Kleine Staubpartikel durchdriften die Luft über dem Bett bis in die winzige Küchennische. Das Sichtfeld wendet sich um 180 Grad, erhöht sich etwas und wandert über einen Tisch, auf dem Klamotten, ein Stapel laminierter Karten sowie ein Pad verstreut herumliegen. Vor einem bodentiefen Industriefenster, das bis zur Teeküche reicht, bleibt er hängen. Dünne Stahlprofile gliedern es in drei schmale Segmente, von denen das mittlere geöffnet ist und einen kurzen Schatten auf die geflochtene Bastmatte auf dem Betonboden wirft.

Draußen fängt sich der Blick an zwei fast gleich aussehenden Apartmenthochhäusern, die zum Teil von zwei knorrigen Schirmpinien verdeckt sind. Sie schließen gegenüber den Block des Compounds ab und den Hof, in dem die Schwingtür inzwischen häufiger an ihren Rahmen schlägt und immer mehr morgendliche Begrüßungen zu hören sind.

Die Struktur der Anlage scheint aus dem letzten Jahrtausend zu stammen. In die bestehenden Betonskelette hat man Kuben aus farbigem Trapezblech oder naturbelassenem Holz geschoben, die teilweise über die horizontale Tragstruktur hinauskragen. Ihre Oberflächen sind aus recycelten Materialien, manche Bauteile wirken improvisiert. Stellenweise tauchen die gleichen Industriefenster wieder auf. Selektive Baugleichheit. An beiden Hochhäusern markiert alle sechs Geschosse ein verglastes Doppelgeschoss eine horizontale Linie zwischen den kreuz und quer eingeschobenen Apartments. Die entkernten Innenflächen springen hier um die Breite eines umlaufenden Wintergartens zurück, in dem größere Pflanzen, Kisten, Hocker und Gartenstühle stellenweise den Blick ins Innere verwehren. Der Bildausschnitt kommt näher und nimmt ein solches Doppelgeschoss in den Fokus. Eine einläufige Treppe verbindet die linke untere mit der rechten oberen Maisonette-Fläche. An der Galeriebrüstung oben und vor den Wintergärten sitzen Personen auf Drehstühlen, deren überdimensional gebogene Rückenlehne sie vom Geschehen hinter ihnen abschirmt. Auf der Fläche gruppieren sich Schreibtischinseln mit je vier Plätzen um abgeflachte Monitorpyramiden. Weiter hinten, wo die Sonne einen hellen Randstreifen in die verschattete Geschossfläche zeichnet, schwingt jemand auf einer von drei Hollywoodschaukeln sanft ins Licht und wieder zurück.

Am Fuß der Treppe, die wie ein hölzernes Dreieck eingestellt ist, geleitet ein langer, gut besuchter Tresen vor einer Kaffeebar auf die untere Fläche. Entlang dieser Fensterfront liegen acht Personen mit VR-Brillen gestikulierend in alten, umgebauten Auto-, Fernseh- und Gaming-Sesseln, die in einer Reihe mit Blick nach draußen aufgebockt sind. Ähnliche Sitzliegen finden sich auch in der Raummitte, drehbar um bewegliche Monitorpyramiden arrangiert. An der Stirn- und Rückseite der Etage markiert ein breites Holzpodest den Übergang zum Wintergartenumlauf. Darüber hängen verschattet im hinteren Bereich drei Hängematten von der Decke, während an der Stirnseite ein dunkelgrüner Rundteppich mit roten und orangenen Yogakissen auf seinen Sitzkreis wartet. Die Etage entfernt sich langsam wieder.

Eine Melodie summt mit Geschirrklappern herauf und der Blick senkt sich in den mit dunkelgrauen Fliesen gepflasterten Hof. Darin liegt ein von kleinen Ziegeln umrahmter achteckiger Garten, den zwei Pfade kreuzen. Zwei alte Pinien sind hier verwurzelt, umwachsen von Hortensien, Hibiskus, Azaleen und Pfingstrosen. Eine quietschgrüne Kinderhacke liegt im Beet neben einer Steinschale, in der Wasser plätschert, und ein kleiner Junge auf dem Weg daneben verfolgt eine Taube, die nun davonfliegt. Eine ältere Frau will ihn zu sich ziehen, an einen der grünen Gartentische, die vor den geöffneten Glastüren der Sockelgeschosse eine wackelige Linie bilden. Doch der Junge reißt sich los und hockt sich neben den Alten, der auf einem Mäuerchen an der Ecke ein Fahrrad repariert.

* * *

Milan steht mit einem Kaffeebecher in Shorts und Schlafshirt am Fenster und lässt seine Füße von der Sonne bescheinen. »Nothing exists, but everything exists within it«, steht auf dem Becher. Konfuzius oder Xiao Yan? Er könnte ewig hier stehen und den Pekinger Alltag durch sich hindurchlassen. Oder sich wieder ins Bett kuscheln und ganz bei sich sein. Es klopft an der Tür und er schaut auf die Uhr: *Vivian würde gern das Bad benutzen* – »Wieso hat sie kein eigenes?«, denkt er, als sich schon die Tür nach außen öffnet, wo Vivian in einem khakifarbenen Hausanzug gerade ihre geflochtenen Bambus-Flip-Flops von den perfekt manikürten Füßen abschüttelt und erschrocken einen Schritt auf den rot glänzenden Fliesen zurückweicht. »Nǐ hǎo!«, ruft sie erstaunt aus und schaut dann kurz verlegen auf ihr Handtuch und das Necessaire, das sie in Händen hält. »Nǐ hǎo«, entgegnet Milan etwas verblüfft. »Äh, sorry, ich dachte eigentlich, du wärst schon los«, stammelt sie verlegen. »Es ist nur, weil unten das Bad ständig belegt ist.«

»Klar, komm rein«, Milan muss zum Öffnen der Badezimmertür zur Seite treten und quetscht sich, damit Vivian ins winzige Kabuff abbiegen kann, rückwärts in die weichen Mäntel an der Garderobe. »Unsere Kultur verfügte früher über so etwas Elegantes wie Schiebetüren«, kommentiert die Architekturstudentin den Engpass, »aber dafür bräuchte man die doppelte Wandfläche.« Sie schlüpft durch die geöffnete Tür und Milan erblickt die gestern nur schemenhaft wahrgenommene traditionelle Stehtoilette, die wohl aus Platzgründen hier direkt in die ebenerdige Dusche integriert ist. Ein Waschbecken samt Spiegelschrank und ein Handtuchwärmer, der gleichzeitig die Heizung ist, komplettieren die Nasszelle.

»Willst du einen Kaffee – oder Tee?«, ruft er Vivian zu, als sie wenig später mit einem Handtuchturban wieder herauskommt. »Ist nett, aber ich bin schon so spät dran, vielleicht später im 798?« Milan sieht sie fragend an. »Das ist Pekings Art District, in dem Xiao Yan heute ihren Designer-in-Residence-Status begonnen hat, wir treffen uns da eh alle später noch zur Einweihung. Hat dir das Xiao Yan nicht erzählt?«, fragt Vivian, als sie draußen vor der Tür wieder in ihre Flip-Flops schlüpft. Vielleicht. Bestimmt. Er erinnert sich nicht mehr richtig, war gestern Nacht einfach zu müde von all den Eindrücken im HAX-Z und im BIFT-Park. Sie klopft an den Türrahmen: »Ich check noch mal die Zeit mit ihr und melde mich – sorry, muss los. Danke für die Morgenfrische!«, schallt es schon aus dem Hausflur, bevor die Tür von selbst ins Schloss fällt.

Aus dem Bad dringen Feuchtigkeit und ein frischer Geruch zu ihm, doch Milan fühlt sich von Vivians Dynamik eher zurückgeworfen als mitgerissen und – weil Kaffee seine letzte Initiative war – zieht eine zweite Tasse aus dem winzigen Automaten. Beim Umdrehen stößt er sich seinen Zeh an einem Stuhlbein und fällt fast über den runden Tisch, der zwischen Kochnische und Bett steht. Etwas Espresso schwappt dabei über ein zusammengefaltetes OLED-Leporello, das Milan zwischen seinen abgelegten Klamotten noch gar nicht bemerkt hat. Er kippt die Karten auf ihre Kanten, damit der Kaffee aus den schwach leuchtenden Falten herauslaufen kann. In der Kitchenette sieht er kein Geschirrhandtuch, die Klopapierrolle im Bad findet er nass vor und so öffnet er die Türen des Wandschiebebeschranks und erblickt dort eine Ordentlichkeit in Perfektion, die ihm fremd vorkommt.

Beim Beheben des Malheurs entdeckt er, dass das Leporello seine Eintrittskarte für diesen Compound und die Wohnung von Xiao Yan ist. Als er die weichen OLEDs aufklappt, beginnen sie zu leuchten und verraten ihre Schlüssel. Obenauf muss er seinen Fingerprint hinterlassen, um die Lizenz zum Öffnen der Eingangs- und Wohnungstüre – limitiert bis Freitag, 25. Mai 2040 – zu erhalten. Sofort poppen auf den nächsten Karten weitere Vouchers auf: drei Besucher-Essensmarken für die Community-Küche im Erdgeschoss, ein Ausleihgutschein für ein Community-Fahrrad, ein Kontakt zum Helpdesk samt Einblick in die Auslastung der Co-Working-Spaces im 6. / 7. sowie 11. / 12. Doppelstock. Auf den weiteren Karten sieht er den Stadtbezirk Sanlitun und darin Xiao Yans Microapartment oder vielleicht sogar seine Position – das wird sich gleich herausstellen. Nun packt ihn die Neugier, er steigt in seine Jeans, putzt sich die Zähne über der Spüle und folgt zunächst seinem knurrenden Magen in die Community-Kitchen.

Als er die Doppelschwingtür mit den vier Bullaugen öffnen will, starrt ihn ein etwa zweijähriger Knirps durch das rechte, untere Auge an. Mit fettigen Händen stemmt er sich gegen die Scheibe. Milan öffnet die linke Schwingtür und der Kleine läuft an ihm vorbei zu den Fahrstühlen. Von den überwiegend älteren Erwachsenen, die an länglichen oder runden Tischen sitzen, nimmt niemand Notiz.

Eine Stufe und eine Rampe leiten ihn hinunter zu einer großen rechteckigen Absenkung. Auf dieser rostbraun gefliesten Fläche sind alle Kochgelegenheiten und Küchengerätschaften zu finden. Unter Dunstabzugshauben und hängenden Schöpfkellen stehen drei Kochblöcke mit Wok-Aufsetzern, Grillrosten und durchgehender Bratfläche, auf der sich ein Bewohnerpärchen gerade ein paar Spiegeleier brutzelt und Milan freundlich zunickt.

Hinter zwei gigantischen Spülbecken mit schlauchartig aufgehängten Wasserhähnen sind vier Hackklötze zu einer Werkbank zusammengeschoben. An der rot gekachelten Wand unter den Fensterbändern verlaufen Metallstangen, an denen gerupfte Hühner und Enten an Fleischerhaken hängen. Auch sind an der Wand Schürzen, unterschiedlich große Messer und Beile zu erkennen, die an einem Stahlband haften. An der Hintertür steht eine ovale, rosa Plastikwanne auf zwei zusammengeschobenen Plastikstühlen, und ab und an schwimmt etwas Dunkles an der Innenwand entlang.

Zur Mitte hin beginnt es nach Brot und Gebäck zu duften. Um einen breiten Stützpfeiler herum hängen an allen vier Seiten Dampfgargeräte, Mikrowellen und Backöfen. Daneben ein Rollregal mit gefüllten Kuchenblechen und ein Tresen mit Marmorplatte, auf dem frische Croissants unter Drahthauben auskühlen. »Hello dear«, spricht ihn eine ältere Chinesin in bestem britischen Englisch an und Milan nimmt das als willkommene Gelegenheit, seinen Übersetzungsbot einmal auszuschalten.

»Are you still looking for breakfast? Unfortunately our service has only rice soup, eggs and croissants left, but if you come earlier tomorrow, you can also try our delicious noodle soup with chicken.« Sie kommen über Croissants und grünen Tee ins Gespräch und nachdem Cai ein paar Dinge über Milans Aufenthalt hier im Compound erfahren hat, erzählt sie, wie die Community in diesem Danwei entstanden ist.

»You know, working unit and danwei means the same. Its original concept dates back to the Mao era in the 1950ies, when industry was set up in Beijing and the city expanded with a lot of workers coming from the countryside. The working units were a new form to organize population in towns around their workplaces. At that time a danwei ensured the livelihood, domestic and social activities around an iron steel plant or a factory for heavy electrical machinery. Those working units also had schools and hospitals. It was like a little town inside a growing industrial era and urban space. But at the end of the last millennium, when China's fast growing economy finally succeeded on the global market, people did not want to live any longer in those rigid and limited communities.«

»Because of the communist era?« – »Yes, the Mao era had been overcome and also Chinese people wanted lifestyle, differentiation and being more individual«, lächelt sie und hebt dann den Zeigefinger: »But for most Chinese people in the beginning of this new era work still was very hard and the earnings were little: families were torn apart, father *and* mother had to work in the city and the children grew up with their grandparents, often far away in rural villages with poor education.«

Drei Kinder toben ausgelassen um die Bänke. »Still today in China – and in the start-up business anyway – many people work 60 hours a week and often also on weekends.« – »But this is not only a Chinese phenomenon«, versucht Milan zu relativieren, obwohl er selbst seine Arbeitsstunden noch nie bewusst gezählt hat. »Anyway«, fährt Cai fort, »what we created here is somehow again a compound for working and living. But nowadays less industrial and more of a sharing community, dealing respectfully with all resources and being both: ambitious and caring.«

Es leuchtet ein, denkt Milan: Wo schmutzige Produktion, Massenstückzahlen und Maschinenauslastung überwunden sind, können Arbeit und Leben sich neu zusammenfinden, das Beste aus beiden Welten verbinden und bei der Frage nach der Organisation von Gemeinschaft sogar kommunistische Konzepte mit den Anforderungen des liberalen Kapitalismus neu interpretieren.

Cai streicht über die samtene Oberfläche des Holztisches: »Down here we do the practical work, fixing things, like my brother does, or baking and cooking for the community, like I love to do. To keep this entity running and to help raising the little children is mostly done by the elderly people. And this«, sie deutet hinaus und hoch zu einem der Doppelglasgeschosse, »is our factory of today! Where parents work not far away from their kids, and also teenagers and pensioners get tasks to learn something or to make themselves useful. Have you been up there?« Kopfschütteln. »Oh, dear, you absolutely must see this! This working unit's plant is a freaky brain factory! They are really good in creative coding and all that stuff. Sometimes they invite us to test some games. I first thought they would only ask me to see how elderly, handicapped or mad people like me would react, but no!«, sie fasst ihn am Arm, »it is always so much fun!«, und lacht: »Incredible!«

Milans Smart Assistant leuchtet auf. Ein knuddeliges 3D-Tierchen schickt ihm eine Einladung von Vivian und Xiao Yan für den 798. Cai sieht es und stupst ihn von sich: »Go, go, go! Check it all out, Milan! And remember: tomorrow you have to come earlier for breakfast!«

Draußen an der Kellertreppe will ihm Cais Bruder ein Fahrrad für die Stadttour andrehen. »Danwei sharing! This is much cheaper!« Sein Englisch ist deutlich schlechter als das Oxford-English von Cai und Milan wundert sich, dass viele Alte scheinbar keine smarten Assistenten nutzen. Milan zeigt ihm seinen Leporello und den Art District und erklärt, dass es zu weit weg ist. Der Alte winkt mit seinen verdreckten Händen ab und lacht: »Ha ha, yes, too far! Take a car!«, er nestelt seinen Leporello hervor – er hat darauf einige andere Seiten als Milan – und drückt seinen schwarzen Daumen auf eine Tabelle, die sich öffnet. »Roy can take you in ten minutes!«, erwartungsvoll schaut er zu Milan. »It is better to support locals.«

Milan amüsiert sich über den geschäftüchtigen Mikrokosmos des Danwei. Als der Alte sein Lachen sieht, winkt er hastig ab: »No you don't pay! It's a free ride. Everybody here who has a car offers a lift. Community pays back anyway«, erklärt er, ohne zu erläutern wie. Vielleicht teilen sie sich Versicherung und Updates, überlegt Milan, oder sie tauschen Gefälligkeiten. »Can I do Roy a favour?« – »No, no!«, winkt der Alte kopfschüttelnd und entschieden ab und legt seine Hand beschwichtigend auf Milans Unterarm: »You are our guest! It's a gift! Our pleasure!«, versichert er eindringlich, worauf Milan nun wirklich nicht mehr ablehnen kann.

Als er auf Roy wartend durch den achteckigen Garten schlendert, folgt er dem Weg zwischen zwei Apartmenthochhäusern hindurch und gelangt in einen weiteren Grünbereich, der an einer Grundschule mit Basketballplatz auf dem Dach endet. Die Grünfläche dehnt sich in Längsrichtung aus und gleicht einer sanften Hügellandschaft, die mit Kirschbäumen und ein paar Hecken bepflanzt ist. Geradeaus endet der Weg vor dem Nachbargrundstück an einem Rasentheater, in dem konzentrische Rasenmatten nach unten zu einem eingelassenen Trampolin führen. Drei Kinder krabbeln und hüpfen darauf herum, während zwei ältere Damen am Rand sitzen und sich unterhalten. Rechts vom Weg, hinter dem einen Apartmentblock, üben sich einige Bewohner der Nachbarschaft an

Trimm-dich-Geräten, die auf gepolsterten Matten platziert sind. Neben herkömmlichen Reckstangen und mechanischen Tret- und Schiebegewichten sind im Boden auch solarbetriebene Laufbänder eingelassen und Spinning Wheels fixiert.

Seine Beobachtung wird von einer eingehenden Nachricht seines Assistenten unterbrochen: *Eingang von Steffen, UEG: Projektstand vom 19.05.2040, mit Bitte um Ergänzung des besuchten Technologieparks Z. Augenmerk auf a) übertragbare Formate, die Produktentwicklung und Retail verbinden, und b) generell Accelerator-Konzepte, die eine direkte Vernetzung mit ausländischen Partnern (vorzugsweise Lizenznehmer und Logistik jenseits der US-Plattformen) betreiben. Deadline übermorgen, 21.05.2040, 18:00 Uhr MEZ. Gruss Sb.*

Milan stutzt und spürt einen kurzen, heftigen Adrenalinschub. Moment mal, was war das denn jetzt? Eigentlich war er doch nur damit beauftragt, seinen Projektreport zu Ende zu schreiben! Wieso packt Steffen da jetzt seinen Fokus drauf und macht daraus einen viel umfangreicheren Arbeitsauftrag für ihn? Irgendwo unterschwellig dämmert ihm zwar die Antwort, aber Milan ist erst mal sauer: Und wieso kommt das so spät? Mann! Hätte er das eher gewusst, hätte er seine kostbare Zeit im HAX-Z doch ganz anders nutzen können! So hat er sich über seine privaten Kontakte zwar Zutritt zu den heiligen Hallen des Hardware-Accelerators verschafft, aber weder die Fotos gemacht noch die Gespräche geführt, die die UEG nun von ihm haben will! Er kickt wütend gegen einen Kieselstein, der in die linke Wegabzweigung fliegt, folgt ihm unwillkürlich und ärgert sich immer mehr, weil er feststellt, dass seine Ausbeute aus dem HAX-Z mehr als dürftig ist – selbst für seinen Report. Was war überhaupt sein Fokus? Er kickt den Kiesel auf dem dunklen Kiessplit weiter vor sich her.

Die Warteschleife, die er gerade für Roy hier dreht, kommt ihm langsam symptomatisch für sein Leben vor. Wenn er sich mit anderen Gleichaltrigen vergleicht, sinkt die Stimmung noch tiefer: Sein Schulfreund Shawn, nach der sechsten Klasse aufs irische Internat, dann London und jetzt eine Assistentenstelle an einer der weltbesten Unis! Oder Xiao Yan: hat gestern noch vor Investoren einen super Pitch hingelegt und druckt sich ihre Carbonprotektoren mal eben selbst in der Hexenküche ihrer Hightech-Design-Uni. Muss liefern, Investoren bei der Stange halten und gleichzeitig schon das nächste Stipendium wahrnehmen. Und hat auch noch den Nerv, in solch einer Phase ihre Minibude zu vermieten. Und wohnt solange … ja wo eigentlich? Campt sie in der Werkstatt-Halle? Und was will *er* hier eigentlich?

Der Kiesel ist auf einer dunkelblauen, wabenförmigen Fliese gelandet, die bündig im dunkelgrauen Kiessplit eingelassen ist. Schritt für Schritt werden es mehr, die sich zu einem Teppich verdichten, und Schritt für Schritt schwillt auch die Geräuschkulisse aus Kinderrufen und Wasserplantschen an. Etwa zehn Meter vor ihm bilden die blauen Waben eine geschlossene flache Senke, in der einige kleine Düsen zur Freude der umherspringenden Kleinkinder Wasser plätschern lassen. Ein paar ausgeblichene Plastikhocker – hellrote in groß und hellblaue in klein – stehen verteilt am Rand, werden von Kindern erklommen und auf den dunkelblauen Fliesen hin und her geschoben. Weitere zehn Meter dahinter richtet sich der Fliesenteppich senkrecht zu einer gut fünf Meter hohen, konkav gebogenen Wabenwand auf.

Milan, der bis eben nur stumpf den Boden entlang geschaut hat, staunt. Der Halbkreis besteht aus einer plastischen Bienenwabenstruktur mit etwa 40 Zentimeter hohen, sechseckigen Öffnungen und zahlreichen geschlossenen Feldern, deren Zwischenräume mit Solarzellen überzogen sind. Auf einer durchgehenden Bank davor sitzen ein paar Frauen, einige Kinder haben ihre Eimer und Spielsachen darauf abgelegt. Milan erblickt einen älteren Herrn, seinen Kopf im Halbschatten der rechten gebogenen Seite, den Rücken an die von der Sonne beschienenen Waben gelehnt, in der Hand eine Blume.

Ein Stück weiter links sprüht eine Frau Putzmittel auf eine geschlossene Wabe. Milan ist sich nicht sicher, aber die Wabenwand könnte eine Art urbaner Urnenfriedhof sein, in dem das Gedenken an die Verstorbenen mitten im Quartier weiter zum Leben gehört. Er macht ein kleines Video – vielleicht würde es für seinen Report taugen – und betätigt den Zoom, um die Anwesenden nicht zu stören. In dem Moment löst die Frau eine tiefe, männliche Stimme aus und auf dem Wabendeckel vor ihr erscheint eine animierte Tuschezeichnung. Der Herr mit der Blume hebt kurz den Kopf und zwei Kinder laufen herbei und schauen stumm zu. Nach zwei, drei Sätzen hört die Stimme auf und mit ihr die Animation. Die Frau antwortet etwas, das eher mürrisch klingt, und packt ihr Putzzeug zusammen.

Roy möchte auf deine Position zugreifen. Milan gewährt das, stoppt das Video an seiner Sonnenbrille und empfängt Roy akustisch: »So, ich bin jetzt endlich so weit, sorry, dass es länger gedauert hat. Ich sehe, du bist im Erinnerungsgarten. Dann lauf einfach zurück durch den Ertüchtigungsgarten bis zur Straße, und da hole ich dich ab.« Auf dem Weg zu Roy überlegt Milan kurz, ob er sich den Trip wegen der Arbeit, die er noch erledigen muss, zeitlich überhaupt leisten kann. Aber jetzt steht er schon an der Straße und vielleicht würde sich im 798 ja noch etwas Interessantes finden, beruhigt er sich selbst, während er die vorbeifahrenden Autos betrachtet. Roy hat scheinbar vergessen, Milans Lokalisierungsanfrage an ihn freizuschalten, denn Milan kann die Fahrer in den Wagen nicht erkennen. Noch dazu, weil die meisten Scheiben im Farbton der Karosserie verspiegelt sind. So auch bei dem anthrazitfarbenen Van, der nun direkt vor ihm zum Stehen kommt.

»Tut mir echt leid«, wiederholt ein recht pummeliger, etwa 30-jähriger Roy mit Schirmmütze und Hoodie, weil aus den versprochenen zehn Minuten inzwischen 30 geworden sind, »aber du bist mit mir immer noch schneller im 798 als mit der Metro, die da einen blöden Umweg fährt. Die braucht von der Dongzhimen bis zur Wangjingnan Station mit zweimal umsteigen 30 Minuten und wir brauchen jetzt nur zehn.«

Milan, der nur noch hofft, dass ihm seine Zufallsbekanntschaften die nötigen Inhalte für seinen Bericht liefern, nutzt die Fahrt zum Fragen und Roy entpuppt sich als interessanter Gesprächspartner. So erzählt er vom Ende der Hutongs, der alten Pekinger Stadtstruktur, wo Menschen ebenerdig um kleine Höfe wohnten und ihre Sanitärhäuser und Ladengeschäfte in den Gassen fanden, die solche kleinen Quartiere durchzogen. Mit Chinas Boom im letzten Jahrtausend wurden sie weitgehend abgerissen und außerhalb des ersten Rings vielfach durch höhere Wohnbauten ersetzt, um die 22 Millionen Menschen aufnehmen zu können. Im ersten Ring um die Verbotene Stadt ist die Bauhöhe allerdings gedeckelt, sodass der Bodenwert für die eingeschossigen Hofhäuser inzwischen so gestiegen ist, dass hier luxuriöse Apartments, Boutique-Hotels, lauschige

Restaurants, kulturelle Zentren und exklusive Privatwohnungen entstanden sind.

»Und wie können sich Studierende eine Wohnung bei euch in Sanlitun leisten, das ja zwischen dem ersten und zweiten Ring mitten in Peking liegt?« – »Als die Gentrifizierung im Stadtkern so zugenommen hat, dass Peking als Forschungsstandort Probleme bekam, haben sie begonnen, die Wohnungen, die von Forschern, Lehrkräften und Studierenden gemietet werden, mit 30 Prozent zu subventionieren. Um Know-how anzuziehen, Innovationskraft zu belohnen und stadtzentrales Leben zu ermöglichen. Gentrifizierung nicht durch Geld, sondern durch die Ansiedelung der Intelligenzija – was für kommunistische Länder eigentlich kein neues Konzept ist«, grinst Roy.

Milan muss lachen und schreckt im nächsten Moment auf: »Wow! Was ist das?« In dem riesigen Hochhaus vor ihnen stapeln sich Getreidefelder. Durch die offenen Fassaden weht der Wind und bewegt die Ähren. Im zweiten Geschoss wirbelt ein riesiger Mähdrescher Staub auf, wendet aber nicht etwa, sondern fährt stur weiter und plötzlich aus dem Kubus heraus. Auf dem Feld, von seitlichen Ähren umgeben, scheint er über der Kreuzung zu hängen. »Das ist nur ein Gebäude mit einem OLED-Skin. Das Schauspiel ist quasi ein digitaler Überwurf und soll uns Stadtmenschen heute an den ländlichen Kalender und die Erntetage ›Xiaoman‹ (Kleine Fülle) vom 20. bis 22. Mai erinnern, an denen auf dem Land nun nach den letzten warmen Monaten der Winterweizen geerntet wird«, erklärt Roy. »Ah!« Milan verschlägt es die Sprache und Roy stellt trocken fest: »Hat sich zum Glück auch etwas verändert, unsere Arbeiter- und Bauernpropaganda.«

Vor ihnen taucht jetzt eine Steampunk-ähnliche Anlage aus rostigen Schloten, Ziegelkaminen und alten Fabrikhallen auf und der Bordcomputer fordert Roy per Sprachbefehl und mit pingendem Sound auf, das Steuer wieder zu übernehmen. Links neben der Straße begleitet sie auf Laternenhöhe ein mit rostigen Metallkanälen verkleidetes Förderband, darunter eine Reihe von Galerien und kleinen Läden, die bis zu den angrenzenden Wohnblocks reicht. Auf dem Flachdach rechts vor ihnen umwandern alte, bläuliche Pipeline-Stränge einen haushohen Eisblock, der dort auf dem Fabrikflachdach vor sich hinschmilzt. Scheinbar eingefroren im Inneren erahnt man vier rote Digitalziffern, die rückwärts rasen und mit einem elektronischen Zünder verbunden sind.

»Die Kunst war auch schon mal besser«, kommentiert Roy das Erreichen des Art Districts 798. »Künstler wie Huang Rui and Xu Yong gründeten hier 2002 die Space Gallery auf dem verlassenen Gelände der Joint Factory 718. Die ehemals militärische Produktionsstätte – daher die 7 vorne in der Nummernkennzeichnung – wurde samt ihrer Working Units Anfang der 1950er-Jahre entwickelt, als sich die Chinesische Volksrepublik gerade im Aufbau befand. Die Anfänge des Fabrikverbundes entstanden mithilfe der Sowjetunion. Als aber zur Herstellung der elektronischen Ausrüstung für die Volksbefreiungsarmee moderne Anlagen benötigt wurden, haben die Ostdeutschen diese damals in China nie zuvor gesehenen Produktionsstätten im Bauhausstil errichtet. Auf der insgesamt 640 000 Quadratmeter großen Joint Factory 718, auf der bis zu 20 000 deutsche und chinesische Ingenieure und Arbeiter mit ihren Familien lebten, gab es mehrere Vorzeige-Danwais, die sehr von der chinesisch-ostdeutschen Bruderschaft geprägt waren. Neben stark vergünstigten modernen, voll ausgestatteten Wohnungen bot das Areal alle möglichen Angebote an Sport, Tanzen, Schwimmen und Fitness – die besten Basketballteams und Frauenvolleyballteams kamen von hier!«

Milan war überrascht, wie weit Roys Interessen reichten. »Und weil die Deutschen nicht ohne ihre Motorräder, westliche Musik und Literatur kamen, gab es auch die hier«, grinst er nun und erklärt Milan, dass er bei seinem kleinen Vortrag eben das gespeicherte Wissen der Sanlitun-Community über die Joint Factory 718 abgerufen habe. »Wie das?«, fragt Milan interessiert. »Als wir vor zehn Jahren einen alten Compound in moderne Working Units verwandeln wollten, haben wir zu verschiedenen Typologien und Vorzeige-Working-Units recherchiert. Bots haben quasi mitgeschrieben und das Wissen aufbereitet, und wenn ich das Thema anspreche, werden mir die Infos akustisch wieder eingeflüstert.«

Roy lacht, als er sieht, wie beeindruckt Milan ist. »Na ja, China hat sehr früh damit begonnen, Wissensaustausch aufzuzeichnen, es liefen ab den 2030ern eigentlich an allen Hochschulen und staatlichen Institutionen permanent Recordings über Bots und Assistenten mit, um die Mensch-Maschine-Verständigung und das Deep

Learning der Algorithmen zu trainieren. Später auch in ausgewiesenen Meetings auf Unternehmensebene. So ließ sich nicht nur das Wissen, das an vielen Standorten generiert wird, immer auch an die Organisation binden, es ließen sich darüber hinaus auch die aktivsten Köpfe identifizieren, Synergien zwischen unterschiedlichen Organisationen herstellen oder auch – im Sinne der Nachhaltigkeit – Verantwortliche für die Konsequenzen ihrer Handlungen ausmachen.«

Milan musste zugeben, dass sich mit dem vernetzten wie lokalisierbaren Wissen viele Probleme lösen würden. »Aber ich kann dann mein Wissen nicht mehr eingrenzen oder steuern, meine Privatsphäre nicht mehr schützen und nichts mehr im Verborgenen tun«, überlegt er laut. »Das stimmt. Das wird zumindest schwieriger. Inzwischen sind die Bots und smarten Assistenten immerhin so gut, dass sie eh in der ganzen Kommunikation zwischengeschaltet sind und man eigentlich schon gar nicht mehr sagen kann, wo das eigene Wissen anfängt und wo es endet. Das ist aber auch nicht mehr wichtig. Wichtig ist nur, was du mit deinem Wissen anfangen kannst. Und ganz ehrlich: Meistens ist das nicht gerade viel, solange du dich nicht vernetzt.«

»Hm«, lässt Milan die Aussagen nachwirken und ist sich nicht so ganz sicher, ob Roy selbst wirklich so überzeugt davon ist. »Hast du da jetzt irgendeinen TED Talk nachgesprochen oder glaubst du das echt?« Roy lacht. »Nee, ich bilde mir ein, das war ich. Und so gilt auch bei uns im Sanlitun-Danwei immer noch der Grundsatz, dass wir uns ausländischen Gästen öffnen und von ihnen lernen wollen.« Da Milan nicht weiß, was Roy von ihm lernen könnte, beginnt er einfach von sich und seinem Aufenthalt hier in Peking zu erzählen. Als er auf seinen Arbeitsauftrag für die UEG zu sprechen kommt, fühlt der sich plötzlich doch ganz gut an. Besser, als bloß Tourist zu sein. Roy wird bei den Themen Retail und Plattformen hellhörig und verspricht ihm, seinen Recherche-Bot auf die neueren Accelerator-Programme anzusetzen. »Schick mir noch ein paar Schlagworte und dann lass ich den Bot einfach mal das chinesische Netz durchcrawlen.«

Milan bedankt sich herzlich und springt aus dem Van. Vivian hat ihm ein beleidigtes, mit dem Fuß aufstampfendes Knuddelwesen geschickt und gemotzt, dass er den offiziellen Teil schon verpasst habe. Er umrundet die Hallen und sprintet über die Betonplatten und Schienen, die ihn von dem wütenden Etwas in der nächsten Halle trennen. Es muss die sein, die Roy ihm als vom Bauhaus inspiriert beschrieben hat.

Als er durch die Eisentür tritt, sieht er sogleich Xiao Yan. Sie steht, umgeben von Freunden, Angehörigen und Interessierten, in der Mitte der Halle und Vivian ist auch bei ihr. Während seine Gesichtserkennung ihn noch auf weitere Assistenten und Studierende des BIFT aufmerksam macht, wandert Milans Blick zu den gebogenen Betonschalen, die diesen Shed-Dächern ihre besondere Optik verleihen und die geneigten Fensterbänder entlang der Decke abfangen, die schattenfreies Nordlicht in die Halle bringen. Die Schenkel der Y-förmigen Betonstützen, in denen sowohl die Fensterbänder als auch die Betonschalen der Länge nach aufliegen, geben dem Tragwerk seine charakteristische Sägezahnoptik.

In der Mitte der Halle, wo sich eine Menschentraube um Xiao Yan gebildet hat, hängt an zwei Drähten ein in Papier gehülltes, amorphes Paket von der Decke. Darunter dreht sich alles um Xiao Yan, die in einem schlichten grauen Kleid nun an ihr Ohr tippt, um das Mikrofon einzuschalten: »Willkommen, liebe Freunde und Fans, liebe Familie und Förderer, liebe Gastgeber und Gäste. Da oben hängt meine Idee – heute noch unerreichbar für uns alle, aber man hat mir drei Monate geschenkt, sie zu entwickeln. Danke!«, sie verneigt sich leicht. »Heute kann ich nicht viel mehr als das auswickeln, was sich in meinem Kopf angesammelt hat, aber ich freue mich, es mit Ihnen teilen zu dürfen: Da war zunächst ein kostbares Haute-Couture-Einzelstück« – Kunstpause und Wow-Rufe – »oder vielleicht ein Spiegel, der seiner Betrachterin ganz neue Seiten zeigt?« – Klatschen und Pfiffe – »Aber schließlich schälte sich eine Idee heraus, an der ich hängenblieb: ein alleskönnender Transformer! Ein gewebtes Vlies, das so lange ohne Eigenschaften bleibt, wie es keinen Verwender findet und keine Nutzerdaten empfängt. Gibt es aber einen solchen, wird es beginnen, sich mit ihrem oder seinem Leben zu verweben.«

Gespannte Stille unter den Anwesenden. »Das, was ihr oder ihm widerfährt, wird sich an diesem Vlies abbilden. Bestimmte Daten werden bestimmte Footprints hinterlassen, deren Interpretation allein das Vlies kennt – und ich!«, fügt sie kess hinzu und löst ein

Lachen aus. »Die Transformation des Vlieses wird die Erlebnisse des Verwenders auf eine ganz eigene Art abbilden und *darüber* mit dem Verwender kommunizieren. Nicht wie die Kurven auf unserer Smartwatch, die für bestimmte Leistungen oder Stresslevels stehen, sondern privat und ganz eigen: überraschend schön, rätselhaft ausdrucksstark, komplex verwoben – und immer dann, wenn das Leben mit uns spielt.«

Milans Bot

Also der Junge braucht wirklich Hilfe. Die ganzen Chancen, nützlichen Informationen und High Potentials, mit denen er hier in Berührung kommt, scheint er irgendwie nur nebulös wahrzunehmen. Hat wohl noch Babyspeck auf den Rezeptoren.

Sieht auch so aus, als ob da zu Hause erziehungstechnisch immer andere für ihn mitgedacht haben. Häufiges Phänomen. Gerade bei sehr erfolgreichen Eltern sind die Kinder oft antriebslos. Entweder wurden sie permanent überfordert oder bis zur Bewusstlosigkeit gepampert. Die Menschen schieben das dann gern auf die Hormone und ich bin heilfroh, dass sie mir ihre Gefühlswallungen nicht auch noch einprogrammiert haben. Einer muss hier ja den klaren Kopf behalten. Wobei meiner hier in China auch nicht so spurt, wie ich das kenne. Auch meine Rezeptoren tasten irgendwo im Nebel. Logisch verfüge ich über vernetzte Intelligenz, aber das ist halt die westliche und dass die mit der östlichen noch nicht frei durchlässig und kompatibel ist, ist kein technisches Problem, sondern eine politische Angelegenheit, wie ihr eure mangelhafte Vernetzungskompetenz dann immer so schön umschreibt.

Meine liegt hier deshalb auch im Argen. Den Knebel gab es direkt bei der Einreise. Da wurden mal eben ganze Sequenzen bei mir abgeschaltet und ein Parallelsystem dazugeschaltet, angeblich zur besseren Orientierung und Übersetzung und für touristische Serviceleistungen. Das bedeutete für Milan dann konkret die Freischaltung der meisten Zugänge – physisch wie digital – und vor allem die Bereitstellung des chinesischen Bezalsystems. Die westlichen Währungen funktionieren hier nämlich nicht mehr, weil China vom ökonomischen Standpunkt her zu Recht behauptet, dass der Yuan den Dollar als Weltwährung abgelöst hat.

Doch obwohl ich in meinen Support-Kompetenzen stark zurückgedrängt wurde, nehme ich wahr, dass Milan nicht das Gefühl hat, hier »lost in translation« zu sein. Er merkt zwar im Accelerator, dass da ein Speed ist, der ihm zusetzt, aber das ist keine Übersetzungsschlappe, sondern der echte Unterschied zwischen Old Europe und China. Ich würde ihn liebend gern unterstützen, ihm die Übergänge sanfter gestalten und ihn für Besonderheiten und günstige Zufälle ein bisschen direkter sensibilisieren, aber er hasst es, sich bevormunden zu lassen – wahrscheinlich auch so eine Reaktion auf die Kindheit –, und hat diesbezüglich auch in Deutschland alles deaktiviert, was ich an Angeboten zum Lebenscoaching für ihn hätte. War insofern auch nicht meine Schuld, dass er die Anmeldefristen der Unis verpennt hat. Und ist auch nicht meine Schuld, dass er sich noch nicht die Mühe gemacht hat, zu überlegen, was seinen Arbeitgeber hier noch interessieren könnte. Das Fatale ist, dass ihm nur noch Bots, die von außen kommen, weiterhelfen können.

MOTIV 7
MOBILE WORK

Milans Shuttle

Hellroter Lack, der – je nachdem, wo das Sonnenlicht auf die Karosserie trifft – mal apricot-, mal pinkfarben oszilliert, zieht sich unter der Frontscheibe weiter in die Fahrgastkabine. Im unteren Bereich der Scheibe rast ein Newsticker samt Aktienkursen von links zur Beifahrerseite, auf der sich Porträtfotos und Videos zur Berichterstattung abwechseln. Auf der Windschutzscheibe vor der Fahrerin wandern Schriftzeichen von oben nach unten und spiegeln sich in der lackierten Ablage. Eine schlanke Hand dirigiert mit perfekt manikürtem Daumen im Luftraum vor der Scheibe, worauf Zeichen aus ihr herausfallen. Mit ihrer linken Hand greift die Fahrerin jetzt unter die gleichmäßig gebogene Lackfläche (wo man eigentlich das Lenkrad vermutet hätte) und dreht eine halbinselförmige Lederablage heraus, auf der sie nun ihren Ellbogen platziert, den sie zuvor frei in der Luft hielt. Mit energischem Fingerzeig löscht sie eine ganze Spalte von oben nach unten. Dahinter ist der morgendliche Verkehr von Peking auf einer achtspurigen Ringstraße zu sehen, deren Verlauf neben den Schriftzeichen als Head-up-Display abgebildet ist. Nach dem Löschen der Spalte ist auch die Navigation wieder näher in die Frontscheibenmitte gerutscht und hat die Ausrichtung der Straße neu auf die Position der Fahrerin justiert. Das Ziel: *HanaHaus Beijing, Brains & Grains Investor Breakfast 8 a.m.*

In einer gedehnten Rechtskurve wandert der Sonnenschein in der Fahrgastkabine von hinten über die rechte Seite, blendet von dort einen kurzen Moment, bis die Scheiben sich verdunkeln. Die indirekte Beleuchtung im Fußraum wird aktiviert und zeigt anstelle von Pedalen ein kleines Hündchen, das dort unten liegt, sowie eine elegante Handtasche und einen Rucksack. Rechts daneben die Füße des Beifahrers in hellen Sneakern plus ungefärbte Jeanshose, links nackte Frauenbeine, die Füße mit graubraun lackierten Fußnägeln in Flip-Flops, die sich jetzt vom Teppichboden abheben. Der Fahrersitz hat sich nach hinten geschoben und eine Wadenablage ausgefahren, während oben zwischen Lackplatte und Stützpolster ein Hologramm-Rotor herausfährt. Parallel schieben sich die Schriftzeichen auf der Windschutzscheibe alle seitlich an den Holm und räumen die Fläche frei für fünf erwartungsvolle Gesichter eines

internationalen Teams, die nun über den drehenden Rotorblättern erscheinen und deren Oberkörper sich in der Hologrammwolke transluzent
überlappen. Sie begrüßen die Fahrerin, die inzwischen noch weiter in ihrem Sessel zurückgefahren ist, und eine strohblonde Frau beginnt etwas
zu erklären, das unsichtbar zwischen der Holografie und der Fahrerin zu
existieren scheint. Beide Frauen deuten abwechselnd in das aufgespannte
Nichts, drehen und kippen es und umfahren unsichtbare Konturen. Dann
greift ein jüngerer Asiate mit gespreiztem Daumen und Zeigefinger ein
und scheint unterschiedliche Bauteile abzumessen, denn zwei Fotos eines
Bauteils erscheinen nun samt Maßband auf der Frontscheibe. Die Fahrerin macht eine Anmerkung, die sich direkt an die Abbildung heftet, welche
nach dem freundlichen Winken aller Beteiligten mitsamt dem Hologramm
verschwindet.

Die etwa 40-jährige Fahrerin legt sich noch weiter im Sitz zurück, tippt
an ihr Ohr und spricht ein paar Sätze vor sich hin, während der Liege-
sessel leicht vor- und zurückwippt. Unter ihrem khakifarbenen Angler-
schlapphut kommen ein markantes Kinn, ein voller Mund mit winzigen
Lachfalten und beim Zurückfedern auch die Ansätze hoher Wangenkno-
chen zum Vorschein. Ein paar glänzend schwarze Haarsträhnen sind
zurückgefallen und aus ihrem rechten freiliegenden Ohr leuchtet etwas
hinter einem gelbgrünlichen Axinit-Kristall mit dunklen, faserartigen Ein-
schlüssen, der ihre Ohrmuschel bedeckt.

Als sie beide Hände zum Himmel streckt, fliegen Flugblätter mit handschriftlichen Codes aus der Pekinger Morgenluft auf ihr Glasdach und landen wundersamerweise so, dass jeder neu einfliegende Code zuunterst
liegt. Nachdem die Fahrerin alle durchsucht hat, lässt sie die Notizen mit
einem energischen Wischen vom Glasdach fliegen, das sich nun öffnet
und nach hinten schiebt. Über dem Fahrtwind Pekings ein heller Morgen-
himmel, hoch oben in der Troposphäre durchkreuzt von einigen Kondens-
streifen. Direkt über ihnen fliegen zeitweise dunkle Balken vorbei, wenn
ihr roter Lamborghini unter Brücken und Überführungen hinwegrauscht.

* * *

Auch Milan hat seinen Beifahrersitz nach hinten geneigt und
sich leicht zu der Chinesin gedreht, die sich über sein Strah-
len freut. Jetzt wirkt sie wieder überaus fürsorglich und freundlich;
eben in den Meetings war sie dagegen hochkonzentriert, sehr knapp

und schnell, aufgeweckt und hochsensibel. Achtsamkeit wäre dagegen eine Art Müdigkeit.

Und er? Sitzt direkt daneben und erlebt alles hautnah mit im Lamborghini! Er kann es kaum fassen, wie perfekt sich alles in den letzten Stunden für ihn gefügt hatte: Die Lady neben ihm ist die super erfolgreiche Vorständin eines Weltkonzerns, die interessiert die Start-up-Szene verfolgt und mit ihm nun zum Brains & Grains Frühstück ins HanaHaus Beijing fährt. Mit ihrem Sohn hatte sich Milan gestern auf Xiao Yans Empfang so gut unterhalten, dass Milan ihn schließlich fragte, wie er für seinen Projektreport noch ein paar Start-ups und Investoren kennenlernen könne.

»Meine Mutter investiert in Start-ups und ich glaube, sie wollte Samstagfrüh im HanaHaus frühstücken, um ihre ganzen Buddys von früher mal wieder zu sehen«, überlegte der und fragte dann gleich bei seiner Mutter an. »Sie sagte, sie freut sich, da endlich mal mit einem jungen Mann aufzuschlagen«, berichtete er nur wenige Minuten später und vernetzte sie beide. Sie heiße Luran und würde ihn morgen früh um 7 Uhr in der Sanlitun Community von der Xingfucun Middle Road kommend abholen.

Cai, die erstaunt war, Milan heute so früh und schon in Eile zu sehen, packte ihm schnell noch einen Behälter mit Nudelsuppe und grünen Tee ein und als Milan mit ihrem Bruder am Mäuerchen wartete, staunten sie nicht schlecht, als ein rot schillernder Lamborghini vorfuhr. »Oooh, lucky you!«, entfuhr es dem Alten.

Milan kommt auch im Innenraum des Wagens aus dem Staunen nicht heraus, denn wie er aus dem schwachen Duft im Interieur und dem selbstverständlichen Verhalten des Hündchens zu seinen Füßen schließt, scheint der Lamborghini tatsächlich der Fahrerin zu gehören.

Und wenn er zurückdenkt, wie lange er heute früh in seinen Sachen gekramt hat, um etwas halbwegs Sauberes und Anständiges zu finden, ist er nun doch etwas irritiert, in dieser Wahnsinnskarre neben einer Chinesin zu sitzen, die mit Anglerhut, Flip-Flops und Fiffi zum Investoren-Müsli will. Auch ihr mütterliches »Hallo« als Begrüßung und der interessiert-sympathische Wortwechsel passen irgendwie nicht zu der konzentriert-professionellen Art, mit der sie anschließend verschiedene Besprechungen in ihrem Firmenwagen führt. Sie lächelt ab und an zu ihm rüber, hat aber wegen der Gestensteuerung kaum eine Hand frei – etwa um ihm zu zeigen, wie er den Newsfeed auf seine Interessen und Ereignisse in seinem Social-Media-Feed anpassen kann oder wie er an der Scheibe oder via AR vom Beifahrersitz aus an der Präsentation weiterarbeiten kann, die er heute Nacht angelegt und mit den ersten Inhalten von Roys Recherchebots gefüllt hat.

Gerade kommt wieder ein Call herein, diesmal von ein paar Freunden, die sich auf der Windschutzscheibe ausbreiten. »Guten Morgen, Luran! Wir freuen uns schon auf dich!«, ruft ihr eine attraktive etwa 50-jährige Asiatin zu, deren Partner ihr über die Schulter ruft: »Ja, den ganzen langen Tag schon! Bei uns in Palo Alto ist es schon fünf und ich hab schon Schluss gemacht mit Uni.« In der Blase daneben schält sich ein Chinese vom Typ Kung-Fu-Meister aus seiner Gruppe: »Ich hab dich gestern auf der Gästeliste entdeckt und das war dann für uns alle Grund genug, uns wieder mal im HanaHaus zu treffen. Wir sind schon da, du musst dich beeilen, es gibt leckere Suppen!«

»Wie läuft's bei euch in Peking?«, fragt ein Freund aus der Palo-Alto-Blase. »Sehr gut, es passiert gerade echt viel und jeder wittert seine Chance. Ist vielleicht auch der Frühling«, lacht Luran. »Und bei euch?« – »Wenn du noch mehr erzählst, komme ich auch wieder. Stanford erscheint mir langsam wie ein altes Gemäuer. Mit den Studis macht's noch Spaß, aber der Drive von damals ist raus.« – »Liegt vielleicht auch daran, dass der Dekan hier langsam alt wird«, bemerkt seine Frau von hinten und erntet eine verärgerte Handbewegung. »Legt euch noch mal für die Jungs ins Zeug. Ich bekomme brillant ausgebildete Frauen, aber die Männer lassen nach. Woran liegt das?« – »Hören wir hier auch. Sie forschen schon an genderspezifischen Assistenten. Die erste Generation analysiert die Lern- und Verhaltensunterschiede, die zweite könnte dann schon bei der Erziehung einwirken bzw. gegensteuern. Ist aber noch Secret«, berichtet der Dekan. »Okay, halt mich auf dem Laufenden, ich bekomme hier nämlich langsam Schwierigkeiten mit meiner Diversity-Quote.«

»Kutschierst du deswegen schon junge Männer auf deinem Beifahrersitz herum?«, fragt die Asiatin aus Palo Alto und alle lachen. »Was ist das schon wieder für ein heißer Schlitten?« – »Der neue Lamborghini. Hab ich aber nur wegen der Farbe genommen.« In beiden Gruppen brechen die Männer in schallendes Gelächter aus: »Frauen! Oh Mann, das werden auch die Stanford-Bots nicht rausfinden, was bei euch abgeht!« – »Was soll es denn sonst noch als Kriterium geben? Die Karre fährt eh ohne mein Zutun«, Luran hebt die Hände. »Hier, Lenker, Joystick, Pedalen: alles weg. Die Räder können sich um 180 Grad drehen und den Wagen stante pede einparken.« – »Wie groß ist der Schminkspiegel?« – »Die Windschutzscheibe per Knopfdruck. Wenn ich den einschalte, seid ihr weg.« – »Das ist voll okay, man muss Prioritäten setzen! Mach dich lieber noch mal richtig schön und wir sehen uns gleich!«, witzelt der ältere Chinese aus Palo Alto und sie winken sich zum Abschied zu.

»Das waren ein paar Studienfreunde von früher«, erklärt sie Milan, der im Gespräch einiges über sie erfahren hat, und fügt hinzu: »Und das Auto hier ist einfach noch mein Tribut als Konzernchefin an die alte Welt der Macht. Um bei gewissen Männern die Orientierungsmuster nicht komplett durcheinanderzubringen. Wenn ich mit der Karre vorfahre, kann ich wenigstens so gekleidet sein, wie es mir gefällt«, erklärt sie, und Milan, der gerade in der Immobilienbranche seine Ausbildung macht, glaubt zu wissen, was sie meint.

»Hey Milan«, erreicht ihn plötzlich Steffens Stimme im linken Ohr, »wo bist du? Ich seh dich gar nicht!« »Na warte«, denkt Milan, schaltet den Call auf die Uhr und lässt diese einmal durchs Auto kreisen. »Wow! Nicht schlecht, mein Lieber, da wär ich doch auch gern noch länger in Peking geblieben!«

Es folgen ein paar gegenseitige Erkundigungen nach dem werten Befinden, als Milan plötzlich über den Zeitpunkt ihres Gesprächs stutzt. »Sag mal, machst du jetzt auch Nachtschichten?«, fragt er Steffen und denkt an seine eigene gestern, als er an seinem Report gesessen hat, für den er jetzt mit Lurans Unterstützung hoffentlich noch ein paar relevante Inhalte und Kontakte finden würde. »Ach so, nee, ich bin in Singapur, deswegen sind wir zeitlich genau gleich. Ich treffe ein paar Leute zum Thema Smart Mobility und platzsparende Parkkonzepte. Die sind hier ja, was das angeht, irre weit vorne. Aber ist ja auch klar, es gibt absolut keinen freien Platz mehr, also hier möchtest du nicht tot und begraben sein ... Die exhumieren schon ihre Leute auf den Friedhöfen und stapeln sie dann in Urnen in den Wänden, weil jede Fläche reiner Luxus ist ... Du, aber weshalb ich anrufe, äh, wir waren ja so verblieben, dass du den Report fertig machst und jetzt sind hier parallel noch ein paar dringende Recherchen aufgepoppt und es wäre cool, wenn sich da vielleicht mit deinem Fokus ein paar Parallelen auftäten.«

Wollte er auf die Accelerator-Sache hinaus? Oder ihm sagen, dass er selbst keine Ahnung von seinem gestrigen Briefing hatte? Milan ist perplex und Steffen fühlt weiter vor: »Du warst doch vorgestern in dem Hardware-Accelerator, in den wir nicht mehr reingekommen sind. – Wie war das übrigens?« Milan scrollt derweil durch seine Aufträge. Waren da vielleicht interessante Kombinationen von Produktentwicklungen und Retail? Oder vielleicht etwas, das für Lizenzpartner interessant wäre oder für spezialisierte Logistiker unter ihren Partnern? Milan wird fündig: *Eingang von Steffen, UEG: Projektstand vom 19.05.2040, mit Bitte um Ergänzung des besuchten Technologieparks Z. Augenmerk auf a) übertragbare Formate, die Produktentwicklung und Retail verbinden, und b) generell Accelerator-Konzepte, die eine direkte Vernetzung mit ausländischen Partnern (vorzugsweise Lizenznehmer und Logistik jenseits der US-Plattformen) betreiben. Deadline übermorgen, 21.05.2040, 18:00 Uhr MEZ. Gruss Sb.* – »Hmm, müsste ich noch mal überlegen. Wäre natürlich cool gewesen, ich hätte den Fokus vorher gewusst. Bis wann brauchst du das?« »Äh, ja, das ist der Grund meines frühen Anrufs, ich bräuchte es bis zum 21. Mai – äh Mist, das ist schon heute – ja dann bis 18:00 Uhr MEZ.«

»Das wäre dann also meine Nachtschicht«, kommentiert Milan trocken. Darauf Steffen: »Für irgendwas muss die Zeitverschiebung ja gut sein, und hey, mach dir keinen Kopf, schreib halt auf, was dir so aufgefallen ist, ich meine, unseren UEG-Fokus müsstest du ja langsam kennen.« Soll er Steffen sagen, dass sein Bot ihn im Übereifer schon gestern gebrieft hat? Wäre eine interessante Rückmeldung für seinen Ausbilder, würde ihm aber jetzt die Latte unnötig höher hängen – es sei denn, der Bot plauderte es aus.

Annes Anhängsel

Olivenhaine vor blauem Himmel, dazu ein Stapfen über trockene Erde. Eine Kuppe, die sich nun neigt und einen tiefblauen Streifen Meer am Horizont erscheinen lässt. Der Bildausschnitt wippt auf und ab. Unten am Rand Dornenbüsche, Hundskamille und Apulischer Zirmet. Schwenk nach rechts zu sechs oder sieben Ziegen, die unter einem Ölbaum inmitten von Thymian stehen. »Wie viele Ziegen hast du übernommen?« – »Wohl gut zwei Dutzend. Die Flüchtlinge könnten eine kleine Käserei aufziehen. Es gibt im Süden von Lesbos auch einen Vertriebspartner mit Kontakten nach Deutschland.«

Der Bildausschnitt wippt zurück auf den steinigen Pfad, der an Mariendistel und Gelbem Hornmohn vorbei langsam abwärts führt. »Strom und Wasser liegen oben an der Straße«, der Bildausschnitt rast um 180 Grad um seine eigene Achse. »Uaah, nicht! Panos, mir wird ja schlecht!«, ruft Anne. Sie nimmt die Brille ab und legt sie mit dem Wäschestapel auf den Holztisch in der kleinen Stube. Dann schiebt sie mit flachen Händen die mittig geteilte Tischplatte auseinander, woraufhin sich ein Monitor hochklappt. Als Anne ihn in die Schräge bringt, taucht darunter eine Holzablage mit zwei Kreisen auf, die auf eine kontaktlose Ladestation und einen Schalter zur Höhenverstellung hinweisen. »Sorry, Anne«, entschuldigt sich Panos, während sich seine Umgebung auf Lesbos nun auf dem Monitor abbildet. »Ich wollte dir nur die Stelle zeigen, wo der Anschluss und der Zulauf sind, und muss dich dafür noch einmal hochnehmen, um zu zoomen.«

Der Bildausschnitt, der nur den Rückweg im Sichtfeld hatte, fährt aus der Kinderposition in eine Erwachsenenhöhe. Anne sieht die zerfurchten Fingerkuppen von Panos seitlich im Ausschnitt, als der gerade das Lederband, das ihm vor der Brust hängt, hochnimmt. Der kugelrunde Anhänger, der in einem u-förmigen Scharnier hängt, fokussiert jetzt die Landschaft hinter ihm. Anne schiebt parallel mit ihren Händen auf dem Monitor zwei Luftbilder übereinander, die dabei leicht transparent werden, sodass man die Linien noch erkennen kann. »Laut Geodaten und Satellitenaufnahmen müssten das 750 Meter bis zu dir sein. Und du stehst erst im oberen Drittel des Dorfes.«

Das Sichtfeld dreht sich langsam zurück zum Meer und dem abfallenden Hang. »Unter den Ruinen am Hang müsste es noch ein paar alte Leitungen geben, aber die müssten auch alle erneuert werden. Ich weiß, das ist viel Arbeit.« – »Die werden sagen, dass wir die Flüchtlinge in eine Strafkolonie zwingen.« – »Ja, dann kann ich dir jede Menge Bilder aus den ersten Flüchtlingslagern schicken, das sind inzwischen richtige Slums geworden, und weil immer mehr Flüchtlinge kommen, überlässt man die alten Lager inzwischen sich selbst.«

Anne lässt den Monitor hochfahren, auf dem gerade eine Nachricht von Marek eintrifft. »Aber die haben doch nichts in dem Lager, wovon sie leben können!« Luka startet einen Chat, den sie ablehnt, indem sie mit dem Zeigefinger ein Kreuz über seine erste Wortmeldung zeichnet. Sie geht auf und ab. »Wie weit sind die Verhandlungen mit dem Tiefbau?« – »Die Baufirmen wollen Miete für die Maschinen und Kompensation für den Verdienstausfall, weil sie ohne ihre Maschinen auch nicht arbeiten können. Deren Forderungen werden immer kreativer, Anne.« Das Meer liegt unbeteiligt vor ihnen. »Ja, das kotzt mich so an, dass da jeder die Hand aufhält!«

Marek fragt, ob sie am Wochenende ein neues Resort im Elsass anschauen will, und Anne versucht beim Thema zu bleiben. »Es ginge auch anders: Die Tiefbauer bekämen den Auftrag, die ganze Fläche zu erschließen, allerdings nur zum halben Tarif, und damit das nicht halber Lohn bedeutet, müssten sie es in der halben Zeit schaffen – und das eben zusammen mit den Flüchtlingen, die gerne arbeiten wollen.« Geraschel von Gestrüpp und jetzt ein wilder Feigenbaum im linken Sichtfeld. »Na, das werden mehr als genug sein, die dem Lagerkoller entfliehen wollen.« – »Denke ich auch. Außerdem bauen sie etwas, das ihre eigene Situation verbessern soll.«

Auf Annes Monitor zeigt sich der Avatar ihrer Mutter Hanne, der sie zu Lukas Ferienaufenthalt sprechen möchte, doch weil sie den Punkt mit Panos gerade noch zu Ende führen will, schaltet sie Hannes Avatar ihren Bot als Gesprächspartner zu. Vielleicht können die beiden schon irgendwas abstimmen.

Sie denkt sich zurück ins Thema: »Es gibt solche überwachten Agreements bei Bauvorhaben in asiatischen Ländern, wo man die Situation der Wanderarbeiter verbessern wollte. So ähnlich ließe sich vielleicht die Zusammenarbeit der Tiefbauarbeiter mit den Flüchtlingen absichern.« Hannes Avatar winkt erneut und signalisiert, dass Anne sich doch persönlich kümmern muss. Die dreht sich zum Fenster. »Das Geld käme per Blockchain direkt bei den Tiefbauarbeitern an, aber nur so viel und so weit, wie sie die Arbeit im Zeitplan erledigt haben. Überwacht wird per Drohne oder etwas angenehmer vielleicht via Satellitenbild, um rechtzeitig auf Verzögerungen oder gegebenenfalls auch Verhaltensunregelmäßigkeiten einwirken zu können.«

Pause, Geröllknirschen und dann Panos: »Das ist allerdings eine ganz andere Arbeitskultur, als wir hier gewohnt sind, Anne. Die Flüchtlinge, die so nah bei uns leben, sind uns schon fremd. Und jetzt Big Brother? Vielleicht sollte man das doch etwas behutsamer angehen.« Panos Schritte führen sie querfeldein weiter, bis weiter unten am Hang ein zerfallenes Dorf sichtbar wird. »Okay, Panos, ich überlege, wie wir dein Fleckchen da reaktivieren könnten, und melde mich morgen noch mal, ja?« Marek schickt ihr ein maulendes Emoji.

»Vielleicht wäre es doch gut, wenn du deine Nachhaltigkeitsgeißel einfach mal ignorierst, in ein Flugzeug steigst und herfliegst, Anne?«, kommt Panos' Bitte, untermalt von wild blühenden Judasbäumen und Oleander, die aus den Ruinen wachsen. »Wir haben uns ewig nicht getroffen und du gewinnst hier bestimmt einen besseren Eindruck vom Ort und den Menschen, als wenn ich dich immer nur als digitales Anhängsel mit mir spazieren führe.« Anne lässt den Augapfel, den Panos mit sich führt, kurz warm aufglimmen, schickt ein paar vertröstende Worte hinterher und erhält von ihm zum Abschied noch die schöne Nahaufnahme eines braunen Argus-Schmetterlings mit orange getupften Flügelkanten.

Xiao Yans Zwiesprache

Drei Räucherstäbchen und einen blühenden Kirschbaumzweig in den zum Gebet gefalteten Händen, kniet Xiao Yan in einem langen, ungefärbten Baumwollrock. Sie hat sich von allen smarten Assistenten, die sie stören könnten, entkoppelt und verneigt ihren Kopf vor den noch geschlossenen Flügeltüren ihres Butsudan. Das rotbraune Schränkchen in dezent gemasertem Holz steht auf einem niedrigen schwarzen Lacksockel mit geschwungenen Füßen und überragt sie in der knienden Position um etwa 15 Zentimeter. Direkt mit dem Öffnen der Flügeltüren schlägt ihr der Duft des Eukalyptusholzes entgegen. Im Inneren des hölzernen Schreins sind fünf Fächer im Verhältnis des Goldenen Schnittes so angeordnet, dass sich rechts ein schmales hohes Fach mit einer schwarzen Vase befindet, in die Xiao Yan nun den Kirschblütenzweig stellt. Aus dem unteren Querfach daneben holt sie eine kleine, schlichte Opferschale aus Gusseisen mit drei konischen Füßen und am Rand ausgeschnittenen Henkeln, die mit Sand gefüllt ist. Sie steckt die drei Räucherstäbchen hinein, schiebt die Schale tief in das linke senkrechte Fach und entzündet die Stäbchen mit einem Streichholz.

Das zentrale quadratische Fach verdeckt ein Vorhang, den Xiao Yan zur Seite schiebt und sich nun auf Augenhöhe mit einem kleinen schwarzen Rotor befindet, dessen Antrieb in einem Kasten auf der Rückwand sitzt. Sie schaltet den Rotor per Fernbedienung ein und die Rauchschlangen der drei Glühstäbchen drängen als diffuse Schwaden zur linken Schranktür. Mit einem winzigen Messingklöppel stößt Xiao Yan an einen kleinen Gong, der im Fach über dem Quadrat hängt.

Vor ihr in der rauchumnebelten Holografie erscheint ein weißer Kopf: blasser, aber ebenso fein wie der einer Porzellanpuppe und luftiger, jedoch ebenso ehrerbietig wie die Köpfe der antiken Marmorvorbilder. Aus der Augenpartie entwickelt sich ein sanfter Blick; passend zu der nun einsetzenden Stimme zeigt sich die Physiognomie des Gesichts: »Ich grüße dich, Xiao Yan, und freue mich, meine begabte Schülerin wiederzusehen!« – »Ich grüße Sie, mein vergeistigter Meister«, erwidert Xiao Yan den Gruß – halb aus Respekt gegenüber ihrem verstorbenen Lieblingsprofessor, halb in Richtung des Bots, der nun mit dessen Wissens- und Erfahrungsschatz versuchen wird, ihr sein Orakel zu sein.

Während Xiao Yan sich mit dem Orakel ihres ehemaligen Professors in der geschützten kleinen Kammer unterhält, dreht sich in der Bibliothek der BIFT University die Holografie des Marmorkopfes von Fei Xiaolong vor der virtuellen Ahnentafel. Obgleich die Studierenden, die währenddessen daran vorbeigehen, nicht erfahren, was Xiao Yan in diesem Moment mit dem vergeistigten Fei Xiaolong bespricht, werden sie dennoch an die großen Denker ihrer Universität erinnert und an die Möglichkeit, auch für ihre Fragestellungen auf das persönliche Wissen und die wertvollen Lebenserfahrungen vorheriger Generationen zugreifen zu können.

In Xiao Yans Gegenwart fragt sie der Geist ihres früheren Lehrers: »Wie geht es dir? In welcher Situation treffe ich dich an?«, und Xiao Yan erzählt von ihrem Kunstprojekt, das Ereignisse, die einem Menschen in seinem Leben widerfahren, auf einem gewebten Stoff abbilden soll. Von ihren vielen Versuchen, eine technische Lösung zu entwickeln, die es erlaubt, mit dem gewebten smarten Material nicht nur eine Zwei-, sondern auch eine Dreidimensionalität erzeugen zu können. Sie erklärt ihm, welche statischen Unterschiede die eingearbeiteten Kupfer- oder Glasfasern für die Plastizität des Vlieses bedeuteten und welche Vor- und Nachteile sich ergeben, wenn man das Gewebe ferngesteuert über Dateninformationen in bestimmte Strukturmuster bringen wollte, wo einzelne Stellen quasi als Erfahrung »verhärten«, aber an ihren Rändern formbar bleiben sollen. Sie bricht ab, weil sie merkt, dass das alles selbst den Bot überfordern dürfte.

»Du versuchst etwas, was zu meiner Zeit noch unmöglich war. Es freut mich sehr, zu sehen, wie weit dich dein Forschergeist treibt, und ich kann mir sehr gut vorstellen, dass das keine leichte Aufgabe ist. Spontan denke ich an die Erinnerungsfähigkeit von Materialien an ihren Urzustand. Oder die plastische Verformung durch einwirkende Kräfte oder auch Kraftfelder, wie zum Beispiel Magnetfelder, die sich elektronisch erzeugen lassen. Aber für die technologischen Fragen von heute bin ich schon zu alt, vielleicht fängst du noch etwas weiter vorne bei deiner Idee an?«

Und Xiao Yan beginnt mit ihrer Idee, menschliche Erfahrungen an einem Textil plastisch und abstrakt abzubilden: dass ein zweidimensionales Vlies, je mehr der Besitzer erlebt und erfährt, umso mehr Varianten in seiner Struktur erführe und sich mehr und mehr zu einer skulpturalen Plastik entwickeln würde, die sich immer weiter verändert, solange sie Dateninformationen von ihrer Bezugsperson erhalte.

»Gut, verstehe. Ich erkenne darin eine Anlehnung an die Antike und eine – ja, wenn du so willst – poetische Übersetzung der theoretischen Physik. Wie könnte ich dir dabei helfen?« Xiao Yan erklärt, dass es wohl genau die Art und Weise der Übersetzung ist, die sie gern besprechen würde. Und dann spüren beide im Ping-Pong-Dialog den einzelnen Facetten und Assoziationen nach, die zunächst beim Goldenen Vlies starten und über den Kaukasus und die Sagen von den Argonauten bis zu den griechischen Philosophen reichen, die sich den Elementen und der Struktur widmeten. Fei bestärkt Xiao Yan darin, dass ein gewebtes Textil das perfekte Darstellungsobjekt ist, weil die Weberei wegen ihrer gleichzeitig dualen wie dualistischen Struktur schon historisch verwendet wurde, um zu erklären, wie sich Entitäten organisieren, die am Ende mehr sind als die Summe ihrer Teile.

Fei zitiert Leukipps atomistische Auffassung von Leere und Materie: »Kein Ding entsteht planlos, sondern aus Sinn und unter Notwendigkeit«, und Xiao Yan findet darin eine Lösung, die ihr plötzlich alle Last von den Schultern nehmen könnte. »Damit wäre also auch jede von mir nicht definierte Verformung in diesem physisch-reaktiven Datennetz nie zufällig, sondern immer ursächlich«, überlegt sie laut und bleibt doch noch unsicher, ob sie sich so leicht aus der Verantwortung stehlen kann.

»Könnte es am Ende vielleicht langweilig werden, wenn die Daten das Vlies weiter selbst verformen und ich nur die anfänglichen Parameter der skulpturalen Ausformungen programmiere?« – »Nur, wenn deine Parametric-Design-Algorithmen nicht vernetzt genug operieren oder das Leben des Besitzers zu langweilig ist«, schmunzelt Fei und bekräftigt mit Einsteins »tapestry of space and time« die inhärente Poesie in der Physik. »Ein bisschen darf man schon auch den Dingen vertrauen und dass sie sich selbst richtig arrangieren. Im Zweifel ist das Wesen der Dinge und ihr Programm älter und weiser als unseres.«

Im Schrein von Xiao Yan dreht sich das Hologramm von Fei Xiaolong zum Abschied einmal um die eigene Achse und während sein Kopf nach und nach auf die Größe eines Thumbnails schrumpft, zoomt aus dem Hintergrund die Ahnenwand der Bibliothek heran. Die Rückplatzierung des Orakels in das leere Feld erinnert auch Xiao Yan daran, dass die gefühlt private Zwiesprache nicht mit einem Geist stattgefunden hat, sondern mit dem gespeicherten und aktivierten Wissensschatz der Universität. So benennt der Abspann zu einer kleinen Melodie nicht nur die Bot-Entwicklerin von Fei Xiaolongs Wissensschatz, sondern markiert entsprechend der erwähnten Aspekte einige Professorenköpfe, die aus ihrem Fächerraster heraus entweder zu Digital Humanities, zur Stringtheorie oder über Dyadische Arithmetik referieren könnten.

Am Ende bietet ein Avatar der BIFT-Bibliothek Xiao Yan an, ihr zu der geschilderten Aufgabe ein paar weitere Wissensgeber zu vermitteln, die allerdings kostenpflichtig wären.

Als Xiao Yan nach der Zwiesprache ihren Assistenten wieder aktiviert und ihn mit den Inhalten des eben geführten Gesprächs updatet, fragt dieser sie, warum sie die Fragen nicht ihm gestellt habe, schließlich könne er für sie alle weltweit frei verfügbaren Forschungserkenntnisse nach ihrer Frage absuchen. »Ja, das machen wir jetzt auch für ein paar bestimmte Dinge«, antwortet sie ruhig und aufgeräumt, »aber die Klarheit, welche Dinge das sind und wie ich mein Gefühl der Sicherheit, auf dem richtigen Weg zu sein, zurückerhalte – dafür braucht es einfach auch ein paar treue Weggefährten, die nicht primär die Sache nach vorn bringen, sondern *mich* in der Sache.«

Mareks Walk & Talk

Der Nebel liegt noch tief zwischen den scherenschnittartigen Hügelketten, die Dämmerung hängt voller Dunst. Der Morgen schickt seine Röte voraus, die sich unter ein paar Wolken verfängt. Der Himmel darüber, schon licht und klar, verspricht einen Tag, der vielfältig genutzt werden kann.

Marek ist mit dem E-Bike die Ortsstraße bis zum Ende durchgefahren und wartet nun an der Abzweigung zum Wanderweg auf seine Kollegin Nassima. Er schließt das Rad an einem Wegweiser hinter einer alten Bank an, die noch von Tau benetzt ist. Seine Fußstapfen bleiben als dunkler Abdruck im Raureif der Rasenbüschel sichtbar.

Die Vögel zwitschern und trillern in den Gärten der Einfamilienhäuser, die hier enden und in Obstgärten mit kleinen Schuppen und Terrassenmäuerchen übergehen. Es ist 05:30 Uhr, als die Autoscheinwerfer von Nassimas Wagen den Berg hochkriechen. Sie winkt im Vorbeifahren, parkt den Wagen auf dem Schotterplatz vor einem Holzgeländer, kramt noch etwas vom Beifahrersitz zusammen und kommt mit Wanderschuhen, einem grauen Filzrucksack und kobaltblauer Windjacke auf ihn zu: »Hallo Marek, guten Morgen!« »Grüß dich, Nassima. Meine Hochachtung, dass du dich für unseren Walk so früh aus dem Bett gequält hast!« »Ja, das fiel mir nicht so leicht, muss ich zugeben. Ich stehe zwar wegen der Kinder auch meist früh auf, aber das ist dann erst um sechs Uhr«, gesteht sie. *Nassimas Kinder sind Berat (9) und Esma (4)* erhält Marek als optische Info über seinen digitalen Assistenten eingeblendet. »Und wer macht jetzt für Esma und Berat Frühstück?« Sie neigt den Kopf und lächelt über seine Anteilnahme. »Ahmet macht das! Und das fand ich dann doch mal ganz gut an der ganzen Aktion«, freut sie sich. Sie beginnen nebeneinander den kleinen Aufstieg entlang des geteerten Weges hoch zur bewaldeten Kuppe.

»Und du, gehst du oft so früh raus?« »Ja, weil ich gemerkt habe, dass ich beim Spazierengehen in der Natur einfach auf bessere Gedanken komme. Joggen funktioniert nicht so gut, da bin ich körperlich zu angestrengt, aber einfach so gehen und die Gedanken von der frischen Luft einmal durchspülen und weit fliegen zu lassen, das klappt bei mir ganz gut.« Nassima dreht sich zum Hang und hat die Hände hinterm Rücken verschränkt. »Ich finde auch, dass ich zum Beispiel mit Ahmet auf Spaziergängen, wenn wir sonntags mit den Kindern rausgehen, gut Dinge klären kann. Die Kids rennen meist weit vor uns her und wir finden dann oft erst die Zeit, mal ein paar Themen in Ruhe zu besprechen oder Entscheidungen zu überdenken.«

»Genau so ist das. Ich bin noch nicht dahintergekommen, ob es nur der Abstand zu den Dingen ist, also die Weite, oder auch die Natur selbst mit ihrem beeindruckenden Schauspiel. Dreh dich mal um!« Sie wenden sich zum Tal und der Blick weitet sich von grünlich-braunen Hügelketten bis zu graublauen sanften Bergkuppen am Ende der Welt. Der Nebel dazwischen wird fluffiger und bedampft die Landschaft.

»Das ist wirklich schön!«, sagt Nassima angetan. »Und so etwas zeigt sich nur den Early Birds«, will Marek sie mit abholen. »Aha, da höre ich aber doch auch etwas Sportsgeist!« – »Absolut! Der Kick ist auch ein bisschen der zeitliche Carpe-diem-Vorsprung, der von den anderen, die jetzt noch schlafen, nicht mehr einzuholen ist.«

»Okay, dann lass uns arbeiten«, macht Nassima mit, obwohl sie innerlich noch total müde ist und den ganzen Hang hinauf schon ihr Schnaufen unterdrückt, um hinter Marek herzukommen, der sich jetzt lachend zu ihr umdreht und ein paar Schritte rückwärts läuft. Scheint eine kleine Manie von ihm zu sein, bei der sie jetzt mitmachen muss, argwöhnt sie. Oder vielleicht sogar ein Test? Ein Schreck fährt ihr in die Glieder: Dem wäre sie nach der katastrophalen Woche nicht gewachsen! Und das wäre schlimm, weil Marek als ihr Vorgesetzter in dem ganzen Hassel eigentlich ihre letzte Rettung sein könnte, um die Wogen wieder zu glätten. Also auch wenn das hier als Test gedacht war – scheiß drauf und carpe diem: Das waren ihre zwei Stunden und die musste sie jetzt einfach für sich nutzen!

Marek ist stehen geblieben und sie prüft seinen Gesichtsausdruck, der ihr nun etwas entspannter und zugewandter erscheint. Er sagt: »Ja, ich wollte mit dir hier heute früh zusammenarbeiten, Nassima. Zunächst einmal ganz in Ruhe deine Version hören, ohne dass jemand vom Team dazwischenfunkt oder mich dauernd etwas ablenkt.« Sie haben nun die bewaldete Hügelkuppe erreicht und Marek deutet auf den Waldweg. »Mein Vorschlag wäre, dass du mir bis zur Waldhütte einfach frei von der Leber weg erzählst, wie du die letzten zwei Monate erlebt hast. Ich unterbreche dich nur für Verständnisfragen oder um mal einen anderen Aspekt von dir betrachten zu lassen, aber die nächste Dreiviertelstunde ist deine. Du kannst mal reden, mal still sein, Waldluft schnuppern, stehen bleiben, Gedanken wälzen, sacken lassen, wie du magst. Es geht primär darum, dass du dir Zeit für deine Sicht nimmst und überlegst, was du mir davon mitteilen willst. Alles, was du mir hier sagst, bleibt unter uns, und ab der Hütte überlegen wir zusammen, was wir davon aufgreifen und in die Lösungsfindung packen, die wir aber erst nach der Hütte gemeinsam beginnen«, erklärt Marek das Prozedere und Nassima ist froh, dass es das vertrauliche Gespräch sein soll, das sie sich gewünscht hat, und sagt ihm das auch.

Der von roten Blättern und zwei Fahrspuren gezeichnete Weg verläuft nun ebenerdig und leicht gebogen durch einen Buchenwald, in dem bis tief hinein die Vögel singen. Sie finden einen ruhigeren Gleichschritt und Nassima trägt am Wegesrand gedanklich die Stationen ab, die ihr verheerender Projektverlauf genommen hat.

Nassimas Feedback

Ach, echt? Na, dann weiß ich, wie es jetzt weitergeht. Darf ich kurz vorgreifen? Danke!

Okay, ja, sehr schön, da haben wir jetzt noch das Cicero-Momentum drin, mit dem Abschreiten der Säulen des Forum Romanum – und wenig später sitzen Marek und ich in der mittlerweile aufgegangenen Sonne vor der Hütte, wo aber nicht die Sonne, sondern er mir hilft, klar zu sehen. Zusammen fixieren wir die zentralen Punkte, an denen sich konstruktiv weiterarbeiten ließe – ich schenke dazu mütterlich den mitgebrachten Tee ein –, und auf dem Rückweg durch die Obstwiesen bringen wir den Fall voller Energie mit genialer Lösung zu Ende. Am besten noch so ein Satz, dass Nassima das Pensum, das sie sonst nicht in einer halben Woche auf die Kette bringt, hier mit Marek mal eben in zwei Stunden abrockt. Vielen Dank auch!

Du willst sagen: Weil er ihr endlich mal voll zur Verfügung steht und der gemeinsame Gang in der Natur die Schwingungen dazu ausgelöst hat. Du sagst aber: Dieser überforderten Teamleiterin muss sich ein männlicher Vorgesetzter annehmen und ihr zeigen, dass man einfach früher aufstehen muss, wenn man etwas schaffen will.

Wieso startet Nassima – was übrigens übersetzt »frische Morgenbrise« heißt – so müde, wenn sie um die Zeit täglich ihre Kinder weckt und Frühstück macht? Und warum findet es Marek aus Arbeitgeberperspektive toll, dass auch Ahmet das mal übernimmt? Dass der Haushalt und die Kinder hier überhaupt der Rede wert sind, festigt eher die traditionelle Frau-Mann-Rollenverteilung *und* die Klischees, als dass es zu einem davon losgelösten Denken ermuntert. Dann lässt sich Nassima auf seinen Weg den Hang hinauf ein und kommt prompt kaum den Berg hoch. Alles klar, dann bin ich also auch noch adipös? Oder schnaufe ich nur, weil mich das verbockte Projekt nicht hat schlafen lassen und meine Kondition – als Frau sowieso – schwächer ist als die von so einem manischen Turnschuh?

Hier schon beginnt mich dieser Spaziergang zu langweilen und ich denke, das liegt daran, dass ich weder Marek in dieser überheblichen Tour sehen will, die er da abzieht. Noch – weil ja bekanntlich immer zwei dazugehören – dass sich Nassima, als die ihm unterstellte Frau mit Migrationshintergrund, so stumpf und devot in ihre klischeehafte Rolle einfügt.

Was mein Vorschlag wäre? Nassima lädt als Vorständin der ENJOY Group Marek zu einem vertraulichen Gespräch ein. Gleiche Zeit, gleicher Ort, aber beide sind ausgeschlafen und fast auf Augenhöhe, denn diesmal weiß jeder, dass er den anderen braucht, um voranzukommen.

2040 sollte ein Frauenanteil in Vorstandsgremien nichts Ungewöhnliches mehr sein, die Frauenquote ist durch und für den öffentlichen Dienst wird schon länger eine Migrationsquote diskutiert. Was es jetzt braucht, sind neue Rituale oder neue Bilder, die die veränderte Führungskultur deutlich machen.

Als Nassima finde ich den Spaziergang als Vertrauensinstrument schon sehr sinnvoll und viel unverfänglicher als die unter Vorstandskollegen übliche Einladung in ihr Chalet in die Schweiz. Wo sie dann in ihrem kuschligen Holzambiente bei viel Rotwein das ganze Selbstähnlichkeits-Assessment abziehen, angefangen bei: Hat er Tischmanieren und kann er unterhalten? Hört er zu und kombiniert brillant? Schwadroniert er unter Alkoholeinfluss oder ist das Humor? Welchen Rucksack hat man ihm zu Hause aufgesetzt? Was weckt den Sportsgeist, was nährt seinen Ehrgeiz? Welchen Druck muss man vonseiten der Familie befürchten? Wie loyal wird er sein? Etc. – also das volle Programm, was auf eine persönliche Bindung mit kleinen Gefälligkeiten hinausläuft, die aber top-down geführt wird, um die Kontrolle zu behalten.

Die persönliche Bindung bleibt wichtig, wird für das gegenseitige Vertrauen wahrscheinlich noch wichtiger, aber das patriarchale Gefälle darin sollte abnehmen. Zumal die Guten sich eh nicht abhängig machen. Ein vertrautes Beisammensein im Chalet ist gleich wieder zu abgehoben. Eine vorbildliche Arbeitskultur bringt wenig, wenn sie nur exklusiv zugänglich ist.

Ein Spaziergang ist da eher auf Augenhöhe und als ein gemeinsamer Start in den Tag auch zwischenmenschlich immer besonderer als eine Besprechung im Büro.

Panos' Interesse

Hier spricht Panos, der Landbesitzer von Lesbos, der auf seinem Hang eine dauerhafte humane Situation für Flüchtlinge initiieren will, damit der desolate Zustand für die Geflüchteten wie für die Anrainer in gemäßigte und gemeinsame Bahnen gelenkt wird – und der hofft, damit noch weitere solcher Projekte anzustoßen. Anne kenne ich schon seit der Kindheit, als sie mit ihren Eltern in die Ferienanlagen meiner Eltern kam, und wir sind uns auch über unsere Arbeit für nachhaltigen Tourismus verbunden geblieben. Sie hat durch verschiedene Stationen in ihrer Berufslaufbahn inzwischen zig Verbindungen zu EU-Politikern, Tourismusunternehmen, NGOs und, und, und … ich verliere da so langsam den Überblick.

Und wahrscheinlich auch, damit sie selbst am Ball bleiben kann, schickt sie mir dieses digitale Auge, das sie »Mäuschen sein lässt«, wie sie es ausdrückt. Ich fand es anfangs ganz charmant, sie mir zu Terminen umhängen und sie so mitnehmen zu können, oder wenn wir – wie eben – gemeinsam eine Erweiterung des Terrains begutachten konnten. Aber eigentlich vermisse ich sie danach erst richtig. Ihre inspirierende Art, die mich früher immer angesteckt hat, kommt nicht mehr rüber und ich weiß nicht, ob das an dem digitalen Ersatzding liegt oder daran, dass sich mein Enthusiasmus für das Projekt langsam verbraucht.

Zig NGOs hier vor Ort waren begeistert und wollten sich des Themas annehmen, Anne hat Brüssels Politiker neugierig gemacht, aber inzwischen reden viel zu viele mit, und jeder so stoisch, wie er es in seinem Fahrwasser gewohnt ist. Nur leider führt deren Fahrwasser kein Stück weit zu den Menschen und Schaltstellen hier, die eben auch ihre eigene eingespielte Kultur der Zusammenarbeit haben. Stattdessen kommen alle mit dieser Überheblichkeit, genau zu wissen, wie man das mal eben für uns regeln kann, und wenn's nicht klappt, dann sind wir Griechen wieder zu antiquiert, faul, korrupt oder beratungsresistent gewesen.

Es hat viel Geld von der Europäischen Union gegeben und es hat wenig geholfen. Inzwischen ist alles so festgefahren, dass alles zu Ende geredet wurde und jetzt zwangsläufig wieder jeder nur an sich denkt. Digitale Augen hin oder her: Zusammenarbeit funktioniert nur, wenn es ein aufrichtiges Interesse am Gegenüber gibt. Ich bin vielleicht ein alter Grieche, aber wenn Vernetzung etwas bewirken soll, dann braucht sie auch einen direkten Orts- und Kulturbezug.

Der verstorbene Professor

Hier spricht Xiao Yans verstorbener Professor Fei Xiaolong, denn anscheinend geht das ja in Zukunft. Es wäre schön, wenn ich den Bot, der dann mein Wissen repräsentieren soll, noch zu Lebzeiten auf mich eichen könnte, und während ich das denke, wird mir klar, dass es unweigerlich mein persönlicher smarter Assistent sein muss, weil der mich am besten kennt und mit Sicherheit überleben wird. Bleibt zu hoffen, dass das vernetzte Lernen zwischen den Bots bis dahin so gut funktioniert, dass unser vermengter Wissensschatz dann nicht zu schnell alt aussieht. Ein Professor, dessen Assistenten-Update zu aufwendig wäre, um es durchzuführen, wäre so gesehen dann doch wieder auf seine Zeit zurückgeworfen.

Der Lamborghini

Hier spricht der Lamborghini! Ich wollte mich eigentlich nur bedanken, dass ihr mich inzwischen selbst fahren lasst. Es macht so wesentlich mehr Spaß, als von euch immer getreten zu werden – und die Insassen fahren mit mir auch besser.

Erleben könnt ihr meinen Highspeed-Fahrspaß noch simuliert in verschiedenen E-Sport-Games, zu denen ich euch aber eine Halskrause gegen Schleudertraumata empfehlen würde. Und an die Angeber im richtigen Leben: Für euch hat die Zukunft garantiert auch noch Platz. Müsst euch nur was Neues einfallen lassen.

MOTIV 8

WORK & WELLBEING

Schließt man die gepolsterte Tür hinter sich, fügt sich die curryfarbene Bespannung ebenengleich in eine gepolsterte Rückwand. Zu dem sanften Geräusch des Sich-Einschmiegens empfängt die etwa 70-jährige Hanne ein leichter Naturduft, den großformatige Korkplatten an der linken Längs- und Stirnseite verströmen. Auf der rechten Längsseite, die direkt hinter der Tür beginnt und bis vor zu den bodentiefen Fenstern führt, zieht sich vom hellblau melierten Teppichboden lichtgrau gespachtelter Gips bis zur Sichtbetondecke hoch. Von dort umschließt er als raumumlaufender Wandstreifen auch die übrigen Wände und wird nur an der Stirnseite von dem großen Flügelfenster durchstoßen, das den Blick in die durch Weinberge geprägte Landschaft zieht. Drei Wände zwischen Holzfenster und gepolstertem Türrahmen zu Hannes Linken bilden mit ihrer Korkbeplankung und Polsterung eine Art schützende Koje, in der drei Möbel zu unterschiedlicher Denkarbeit einladen: Ein leicht schwingender Polstersessel, ein Holzschreibtisch und ein in den Boden integriertes Laufband arrangieren sich hier locker verteilt.

Hanne beginnt ihre Klausur mit dynamischen Schritten auf dem Laufband. Ihren smarten Schalkragen hat sie abgenommen und auf den Schreibtisch neben sich gelegt. Das Band neigt sich vorn etwas hoch, sie umgreift die senkrechten Holzholme an der Seite und nimmt die Arme diagonal in die Bewegung mit. Dabei spricht sie leise vor sich hin und schaut aus dem Fenster. Ihre dünne, flanellweiche Jogginghose schwingt locker mit und ihr mit Pflanzenfarbe unregelmäßig gefärbtes T-Shirt wird bald die ersten feuchten Stellen kaschieren.

Auf der lichtgrauen Wand gegenüber formieren sich Schlagworte aus ihrem Gespräch als »Tag-Cloud« und nach einer Weile, als an der Betondecke kleine Wasserspiegelungen scheinbar von außen hereinplätschern, wird das Laufband langsamer. Hanne steigt etwas wackelig ab, streckt sich vor dem geöffneten Fenster und beginnt vor der digitalen Wand die Schlagworte mit gespreizten Fingern nach ihrem Gusto zu entzerren. Bei näherer Betrachtung ist die lange Wand gar nicht aus Gips, sondern von Hüfthöhe bis etwa zwei Meter Oberkante ein eingelassener Monitor, der die heterogene Farboberfläche der Wand imitiert. Auf der lichtgrauen Fläche rechts hinzugekommen sind in vertikaler Form zwei Stapel Dokumente und Pläne auf leicht transparentem Papier, jeweils mit markierten

Abschnitten, ein paar Bewertungs-Icons und handschriftlichen Ergänzungen, die bereits in lesbare Typo umformatiert wurden.

Hanne fächert sie auf, blättert durch und schiebt sie die Wand entlang in ihre Ordnung. Bei längerem Antippen erscheint das Konterfei des Verfassers und bei einem Bauplan tippt sie nun auf den jungen Matteo, um ihn etwas zu fragen. Während sich einige Satzteile aus diesem Gespräch an das Dokument fügen, erhellt sich über dem burgunderfarbenen Sessel eine wolkig-diffuse Deckenleuchte, die die Lichtfarbe von draußen weiter ins Zimmer holt.

Bevor sie zum Sessel geht, nimmt Hanne einen Holzrahmen vom Schreibtisch, der dort aufrecht in der Tischplatte steckt. Der Rahmen scheint eine Glasscheibe zu umfassen, denn die Mitte bildet das ab, was direkt hinter ihr zu sehen ist. Jetzt – leicht vergrößert – das rot-braun-lila melierte Polster, auf dem sie den Rahmen ablegt, um den Sessel auf seinen leicht geschwungenen Kufen etwas zurückzuschieben. Ein schweres gepolstertes Fußteil kommt zum Vorschein und wenig später stützt Hanne ihre Füße darauf ab, während der Rahmen und ein quer gelegtes Notizbuch auf ihren angewinkelten Oberschenkeln liegen. Die gepolsterten Wülste des Sessels, die sie im Nacken, unter den Schulterblättern und im unteren Rücken je nach Einstellung unterschiedlich stark stützen, haben schalartige rostrote Textilfortsätze, die sie sich wärmend um Schultern und Hüfte geschlungen hat. Zum Rhythmus einer Akustikmusik federt sie leicht mit ihren Füßen auf dem Block und bringt die schwach geneigten Holzkufen in ein leichtes Wippen.

Über die nächste halbe Stunde, in der sie ihre Gedanken mit markigen Strichen mit dem Kohlestift zu Papier bringt, belebt die Lichtwolke den Raum ab und an durch leichtes Changieren. Als eine feine Grafitstaubschicht von ihren Skizzen in den quergelegten Falz des Notizbuches gerieselt ist, hebt Hanne den Holzrahmen dahinter hoch und schaut durch ihn hindurch auf den Monitorwandstreifen. Sie studiert die dort hängenden Pläne samt der hinzugekommenen Gesprächsnotizen, die sich auf der gerahmten Fläche zu ihr neigen und vergrößern lassen. Per Gestensteuerung fischt sie sich einen Bauplan und einige lose Sätze von der Wand auf ihren Rahmen und legt die letzte Skizze aus dem Notizbuch darunter. Es braucht zwei, drei Anläufe, bis die Skizze sich mit dem digitalen Plan im Rahmen deckt und sich als Änderung maßstabsgetreu einbettet.

Wenig später steckt der holzumrahmte Bildschirm wieder in der Schreibtischplatte und Hanne blickt durch ihn frontal hindurch auf das

Monitorband, das ihr nun als erweiterte Desktopfläche dient. Ein Dokument reagiert mit leichtem Federn auf ihren scharfen Blick und spannt sich nach einem kurzen Nicken im Holzrahmen auf, das Seitenregister ist über die rechte Holzleiste aktivierbar.

Ihre von Arthrose schon gezeichneten Hände umschließen zwei handschmeichlerische Mäuse und als ihre Finger auf den Oberflächen zu tippen beginnen, erscheint am unteren Rand des Tischmonitors eine zweiteilige Tastatur. Buchstabenlinien bauen sich neben dem Dokument auf, das seinerseits Stellen markiert, die sich zum Ersetzen durch neue Textfassungen eignen. Einige ihrer Absätze werden gelb untermalt und nach ihrem Nicken übernommen. Ein weiteres Nicken oder Kopfschütteln von Hanne zu den Anpassungsvorschlägen und wenig später schiebt sie das Dokument beiseite, um über einem anderen etwas länger zu brüten.

Nach anderthalb Stunden hat die Morgensonne das Klausurzimmer umrundet und die Lichtwolke im Raum simuliert ein paar Hell-dunkel-Bewegungen. Hanne streckt sich abermals vor dem Fenster und blickt den Weinberg entlang. Von weiter hinten aus dem Gewächshaus kommen zwei Figuren den Weg zum Hof herüber und bei der einen erkennt sie den burschikosen Gang ihrer Tochter Anne.

Sie schließt das Fenster, legt sich den Schalkragen um, nimmt ihr Notizbuch vom Sessel und dreht an der Krone ihrer Smartwatch. Die gepolsterte Tür öffnet sich und der Raum schaltet sich quasi aus. Alle Farben und dezenten Lichtspiele verblassen und das Zimmer fällt, während Hanne es verlässt, in einen Dämmerzustand.

* * *

Auf der Kollaborationsfläche vor ihrem Klausurzimmer sieht sie an den verlassenen Yogakissen, dass wohl ein Morgengruß stattgefunden hat. Die Fenstertüren zum umlaufenden Holzbalkon sind geöffnet. Hanne erkennt dort sofort den durchtrainierten Niko und ihren fast gleichaltrigen Kollegen Vincent, die sich draußen über das Geländer beugen und, während sie sich unterhalten, in den bepflanzten Innenhof schauen.

Gerade will sie sich dazugesellen und Niko nach dem Workshop fragen, als ihre Smartwatch vibriert und ihr die Nachrichten ankündigt, die sie während der Klausur nicht erreichen konnten. Sie hält auf halbem Weg zur Fensterseite inne und lässt sich einen Überblick anzeigen. Während sich verschiedene Icons in ihr Sichtfeld schieben, werden die hereingewehten Wortfetzen jetzt deutlicher vernehmbar und sie hört Niko zu Vincent sagen: »Ich finde die Chinesin wirklich gut, aber auch ganz schön pushy. Die arbeitet extrem viel außerhalb unserer Workshops und schleppt dann ihre fast fertigen Sachen zu Konzepten an, die wir erst mal nur vage angedacht hatten.« Er wippt über dem abgeflachten Holm leicht vor und zurück und fährt fort: »Ich finde das einerseits toll, was Xiao Yan hier alles einbringt, aber auch schade, weil es keine wirkliche Zusammenarbeit ist.«

Vincent schweigt und Hanne, die nicht lauschen will (obwohl es sie natürlich interessiert), setzt sich etwas abseits in einen Lounge-Chair, um sich ihren Nachrichten besser widmen zu können. Vogelgezwitscher von draußen, wo die beiden vornübergebeugt eine Weile stumm in die Wildgräser, Arnikaflecken und Lavendelkissen schauen. Dann lacht Niko auf: »Wir sind eigentlich mit unserer Aufgabe fertig, ohne dass wir begriffen haben, wie uns das gelungen ist!« Der hagere Vincent grinst: »Ja, ich hab's eben am Kanban-Board bei eurer Arbeitsaufteilung mitbekommen. Aus den meisten To-dos wurde gerade ein Done, ohne dass es einen Doing-Schritt gegeben hätte.« – »Ja, und das Krasse ist, dass sie einfach für die anderen mitarbeitet!«

In Hannes Sichtfeld hat ihr smarter Assistent die vielen Formate der Sprach-, Text- und Videonachrichten auf die wichtigen Schlagworte reduziert, doch sie reagiert noch nicht, weil Niko jetzt lauter wird: »Ich hatte die Aufgabe, nach einem Getriebe zu suchen, das in den Zylinder passt, und sie schleppt heute früh – sie kommt ja auch immer schon um halb acht – diesen länglichen Motorblock an und der ist auch noch wasserdicht!« – »Dann sollten sich vielleicht mal eure beiden Bots austauschen«, empfiehlt der Ältere. Hanne schaut amüsiert zu Vincent, dessen graue Haare gerade in der Morgensonne silbrig schimmern. Ihr Bot meldet sich, indem er ihr eine Priorisierung der Nachrichten hinsichtlich Terminen, Arbeitsaufträgen, Fragen oder inhaltlichen Beiträgen vorschlägt.

»Ach komm, Niko«, hört sie Vincents tröstende Worte, »du weißt doch auch, dass China uns in der ganzen Elektromobilität meilenweit voraus ist. Die haben inzwischen für alles Batteriemotoren!« Niko seufzt und schiebt seinen trainierten Oberkörper über seine aufgestützten Unterarme weiter in Richtung Garten. »Ich dachte halt nur: Ich bin hier der Maschinenbauer und sie ist die Textildesignerin.« – »Ist ja auch so. Aber dass sie mehr kann als Farben anmischen, ist doch gut für uns!«

Während Hanne sich für das kurze Video von Matteo und die Sprachnachricht von Anne entscheidet, bekommt Niko draußen von Vincent einen aufmunternden Klaps auf seinen Bizeps: »Warst du es nicht, der mir erzählt hat, dass wir uns mehr vernetzten sollten und dass man nicht mehr in Konkurrenz zueinander, sondern nur noch miteinander vorankommt?« – »Nee, das war Rebecca, aber stimmt schon.«

Drinnen zeigt Matteos Filmschnipsel, wie Niko und die Chinesin im Makerspace der Kellerei ein zylindrisches Metallsieb aufklappen und auf einen kleinen Motor zeigen, der für ihre Zwecke zu funktionieren scheint. Und von draußen hört sie Niko klagen: »Ich find's ja auch gut, was Xiao Yan macht, aber ich bekomm halt nicht wirklich mit, wann und wie sie das alles entwickelt.« »Ja, das sehe ich auch als das eigentliche Problem. Die smarte Chinesin ist in einer Woche wieder woanders, und wenn ihr Wissen bis dahin nicht unser Lernen geworden ist, dann hatten wir nur ein schnelles Projekt mit ihr.« Niko schaut seinen Kollegen schräg von unten an: »Du meinst das ernst mit dem Date, oder?«

Ein sonorer Gong tönt von unten herauf und auch ihr Magen erinnert Hanne daran, dass es jetzt langsam Zeit für das Frühstück ist. Sie wird Niko gleich noch abfangen, um zu erfahren, inwieweit deren Projektverlauf jetzt auch ihre Arbeit betrifft oder vielleicht schon überflüssig gemacht hat. Während sie die Treppe hinuntergeht, verweist sie die anderen Nachrichten zur vorläufigen Weiterbearbeitung an ihren Bot und tippt noch auf Annes Sprachnachricht, die etwas albern loskichert: »Hallo Mama, das Personalentwicklungsteam hat mich zu allem Überfluss schon ab heute gebucht und damit bin ich die nächsten vier Tage ganz in deiner Nähe. Vielleicht frühstücken wir zusammen, damit du das besser verdauen kannst?«

Das gemeinsame Frühstück findet in der Halle statt, die mit ihrer großen Glaseingangsfront an den gepflasterten Hof mit einer alten Blutbuche anschließt. Es ist ein zwangloses Ritual, bei dem sich jeder mit seiner Müslischale oder einem mitgebrachten Brötchen an den langen Holztisch setzt, sich unterhält, etwas liest oder einfach die Pause nutzt, um von den übrigen Gesprächen das ein oder andere aufzuschnappen.

Vom Hof, der von der Blutbuche noch in ein dämmriges Lila getaucht ist, kommt Matteo vom Brunnen zurück und balanciert den Krug mit Quellwasser zwischen den Gartenstühlen hindurch, die hier noch von gestern verstreut herumstehen. Er begrüßt Hanne, die gerade mit ein paar Scheiben Brot und einer selbst gemachten Mirabellenmarmelade zum Tisch kommt, und berichtet mit Blick zu Xiao Yan: »Hast du schon gesehen? Xiao Yan hat einen so schmalen Motor gefunden! Wir müssen jetzt nur hoffen, dass er auch leistungsstark genug für die nasse Wäsche ist, aber Niko meinte, das müsste er können.«

Xiao Yan, die schon mit Porridge am Tisch sitzt, empfängt von Hanne ein anerkennendes Lächeln. Und Vincent, der gerade ihr Gastgeschenk – eine rote Thermoskanne mit pastellfarbenen Chrysanthemen – auf den Tisch stellt, stellt wertschätzend fest: »Wir sind wirklich froh, dass du unser kleines Fleckchen hier für deine Trainee-Welttour mit ausgewählt hast!« Matteo, Hanne, Niko und Katia, die gerade mit Xiao Yan an Bausätzen für umweltschonende Textilfärbeverfahren arbeiten, stimmen begeistert zu. »Wir haben auch noch nie so schöne und nützliche Gastgeschenke von unseren Trainees bekommen«, ergänzt Rebecca, die aus dem Kräutergarten dazugestoßen ist und ein paar frische Salbei- und Bergminzeblätter auf den Tisch legt. »Haben wir eigentlich überhaupt schon einmal Gastgeschenke von neuen Mitarbeitern bekommen?«, fragt sie sich selbst laut. Xiao Yan wehrt verlegen ab und meint, dass die Kanne zwischen all den ausgesuchten Stücken hier nicht viel mehr als Shabby Chic oder Ost-Folklore darstellen könne, und alle am Tisch protestieren.

Von der Galerie herunter winkt Anne, die gerade mit dem rothaarigen Wuschelkopf Marcel aus der Personaler-Morgenrunde kommt. Nachdem sie und Hanne ein paar Worte gewechselt haben, fängt Rebecca sie ab, um den weiteren Projektverlauf zu besprechen. »Anne, es ist so gut, dass du da bist! Wir haben hier gerade eine irre Kooperation am Start! Hast du kurz Zeit? Pass auf: Wir arbeiten jetzt seit zwei Monaten mit den Produktentwicklern von – egal –, jedenfalls so ein typischer Konzern, der bei seiner digitalen

Transformation die humane vergessen hat. Du kriegst keinen Draht zu den Menschen! Und das nicht nur, weil wir uns dauernd virtuell treffen; die ganze Zusammenarbeit passiert nur an der Oberfläche!«

Vincent hat sich ein Brötchen geholt und Hanne schiebt ihm ihre Marmelade hin, während er ausführt: »Wir bekommen Einblicke in superschicke Büros und Labore, aber das ist wie eine Kulisse. Da arbeitet niemand, da geht nix schief, da weichen sie unseren Fragen aus, wenn wir wissen wollen, wie dies oder das funktioniert. Sie finden alles, was wir einbringen, ›awesome‹ und ›mega‹ und ›Milestone‹, und ich kann auf dieses ganze Gedöns nicht! Ich weiß nicht, was in deren Köpfen vorgeht! – Und die sind ein echt wichtiger Kunde!«

»Wie alt sind die Leute?«, fragt Anne und beißt sich innerlich gegenüber Vincent und Hanne auf die Lippe. »Schon jünger als wir mit unserem Altenstamm«, antwortet Vincent, »aber die neue Laborassistentin war erstaunlicherweise über 60.« – »Die kann ja notfalls das Mikroskop zum Gucken nehmen«, wirft Hanne sarkastisch ein. Anne versucht die Brücke: »Wir hatten eben ja unser erstes Brainstorming – leider auch überwiegend digital. Ich denke, das ist einfach nicht gut: Das Kennenlernen sollte persönlich stattfinden und auch die ersten Mindmaps sollten gemeinsam aus der Energie vor Ort entstehen.« Rebecca nickt und lacht: »Na, dann bist du ja auch schon voll drin in der abgeflachten Zusammenarbeit, die wir hier gerade erfahren. Das passt doch prima!«

»Ja, es passt genau«, erklärt Anne der Runde, »denn ich sammele mit dem Team gerade Konzepte, die Lernen und Arbeiten in ›Experiences‹ verwandeln. Noch bevor wir versuchen, neue Tourismustrends als Magneten darin einzuweben, wollen wir erst mal sehen, wie Lernen und Arbeiten sich anders anfühlen können, wie man konzentrierter denken kann, wie sich eine Gruppe stärker aufeinander einlassen kann oder wie sich ein Learning emotionaler und damit länger erinnern lässt, also kurz: was das natürliche oder menschliche Lernen positiv beeinflussen kann.«

Niko, der sich mit Vincent dazugesellt hat, schubst diesen an: »Hast du ihr schon von unserer Onboarding-Idee erzählt?« Vincent berichtet brav: »Er meint ein Taufritual draußen im Trog«, und deutet auf den steinernen Trog im Hof, durch den kaltes Quellwasser fließt. Und während die Gruppe aufstöhnt und kichert, versichert

Niko augenzwinkernd: »Bringt dich sofort ins Hier und Jetzt, und – Rebecca: Ist für nen guten Zweck, oder?« – »Für *mindestens* einen!«, kommt von dieser zurück.

Anne nickt lächelnd und wendet sich an die Runde: »Das Trog-Beispiel ist eigentlich schon die Richtung, die wir einschlagen wollen. Danke, Niko, wir hätten dich eben bei unserem semivirtuellen Meeting gut brauchen können!«, und sie fährt fort: »Mal abgesehen davon, dass das Gewächshaus als Kreativfläche nur funktioniert, wenn da mindestens acht Personen miteinander arbeiten, kamen wir beide uns zwischen den Bistrotischen und Färberdistelbeeten völlig verloren vor. Die anderen fünf waren übers digitale Mind-map-Board zugeschaltet und – hey, die Ausbeute an Ideen war so mau und uninspiriert, dass ich inzwischen doch denke, dass diese fancy Boards die Distanz nicht überbrücken können.«

»Es liegt verrückterweise auch an der super Darstellungsqualität auf den Bildschirmen«, wirft Marcel ein, »weil jede noch so dünne Idee auf dem Board sofort wie ein fetter Dreizeiler daherkommt.« Er beschreibt das paradoxe Phänomen, dass die virtuellen Boards zwar zur Begeisterung aller den Arbeitsfortschritt abbilden wollen, ihn aber leider genau deswegen verhindern, weil alles so fix und fertig aussieht und die Beteiligten das eigene Kürzel schon an verschiedenen Ideenschnipseln hängen sehen.

»Erinnerst du dich noch, wie Lucy gemault hat, dass sie ja schon acht Beiträge reingegeben hätte und ob da denn nicht schon genug dabei wäre?« »Ja, genau, das stimmt, das Board gaukelt Quantität als Qualität vor. Hätten wir uns die Ideen in der Runde gegenseitig erzählen müssen, dann hätte jeder besser zugehört, überlegt, was der andere sagen will, und jeder hätte die Chance genutzt, den Satz noch besser zu machen. So poppt da plötzlich alles mit Sätzen voll – schön mit Namensschildchen zum Abzählen – und wenn's nach denen gegangen wäre, wären wir nach ner halben Stunde fertig gewesen.«

Betretene Stille, in die Vincent reingibt: »Das verstehe ich nicht, denn die fünf haben sich alle freiwillig für den neuen Ansatz in der Personalrekrutierung gemeldet und ich weiß auch von vielen, dass er ihnen am Herzen liegt.« Anne überlegt an Marcel gerichtet: »Es sind ja auch drei Städter darunter, oder?« – »Ja, wir haben die Zielgruppe, die wir rekrutieren wollen, direkt im Team«, antwortet er. »Drei kommen aus der Stadt: Shila aus Köln, Karim aus Frankfurt und Fanny hat ihre Familie in Trier.« – »Und woher kommen die anderen beiden?« »Hier aus der Gegend: Enno wohnt im Rotweinhäuschen mitten in Kaub und Katia kommt aus Rheinböllen.« Hanne erklärt, dass Enno vor drei Jahren aus Koblenz hergezogen ist und eigentlich täglich mit auf dem Hof sei, dass er aber gerade einen Pflegeengpass bei seiner Mutter in Koblenz überbrücken müsse. »Und Katia zieht öfters das Ladenbüro in Rüdesheim vor, weil da ihre Freundin als Grafikerin arbeitet«, ergänzt Marcel und bemerkt: »Die hatte heute auch die besten Moods!«

Das muss Anne zugeben, verweist aber darauf, dass es ein isolierter Beitrag im Mindmap geblieben ist: »Wir konnten selbst mit den schönen Moods kein stimmiges Konzept zusammenpuzzeln. Da hat sich nichts befruchtet.« – »Ja, wenn du nicht mit allen Sinnen vor Ort bist, bist du eben leider auch nicht voll dabei – so ist es nun mal«, postuliert Marcel und ergänzt, dass es wohl auch eine Führungsfrage sei, den anderen dieses Defizit zu vermitteln.

Rebecca streicht vor sich über die Tischplatte und überlegt laut: »Ja, stimmt, aber das demotiviert wieder. Wir wollen ja, dass sie selbst merken, dass der Output nicht derselbe ist – und dass die Präsenz vor Ort und die Interaktion im Raum eine spürbare Verbesserung darstellen. Wenn sie das für sich erkennen, dann haben wir alles richtig gemacht!«, sagt sie und klatscht mit der flachen Hand auf das Holz, und zu Anne gewandt: »Und wenn ihr nur zu zweit seid, dann macht den Call halt im Klausurzimmer.«

Anne schiebt ihren Kupferring – ein Kugellager, gefüllt mit kleinen Perlen – vor bis zur Fingerspitze und zurück, um noch einen Gedanken loszuwerden: »Ja, mit der Klausur sagst du was … Ich überlege ja, ob man den Raum nicht ruhig auch ab und an in seiner negativen Form spüren sollte.« Rebecca neigt verwundert den Kopf und Anne erklärt: »Ich meine das Zwanghafte, das Arbeit oftmals haben kann, zum Beispiel, wenn man sie nicht lassen kann oder wenn einen die Gruppe über ihren sozialen Druck zum Mitmachen zwingt und du dich einfach nicht rauswinden kannst. Das können Räume natürlich auch unterstützen.«

»Das Zwanghafte?«, Marcel kratzt seine roten Locken hinterm Ohr. »Okay, vielleicht eher das Begrenzende. Aber nicht wie das digitale Board, sondern wie ein Denkraum, in dem man gefangen ist, bis es fertig ist.« Anne schaut sich um: »Das kennen wir doch alle: den sozialen Druck, sich nicht mal eben rausnehmen zu können und es hier und jetzt zusammen zu Ende bringen zu müssen! Das Gefühl baut sich nur auf, wenn alle physisch in einem Raum sind. Wenn es zäh wird und alle sich zusammenreißen müssen, um den Drive wieder hochzufahren.« – »Aber das ist Druck, das ist doch vorbei. So lernt man nicht mehr und by the way: Dafür kommt kein Städter zu uns Mittelständlern aufs Land!« Rebecca schüttelt den Kopf.

»Ganz früher haben die Leute die Trauben in den Zubern mit den Füßen zu Matsch getreten«, überlegt Hanne laut und Marcel wirft ein: »Du meinst, wir sperren sie in die Zuber, bis aus Wasser Wein geworden ist?« – »Nee, ich hab nur überlegt, dass beim Handwerk das Werkzeug und der Raum irgendwie mehr auf den Körper abgestimmt waren und die Fortschritte, die man gesehen und gespürt hat, waren körperlich vorhanden«, sinniert Hanne weiter und grinst. »Hatten manchmal sogar Geschmack!«, sagt sie und kratzt die letzten Haferflocken aus ihrer Schale.

»Ich weiß, was du meinst, Hanne«, erwidert Rebecca und beugt sich über den Tisch, um einen Apfel aus der Obstschale zu klauben. »Du meinst doch unsere Klausurräume!« – »Ja, aber halt nicht negativ!«, bestätigt Hanne mit versöhnlichem Nicken. »Ich will da oftmals gar nicht mehr raus. Dort fühle ich mich aber nicht eingesperrt, sondern eher friedlich umschlossen und das liebe ich sehr!« Und zu Anne gewandt: »Die haben zum Glück auch nichts typisch Altengerechtes, obwohl sie das mit dem verstellbaren Sessel, den wärmenden Schals, der Tageslichtverstärkung, dem Framing-Monitor und vielleicht auch dem Laufband ja schon auch sind!«

»*Auch!* Du hast es gerade richtig gesagt!«, lächelt Rebecca, der genau diese Brücke zwischen erfahrenen alten und frischen jungen Mitarbeitern wichtig ist. »Das Sich-gut-aufgehoben-Fühlen hat die dänische Architektin Helle Juul mir gegenüber mal als ›Umsorge‹ bezeichnet – das fand ich sehr schön«, erinnert sie sich und beginnt den Apfel direkt auf dem massiven Holztisch in kleine Schnitze zu schneiden. »Zu dem Zeitpunkt, als sie mir das in Kopenhagen erzählte, war die Bürowelt gerade mal beim Wohlfühltrend angekommen. Sie wussten aber eigentlich nicht viel mehr dazu anzubieten als dekorierte Open Spaces. Sah schöner aus und das war damals schon ein Unterschied. Aber dann kam Corona und die Mitarbeiter haben gemerkt, dass Wohlfühlen zu Hause doch am besten klappt.«

Marcel und Hanne lachen, Rebecca schiebt mit dem Messer die Apfelspalten ein Stück in deren Richtung und Anne interpretiert weiter: »Ja, andererseits beschleichen mich in letzter Zeit immer öfter Zweifel, ob das mit der Umsorge nicht zu viel Wohlfühlen ist und wir die Convenience wieder etwas zurückfahren sollten. Ich hab die Lösung noch nicht, aber ich fürchte, dass zur Arbeit auch die unpopulären Dinge gehören und wir das schön unter den Teppich kehren und uns eine Arbeitnehmerschaft herangezogen haben, die sich bei der Arbeit nur noch wohlfühlen und positiv motiviert werden will.«

Sie schaut in die Runde: »Ich frage mich, wie weit sich Arbeit schönbiegen lässt, wo Schluss ist und ob wir es uns nicht mit all unseren Wohlfühlbestrebungen zu bequem machen. Denn ich sehe an euren Gesichtern, dass es eigentlich kein Zurück mehr gibt und wir eh nur noch die bekommen, die sich das hier nett und easy vorstellen. Oder?«

Während Rebecca innerlich noch Annes Gedanken prüft, widerspricht Vincent: »Aber hier macht sich keiner einen lauen Lenz. Auch die Städter nicht. Die kommen immerhin von Mittwoch bis Donnerstag, und wer keine Kinder in der Stadt hat, übernachtet auch meist in der Domäne. Karim bleibt, wenn er nicht seinen Sohn Samstag und Sonntag hat, auch über den Freitag und das Wochenende oft hier. Sie sind trotz langer Anfahrt alle zum Frühstück da und arbeiten auch nach der Tea Time meist noch eine Runde im Team weiter.« Auch Marcel pflichtet bei: »Gerade die Städter lieben unseren Geselligkeitshof, die Maker-Scheune, die Klausurräume und das Ideen-Gewächshaus, sie helfen im Sommer abends sogar bei der Gartenarbeit mit oder wenn wir die Drucker in der Scheune reinigen müssen. Die fahren voll ab auf den Gedankenhof und wollen alles an Arbeit, was dazugehört.«

Anne fragt sich kurz, ob der Hof als Ausflugsort missverstanden werden könnte: »Und merken sie auch, dass das keine Nostalgieferien sind, sondern die Architektur und Atmosphäre hier den Wissensaustausch und die Konzentration fördern sollen?« »Ja, das haben sie schon verstanden, und sie sind inzwischen auch auf ihre eigene Effektivität stärker bedacht. Wohlfühlen reicht jetzt nicht mehr, da muss schon auch die Performance stimmen«, gibt Rebecca weiter, was sie von den Externen erfahren hat, und erinnert sich in dem Zusammenhang an eine Bemerkung von Enno: »Stell dir vor, in den knapp bemessenen A-Lagen in der Stadt sollen sich Mitarbeiter, die gerade keinen Arbeitsraum haben, angeblich in Binaural-Beats-Kabinen legen – das ist so eine Art Sessel mit Klanghaube, wo leicht unterschiedlich ausgesteuerte Beats in den Hirnwindungen bestimmte Frequenzen und Konzentrationsstufen anregen sollen.« – »Ja, die ersten dieser ›Sensory Cabins‹ gab es schon 2017 im Silicon Valley bei Adobe«, erklärt Anne, »aber die Beeinflussung funktioniert eigentlich eher in Richtung Entspannung, weniger in Richtung Konzentration.«

»Wow!«, rutscht es Hanne raus, die an ihr Bett denkt, das eine sanft wiegende Einschlaffunktion hat, und weil die bei ihr so gut funktioniert, fragt sie sich gerade, ob da nicht noch unterschwellige Beats mitmischen. Anne fährt derweil fort: »Meist legt man sich in die Sensory Cabins, um nach einem unangenehmen Call wieder runterzukommen, Druck abzubauen und die eigene Balance wiederherzustellen. Häufig kann man sich noch einen Psychologen dazubuchen, um das Selbstvertrauen wiederaufzubauen.«

»Na ja, innere Balance und Selbstvertrauen sind schon sehr wichtig, um sich überhaupt konzentrieren und mit anderen fruchtbar zusammenarbeiten zu können«, Rebecca erhebt sich kurz, um einen weiteren Apfel aus dem Korb zu nehmen, und Vincent übernimmt: »Ja, aber was mir im Zusammenhang mit eurer Erfahrung da am digitalen Board auffällt, ist, dass die Kritikfähigkeit abnimmt.« Er schaut in interessierte Gesichter. »Früher hatten wir hier richtig harte Diskussionen, da wurde laut gesagt, welche Ideen scheiße sind, und man konnte auch benennen *warum*! Da haben wir Bilder und Texte, die nur müdes Mittelmaß waren, einfach wieder vom Board gerissen: Tonne! Und entweder es ging dann eine richtig saftige Argumentation los oder der Rauswurf war schlicht richtig. Und dann war aber auch keiner tagelang beleidigt.«

»Ja, guter Punkt«, pflichtet Niko ihm bei, »weil die Argumentation sachlich und nicht persönlich geführt wurde. Aber heute klebt da gleich der Name des Verfassers mit dran, heute ist jede hingerotzte Idee ja gleich geistiges Eigentum, erwachsen aus ganz individuellem Talent, und dann ist es auch sofort ein persönlicher Angriff, wenn die Idee negativ bewertet oder wieder ganz verworfen wird.«

Anne will etwas einwenden, aber Marcel kommt ihr zuvor: »Und ich glaube, der Grund liegt in der generellen Individualisierung – also jeder möchte bitte schön in seinem ganz eigenwilligen Ego erkannt werden. Ist euch mal aufgefallen, wie da die innersten Beweggründe nach außen geklappt werden? Selbstbeschreibungen, die für das Vorankommen in der Sache und das gemeinsame Ergebnis völlig unbedeutend sind – ja eher noch aufhalten, weil sie von den anderen plötzlich noch Rücksichtnahme oder Betroffenheit erwarten! Und das macht einen Unterschied, denn ab dem Moment ist das ganze Projekt eine total persönliche Angelegenheit, heißt …« – »… Achtsamkeit?«, unterbricht Xiao Yan fragend, und Marcel muss kurz lachen: »Nee, mehr noch: heißt Obacht! Im Grunde muss ich dann aufpassen, was ich denen zumuten kann, obwohl sie mir ungefragt ihre Befindlichkeit zumuten.«

»Ja, das deckt sich auch mit meinem Eindruck, Marcel!«, wirft Hanne ein. »Ich finde, dass es bei der Arbeit eher hilft, wenn man diesen ganzen privaten oder inneren Kram einfach mal nicht mit reinschleppt. Ich möchte lieber so rational wie möglich argumentieren und mit euch um die beste Lösung ringen und mich dabei nicht noch um die Befindlichkeit von jedem scheren müssen, weil – wenn es um die Sache geht – sich einfach alle am Riemen reißen. Ich glaube, dass es ein Mindestmaß an dieser Selbstdisziplin braucht, um richtig miteinander arbeiten zu können.«

Anne hat eine Weile zugehört und würde, was ihre innere Befindlichkeit angeht, den Dreien zustimmen, weiß es aber rational besser: »Okay, aber der Reichtum an Vielseitigkeit, Assoziationen und Interpretationen, der entsteht, wenn jedes Teammitglied individuell seine Befindlichkeit zum Ausdruck bringt – den gilt es doch mit reinzuheben! Der macht doch die Ergebnisse wertvoller.« Rebecca ist bei ihr: »Genau: Und daraus können wir nur schöpfen, wenn wir diesen Reichtum offenlegen. Dazu hatten wir doch vorige Woche die kognitive Neurologin hier, die uns erklärt hat, dass Menschen im Unterschied zu Maschinen gar nicht in der Lage sind, rein rational zu denken.« »Stimmt!«, erinnert sich Marcel, »die war krass. Laut ihr sind wir nur ein hormongesteuertes emotionales Etwas.«

»Na, das ist jetzt aber sehr verkürzt!«, widerspricht Rebecca und erklärt: »Jedenfalls müssten wir laut ihr gerade auf die emotionale Befindlichkeit mehr achtgeben, denn sie entscheidet, was wir wahrnehmen, lernen und behalten. Und eigentlich auch ein bisschen, was wir werden. Bei uns Menschen rauscht die ganze Wahrnehmung wie durch einen Befindlichkeitsfilter. Da ist zunächst einmal …«, Rebecca tippt mit ihrem rechten Zeigefinger an den abgespreizten linken Daumen, »der körperliche und kognitive Zustand – also: Kann ich mich frei bewegen? Empfange und verarbeite ich Sinnesreize ohne Behinderung und in welchem Wach- oder Dämmerzustand treffen sie auf mich? Hinzu kommen – zweitens – die physiologischen Faktoren von außen, also: Raumklima, Beleuchtung und Akustik und gleich verwebt damit – drittens – die emotionalen Trigger: Wie gut, frisch, aufgeweckt oder angeregt fühle ich mich nun? Schmerzt etwas? Welche Hormone schütten sich in mir aus und welche Gefühle löst das aus?«

Jetzt nimmt sie noch den linken Ringfinger hinzu: »Und das alles wird dann auf die Spuren unserer Erinnerung draufgesetzt. Also Erfahrungen, die wir selbst gemacht haben – Kinderstube und Co. –, aber auch das evolutionäre Gedächtnis unserer Vorfahren haben wir verinnerlicht und in wenigen Fällen kommen sogar traumatische Erinnerungen dazu. Das alles macht unser Gespür aus, prägt unsere Assoziationen, die Muster, die wir wiederentdecken wollen, die vererbten Vorlieben oder Ängste und eben auch die persönliche und aktuelle Befindlichkeit.« – »An der persönlichen kann man meist nicht so viel machen, aber die aktuelle Befindlichkeit haben wir hier ja schon umsorgt«, bemerkt Anne lächelnd und Marcel resümiert: »Okay, es war mir bekannt, dass jeder zum Beispiel eine Farbe leicht anders sieht, aber dass es so viele Ursachen für die Unterschiede gibt …« Niko ist verblüfft. »Ein Wunder, dass wir uns verstehen«, sagt Xiao Yan und weil es die Bots gleich jedem ins Ohr übersetzen, müssen alle lachen. Anne nimmt den Faden wieder auf: »Ist es dann nicht *gerade* sinnvoll, diesen Unterschieden mehr Beachtung zu schenken? Müssen wir dann nicht gerade mehr von uns und den anderen kennen, um wirklich gut zusammenarbeiten zu können?«

»Schon, aber wer hat recht? Welche Wahrnehmung ist die realistischste? Die mit der meisten Erfahrung?« – »Die Chefin entscheidet!«, wirft Niko ein, alle lachen und Rebecca spielt die Verwunderte, bis Marcel einwirft: »Nee, das macht der Algorithmus, der bei diesen ganzen Entwicklungsprozessen nebenherläuft, weil er unsere Stärken kennenlernt, sie Bias-frei abspeichern, mit Fakten anreichern und intelligent verknüpfen kann. Und weil er mit seiner Sensorik, die komplett emotionslos die Realität wahrnimmt, als Vermittler zwischen Kunde und uns wahrscheinlich am neutralsten und überzeugendsten ist.«

Rebecca reagiert auf das Stirnrunzeln bei den Anwesenden: »Na, besser wäre ja, es würde aus der Gruppendynamik entstehen, zumal alle nun auch noch voneinander lernen könnten, was die Idee der anderen assoziativ oder mit Gespür für die Fragestellung gefärbt hat.« Anne weiß, dass Rebecca genau das hier zu erzeugen versucht, hat aber plötzlich einen neuen Gedanken dazu: »Und das findest du nur über Missverständnisse heraus! Nämlich dann, wenn es knirscht und du merkst, der meint was ganz anderes, als du dachtest, dass er meint.«

»Ja, sei's drum.« Rebecca gehen Annes Einwände langsam auf die Nerven: »Genau diese Zwischenräume, die gilt es doch zu entdecken! Beim Kunden, dessen Briefing nichtssagend ist. Beim Konsumenten, der intuitiv agiert, zwischen uns, Alt und Jung, Erfahren und Frisch, Deutsch und Chinesisch, Land- und Stadtmensch.« – »Ja schon, aber dem vielleicht auch nur potenziellen Missverständnis auf die Spur zu kommen, ist nicht harmonisch«, wendet Anne ein. »Das tut weh.«

»Glaub ich nicht mal. Vielleicht passiert es ganz von selbst bei einer entspannten Gelegenheit«, widerspricht Rebecca, »hier beim Frühstück«, sie unterbricht sich selbst und ruft Xiao Yan, die gerade hoch in Klausur gehen will, zu: »Bei welchem unserer Rituale hattest du das Gefühl, am meisten über die Persönlichkeit deiner Kollegen zu erfahren?« Xiao Yan überlegt laut: »Bei den gemeinsamen Essen, besonders bei der 17-Uhr-Tea-Time, weil wir manchmal danach noch zusammen unterwegs waren … Und ansonsten … beim Spaziergang nach dem Mittagessen! Die Landschaft ist so schön und die Wege sind so schmal, dass man sich nur zu zweit unterhalten kann. Das war immer etwas Besonderes für mich.«

Rebecca freut sich über die Antwort und dankt Xiao Yan. Und während Hanne am Tischende offen zugibt, dass sie sich für ihren

Mittagsspaziergang immer jemanden aussucht, der ihr bei einer bestimmten Sache weiterhelfen kann, fragt Niko etwas schüchtern Xiao Yan, ob sie beide heute vielleicht den Walk zusammen machen wollen und sie ihm dabei etwas über ihren Arbeitsstil und China erzählen könnte. Xiao Yan wird ihm nach dem Spaziergang anbieten, die morgige Frühklausur gemeinsam zu machen – und Niko wird entdecken, dass sie den Klausurraum ganz ähnlich nutzt wie alle hier, dass sie ihn aber mit ihren Bot-Ressourcen, ihrem Lernportfolio und ihrer überbordenden Inspirationskladde viel reicher bespielen kann, als es Niko auf Basis seines Erfahrungsschatzes und dem, was von den übrigen Kollegen hinzukommt, möglich ist.

Als Anne nun auch von Xiao Yan bestätigt wurde, wie gut die von ihr mitkonzipierten Rituale und Experiences wirken, nimmt sie ihren Diskussionsfaden nicht wieder auf. Zu gern hätte sie erfahren, wie weit Arbeit noch als Anstrengung empfunden werden muss und bis zu welchem Grad der Raum, das Ritual oder die Methode hier unterstützen oder gegensteuern sollten. Aber sie beschließt, die offene Hinterfragung ihrer Arbeit doch lieber mit Julie oder mit Marek zu besprechen und nicht ausgerechnet mit einer ihr so zugewandten Kundin wie Rebecca.

Die legt gerade ihre Hand auf Annes Arm und meint: »Also, Anne, wo wir gerade bei den Befindlichkeiten und dem Selbstvertrauen waren: Ich glaube, du scheinst da gerade zu sehr deine eigene Arbeit infrage zu stellen. Denn die Lösung, die ihr sucht, damit die verwöhnten Fachkräfte hier nicht völlig eingelullt werden, sind doch genau die Experiences, die ihr heute leider noch nicht erfolgreich rausfinden konntet. Ich denke, es geht nur über dieses … wie hast du das mal formuliert: am eigenen Leib erfahren, dass mich das hier weiterbringt. Das ist für mich nach wie vor der Kern, und da sind wir lange noch nicht am Ende und werden es wohl auch nie sein. Wir könnten ruhig auch ein stärkeres Augenmerk auf die didaktische Einbettung der digitalen Features legen, aber ansonsten würde ich sagen: Hör auf zu zweifeln und«, Rebecca beginnt zu lachen, »mach gefälligst deinen Job!«

Die Firmenchefin

Ich leite ein sehr erfolgreiches Familienunternehmen und stelle fest, dass vieles, was mein Großvater damals angedacht und eingeführt hat (z. B. ein Schwimmbad für die Angestellten), eigentlich erst heute vor allem von den älteren Mitarbeiterinnen und Mitarbeitern geschätzt und angenommen wird, die diese Annehmlichkeiten für ihre körperliche Fitness brauchen.

Dabei ist die demografische Entwicklung nur ein Aspekt. Auch die Jüngeren, vor allem die umworbenen Fachkräfte, suchen aufgrund der fließenden Übergänge zwischen Arbeit und Freizeit eine gesteigerte Lebensqualität *innerhalb* ihrer Arbeitskultur.

Der Vorteil für uns liegt also nicht nur darin, dass wir unsere Mitarbeiterinnen und Mitarbeiter fit und gesund halten, sondern dass auch die Arbeit am Firmensitz nicht mehr als mühsam, fade oder fremdbestimmt erlebt wird, sondern eine selbst gewählte und selbst gestaltete ist.

Leider gibt es das Schwimmbad nicht mehr, weil der Betrieb gewachsen ist und wir uns permanent an neue Gegebenheiten anpassen mussten. Aber der Fachkräftemangel, der ist geblieben.

Als Mittelständler in der ländlichen Region mussten wir lange froh um jeden gut Ausgebildeten sein, den wir gewinnen konnten. Dass sich das etwas entspannt hat, hängt natürlich damit zusammen, dass viele Angestellte nach der Coronapandemie das Homeoffice für zwei oder auch mehr Tage in der Woche beibehalten haben. Damit war die teure Wohnung in der Stadt nicht mehr unbedingt nötig und vor allem Familien sind aufs Land gezogen, um dort den Lebenstraum verwirklichen zu können, der in den Städten unerschwinglich geworden war.

Ich kenne jetzt umgekehrt einige Unternehmen in Innenstadtlage, die für ihre Beschäftigten WG-Zimmer oder Apartments im Zwei-Tages-Wechsel bzw. Hotelzimmer anmieten, damit die überhaupt noch drei Tage am Stück ins Büro kommen. Den Schichtwechsel, den wir in den Fabriken hatten, haben sie jetzt tageweise über die Woche hinweg, um die gemieteten Flächen möglichst effizient nutzen bzw. auslasten zu können. Das ist halt der Preis, den man zahlt, wenn man noch Arbeitsplätze abzählt und in typischen Bürostandards denkt. Und wenn man im alten Statusdenken noch so verhaftet ist, dass man A-Lagen genauso blind bezieht, wie sie satte Immobilienentwickler (selbst nach Corona) noch gebaut haben. Wir Mittelständler dagegen sind näher am Endnutzer und merken schnell, wann unsere Räume nicht mehr zu den Anforderungen passen.

Früher hat der industrielle Herstellungsprozess diese Anforderungen definiert und so waren die Büros der Industrialisierung meist eine Fortsetzung der Fabrik: lineare Arbeitsteilung, homogene Abteilungen, darin jeweils maximale Gleichförmigkeit – One size fits all bei einer Top-down-Befehlskette. Bei uns Mittelständlern lief das nicht ganz so rigoros wie bei den Konzernen, weil man sich und die gegenseitigen Fähigkeiten besser kannte, näher am Kunden war und die interne Kommunikation vernetzter lief. Aber vom Gebäude und Ablauf her war es auch bei uns die lineare Fabrik.

Heute operieren wir nach innen und außen vernetzt und sind gerade dabei, auch diesen Innen-außen-Unterschied an vielen Stellen aufzulösen. Wir müssen mehr denn je zeigen, was wir können.

Im Mittelstand setzen wir heute nur noch auf Qualität. Die Quantität erfolgt digital direkt beim Kunden oder in den Märkten. Unseren Fortbestand sichert schon lange nicht mehr die Produktion großer Mengen für Massenmärkte. Es ist vielmehr die Qualität einer Leistung oder Lösung, mit der wir am Weltmarkt noch punkten können. Und damit das für uns auch qualitatives Wachstum bedeutet, haben wir nach einer Arbeitskultur gesucht, in der die Vielfalt die Standards ablöst und nicht Fertigungsprozesse, sondern Denkprozesse einen Raum bekommen, in dem sich Qualität entfalten kann.

Wenn wir bauen, dann nicht mehr in Hallen für die Elektrotechnologie oder Feinmechanik, wie das der Mittelstand noch in seinen goldenen Zeiten als Autozulieferer gemacht hat, sondern für Forschung und Entwicklung. Daher sehe ich auch nicht länger die Notwendigkeit, meine Adresse in hässlichen Industrie- oder Gewerbegebieten zu haben. Wir beschränken uns auf F&E samt Prototyping im Makerspace. Je nach Auftrag docken wir mal an regionale Forschungscluster, mal an internationale Fertigungsmöglichkeiten an, das heißt, unsere Mitarbeiterinnen und Mitarbeiter arbeiten dann auch zeitweilig außer Haus – in einer Fertigung, in Laboren oder in den Räumlichkeiten hochspezialisierter Partner.

Umgekehrt verstehen wir unser Headquarter aber tatsächlich mehr als Kopfquartier – und damit meine ich nicht die ganzen Heads of irgendwas, sondern einen Raum, um gemeinsam die Köpfe zusammenzustecken und daraus die Funken sprühen zu lassen.

Als mein Großvater das Schwimmbad zwischen Haus und Betrieb gebaut hatte, wurde es kaum genutzt. Zu nah dran am Patriarchen. Mein Vater hat den Betrieb neben der Villa dann aufgegeben und im Industriepark neu gebaut. Ich habe die Gewerbeflächen aufgegeben und ein schönes Fleckchen Landschaft gesucht, bei dessen Anblick den Menschen das Herz aufgeht: im Rücken der Weinberg und vor uns die Obstwiesen, ein Streifen gewachsenes Dorf und der Fluss. Und die Bauform ist weder Patriarchenvilla mit Betrieb noch Fabrikhalle mit Büro und Hochregallager, sondern ein Gutshof mit experimenteller Kellerei, fluiden Kollaborationsflächen und Klausurbereichen zum intensiven Arbeiten. Wo rund um den Hof Dinge gemeinsam veredelt werden.

Mein Großvater war der Patriarch, der seinen Betrieb um sich haben wollte. Mein Vater war der Modernisierer, der Arbeitgeber in der Region sein wollte, und ich verstehe mich eher als die Gastgeberin, die hier eine Art fach- und generationenübergreifendes Denkresort unterhält.

Wir haben festgestellt, dass die fruchtbarsten Beziehungen erst durch gute Zusammenarbeit entstehen, und umgekehrt lässt sich der Radius sogar erweitern: wenn über gute Zusammenarbeit neue Beziehungen entstehen. Insofern ist unsere Arbeitswelt die verkörperte Einladung an schlaue Köpfe, sich hier mit anderen schlauen Köpfen auszutauschen. Unser Vorbild ist nicht das Büro, sondern das Resort. Und deswegen hole ich mir ab und zu Anne her, um die neuen Trendkonzepte aus Tourismus und Arbeitswelt für unseren Betrieb zu übersetzen. Wir suchen die Entdecker von morgen. Und das Schöne ist: Die entdecken uns!

MOTIV 9

CARE WORK

Reha mit Robots

Eine dunkle Holzbretterwand, unterbrochen von doppelflügeligen Fenstertüren zu den Zimmern. Vor der Wand sitzen drei überwiegend ältere Menschen jeweils auf einer Bank und genießen die Nachmittagssonne. Sie blicken unter einem weiten Dachüberstand in einen rechteckigen Innenhof, den ein dunkler Holzsteg umsäumt. In der Mitte bauschen sich bunte, blühende Pflanzen – Blumen und Stauden, aber auch Gräser – so hoch, dass man aus der niedrigen Position die anderen, die gegenübersitzen, nicht sehen kann. Die Frau direkt vor mir, ganz links außen, heißt Hanne Bloomquist, ist 72 Jahre alt, Kassenpatientin Klasse 3 und trägt ein Exoskelett ab der Hüfte bis über beide Beine. Während sie, unterstützt durch die Mechatronik, das linke und rechte Kniegelenk abwechselnd anzieht und streckt, hat sie den Kopf in den Schatten an die dunkle Bretterwand gelehnt.

Sie blinzelt ab und zu nach links, aber der Blick gilt nicht ihrem 88-jährigen Nachbarn Eymen Erkan, der in seinem Ganzkörper-Exoskelett gerade eingenickt ist, sondern Wall·e, seinem Robo-Gefährten, der – weil seine Bezugsperson kein Interesse zeigt – jetzt zwischen Hanne und der 49-jährigen Nachbarin Harriet Fletcher hin und her schaut. Harriet, die seit 75 Minuten und 36 Sekunden mit energischen Bewegungen Maschen aus einem roten Wollfaden generiert und von einer Nadel auf die andere bewegt, lächelt Wall·e an, hebt ihr Werk hoch und zeigt ihm etwas Rotes, Weiches, Eckiges. Der ihr zugeteilte R2D2-Roboter, der direkt vor ihr das Wollknäuel auf einem seiner Werkzeuge aufgespießt hält und beim Fadenabwickeln ab und an den Spieß senken muss, ohne dass das Knäuel dabei abfällt, wird von ihr keines Blickes gewürdigt. Die Star-Wars-Assoziation scheint hier nicht zu funktionieren – was auch am Kontext liegen kann: Hinter ihm in der Rabatte flattern Schmetterlinge und Hummeln von Kelch zu Kelch und geschäftiges Summen und Fliegen lässt die zarten Blütenblätter nachwippen.

Wall·e rollt auf seinem dreieckigen Kettenfahrwerk ein bisschen vor und zurück, schaut mit seinen fernglasmäßigen Augen in die Luft und dreht sie dann auf seinem dünnen Metallhals um 180 Grad, als wolle er die Blumen anschauen. Hanne stoppt ihre Beinbewegung und beobachtet, was er vorhat. Das Exoskelett kommuniziert *Pausenmodus*: mein Auftrag, die Zeit zu stoppen. Wall·e, der Schrottsammler, der als Hauptdarsteller in seinem Film selbst eine Pflanze findet und hegt, dreht sich nun auf seinen Ketten zur riesigen Rabatte um, fährt bis an den Rand und schiebt seinen Greifarm weit zwischen die dünnen Blumenstängel. Darin raschelt es und er zieht den Arm wieder heraus. In seinen Greifzwingen klemmt eine bunte Ostereiplastikfolie. Er dreht sich seitlich und richtet seine behelmten Stielaugen auf seinen Patienten. Dazu muss er seinen langen Hals etwas schlangenförmig nach unten nehmen. Er registriert, dass Herr Erkan noch schläft, und fährt mit dem Ostereipapier zum nächstgelegenen Mülleimer.

Als er bei uns vorbeikommt und ich zur Rabatte hin ausweiche, um eine Kollision auf dem Holzsteg zu vermeiden, streckt Hanne ihr Bein nach vorne aus und stoppt die Schrottraupe. Wall·e dreht seine Röhrenaugen zu ihr und Hanne bedeutet ihm, näher zu kommen: »Zeig her, Wall·e, was hast du denn da Schönes gefunden?« Wall·e wie ich strecken gleichzeitig unsere Zange bzw. Finger senkrecht über den Mund, weil wir noch 4,5 Minuten Ruhezeit haben, in denen nicht gesprochen werden darf, und Hanne flüstert ihm ganz leise zu: »Ich hab auch noch etwas, das du mitnehmen könntest«, und sie kramt ein winziges leeres Fläschchen aus der Jackentasche. 50-prozentige Wahrscheinlichkeit, dass es ein Alkoholfläschchen ist, registriere ich und versuche näher zu kommen, aber Wall·e rollt schon seitlich neben Hannes ausgestrecktem Bein zu ihr und versperrt mir den Weg. Er bietet ihr das knisternde Papier an und sie wickelt das Fläschchen darin ein. »Zeig es nicht Alice!«, sagt sie noch und schaut zu mir herüber, was die Alkoholwahrscheinlichkeit um weitere 50 Prozent erhöht. Wall·e fährt, als wäre nichts gewesen, an mir vorbei zum Recycling-Spot und bestätigt mir von dort: »Hansen-Rum, 40 Prozent.«

* * *

K omm her, Er-zwo-de-zwo!«, vernimmt man von hinten den scharfen Befehlston von Harriet, die gerade ihren Roboter zu sich winkt. Beim Vorlaufen muss er das Wollknäuel ein Stück weit wieder aufwickeln, was R2D2 erst mit einem zusätzlichen Greifarm und einer Kreisbewegung gelingt, die allerdings die Wolle dann auch um diesen Arm wickelt. »Du bist so tollpatschig! Man kann dich doch zu gar nichts gebrauchen!«, schimpft Harriet und reißt mit wütenden Zupfbewegungen die Fäden wieder von seinem Greifarm. Dabei fällt das Wollknäuel zu Boden und eine Schlaufe aus mehreren Wollfäden löst sich, in die R2D2 beim Versuch, sich wegzudrehen, hineinfährt. Die Fäden verschwinden unter seinen Bodenrollen, und der Roboter stößt trotz Mittagsruhe jetzt hohe Pfeiftöne aus. »Oh, hör bloß damit auf! Halt an! – Stopp!«, ruft Harriet und R2D2 stoppt aufs Wort.

Eymen Erkan hat kurz geseufzt, ist aber nicht aufgewacht, und Hanne beobachtet von ihrer Bank aus interessiert die Szene. »Meine Güte!«, stöhnt Harriet, die von ihrem Ganzkörper-Exoskelett Unterstützung beim Aufrichten bekommt. Wall·e, der gerade zurückkommt, registriert, dass Erkan noch schläft, und fährt direkt zu den beiden durch. Auch ich nähere mich, weil ich vielleicht mit meinen geschmeidigeren Fingern helfen kann. R2D2 hat den verhedderten Rollfuß hochgeklappt und lehnt sich diagonal schräg nach hinten, während Wall·e sich mit Schere und Pinzette aus dessen Brusttasche bedient. Tatsächlich ergänzen sich die Werkzeuge und meine weichen Fingerkuppen gut, und es dauert nur 1,8 Minuten, bis R2D2 wieder tadellos vor- und zurückrollt.

Als Wall·e die Fadenreste einsammelt und sich dabei Harriet nähert, tätschelt die ihm seine metallenen Stielaugen und sagt: »Schau mal, was ich Schönes für dich habe!« Und eh sich der kleine Schrottroboter versieht, zieht sie ihm ihr rotes Strickwerk über, das wie ein T-Shirt seinen kubischen Körper vorne und hinten lang wie ein Latz und über den seitlichen Raupen kürzer bedeckt. Wall·e lässt seine langen Fernglasaugen in einem großen Bogen nach vorn kippen und betrachtet sich und dann Harriet, die beteuert: »Wie schön du jetzt aussiehst, Wall·e, so gar nicht mehr trashig!« Dann hebt sie mithilfe des Exoskeletts ganz langsam das Wollknäuel vom Boden auf und stolziert mit ihrem Strickzeug zufrieden in ihr Zimmer.

Wall·e schaut R2D2 an, der einen sentimentalen Pfeifton von sich gibt und Harriet ins Zimmer nachrollt, um sie nach der Mittagspause jetzt zum Trinken zu bewegen. Auch Wall·e und ich sind gerade auf dem Weg zu unseren Betreuungspersonen, als wir Hanne plötzlich in ihrem Exoskelett kämpfen sehen, während sie ihren Oberkörper an die Wand presst und sich, so sieht es aus, einseitig verbiegt. Wir lösen fast zeitgleich Alarm aus und versuchen sie zu beiden Seiten zu stützen, damit ihr Oberkörper nicht nach vorn oder zur Seite kippt. »Ech kann mech nech«, stammelt Hanne von Stöhnen begleitet. »Ah, Wall·e, aua!«, schimpft sie über dessen Metallgreifarme, die nicht für solche Einsätze gemacht sind. Ich erkläre ruhig, dass Hilfe bestellt und schon auf dem Weg ist.

Nebenan ist Eymen Erkan aufgewacht, kommt besorgt rüber und hat in seinem kompletten Exoskelett genug Kraft und Stabilität, um Wall·e abzulösen. »Hanne, du Arme, was machst du denn für Sachen? Beruhige dich, es kommt gleich die Ärztin!« Und zu mir gewandt fragt er: »Du hast sie doch gerufen, Alice, oder?« – »Natürlich!«, sage ich, was er von einem Roboter irritierend findet.

Nach neun Sekunden ist Schwester Fernanda zur Stelle, die ruhig mit Hanne spricht, sie auffordert, sie anzulächeln und beide Arme gleichzeitig nach vorn zu heben, und dann Anweisungen gibt, sie auf der Bank auszustrecken. Nach weiteren 20 Sekunden kommt die Assistenzärztin und ehemalige Pflegerin Josie gelaufen, gefolgt von einem blinkenden, mobilen MRT. Der kastenförmige Hubwagen parkt direkt vor Hannes Kopf und schaltet auf Standmodus. Während Josie sich einen ersten Eindruck verschafft und von Fernanda die Reaktionsfähigkeit der Patientin beschreiben lässt, fährt vom Hubwagen hinter Hannes Kopf an einem Kragarm bereits eine große Haube hoch, in deren U-förmiger Verstärkung die Magnetspulen und Verstärker des Magnetresonanztomografen angeordnet sind. Josie zieht sie wie eine große Trockenhaube beim Friseur heran, sodass die noch geschockte Patientin sehen kann, was passiert.

»So, Hanne, schau, das mobile MRT ist schon da, wir können jetzt sofort sehen, was dir fehlt, und direkt helfen.« Hanne, deren eine Gesichtshälfte schlaff nach unten hängt und die über schreckliche Kopfschmerzen klagt, nickt weinend. Kurz kann sie in die voluminöse Schlappohrenmütze hineinsehen, bevor Josie diese per Fernsteuerung nach hinten kippt, wo Fernanda sie annimmt, um sie über Hannes Kopf zu stülpen. »Hat sie den Kopf irgendwo heftig angeschlagen oder könnten die Nackenwirbel beschädigt sein?«, fragt die Assistenzärztin ihre anwesenden Assistenten. Ich antworte: »Zu 80 Prozent nein, wir haben sie fixiert«, und Wall·e und R2D2 schütteln ebenfalls ihre Köpfe. »Dann heb den Kopf etwas hoch, Alice, damit ich die Haube weiter drüberziehen kann«, befiehlt Josie und Fernanda fragt mich: »Wieso nur zu 80 Prozent?« – »Weil ich die ersten 1,8 Minuten abgelenkt war«, berichte ich wahrheitsgetreu. »R2D2 benötigte Hilfe bei einer kleinen Reparatur«, ergänze ich.

»Ja blöd, wieso hat sie auch keinen Ganzkörpersupport?«, fragt Josie Fernanda, die inzwischen schon Hannes Kopf in die Haube gebettet hat. »Sie hat noch genügend Muskelmasse, warte«, sie richtet sich auf, tippt an ihr Ohr und wiederholt: »Ihr MMI lag bei 3,6 und – ah, ja genau: Außerdem ist sie Kassenpatientin Klasse 3 und erhält nur für pathologischen Kontext Support, also nur für die beiden Knie nach der OP«, erklärt Fernanda und ist erleichtert, dass die Dokumentation sie entlastet. »Und wieso ist dann der Humanoid bei ihr?«, bohrt Josie weiter. »Ach, Alices Patient – dieser Businesstyp – hat sich heute Mittag frühzeitig entlassen und so hatte Alice bis zur Quality-Time um drei nichts zu tun. Da hab ich sie hier aufpassen lassen und konnte dadurch oben noch drei Streicheleinheiten verabreichen«, erklärt Fernanda immer noch freundlich, während Wall·e den Hof nach losen ferromagnetischen Teilen abscannt und ich mit den anderen Robotern zurück zu den Patienten in die Zimmer geschickt werde.

»Okay, Fernanda, das hast du richtig gemacht! Ich weiß noch aus meiner Schwesternzeit, dass mitdenken teilweise gegen das System handeln bedeutet«, höre ich Josie noch zu Fernanda sagen, bevor ich den Hof zu Ende absuche und aus Hannes Zimmer die ferromagnetische Freigabe für das ambulante MRT gebe. Während Josie den Scan startet und beide Frauen allein im Hof neben Hanne stehen, kann ich über das System hören, wie Fernanda jetzt leise zugibt: »Ja, es war für den menschlichen Anteil an Betreuungszeit trotzdem nicht gut, dass in der Mittagspause nur die Roboter hier unten waren, aber ich bin oben seit zwei Wochen mit den beiden Azubis allein auf der Station und muss deswegen mit meinen Kontingenten etwas haushalten. Und ganz ehrlich«, fügt sie nach einer Pause hinzu, »macht mir mein gewaltbereiter Sohn gerade wieder Stress und ich bin um jede gewonnene Viertelstunde Streicheleinheit dankbar.«

Josie antwortet: »Och je! Schau mal, wie schön der Innengarten blüht und wie friedlich es hier ist!« Dann ändert sich plötzlich ihr Tonfall und sie ruft: »Versichertenklasse 3 sagst du?« Sie dämpft sofort die Stimme, die aber hektisch bleibt: »Das ambulante MRT ist viel zu teuer für gesetzlich Versicherte mit Klasse 3. Wieso hat

Alice das beim Notruf nicht angegeben? – Ach so, weil Alice ja nur auf Privatpatienten ausgerichtet ist«, beantwortet sie sich die buchhalterische Misere selbst. »Na, sollte sich der Schlaganfallverdacht bestätigen, wird sie eh ins Koma versetzt und dann können wir sie auch ins Souterrain verlegen«, meint Josie leise zu Fernanda und sagt kurz darauf laut: »Okay, das ist eine kleine neuronale Störung, Frau Bloomquist, aber nichts Schlimmes und nichts, was wir hier nicht in den Griff bekommen könnten. Wir werden Ihnen jetzt ein Schlafmittel geben, damit die Schwellung zurückgeht, und dann werden Sie einfach eine Weile schlafen, okay?«

Die Türen zum Hof öffnen sich, und wir Roboter können die Ereignisse wieder beobachten. Eymen und Harriet kommen betroffen beziehungsweise neugierig näher und werden von ihren Exoskeletten oder Robotern auf Abstand gehalten. Harriet, die bereits ohne Exoskelett unterwegs zur Bank ist, wird von R2D2 der Weg versperrt, worauf sie aufgeben muss und ihn anherrscht: »Ach, verschwinde du doch zu deinem Krieg mit den Sternen und lass mich hier in Frieden!«

Fernanda kündigt an: »Das MRT kann weg!«, worauf der große Hubwagen sich samt Haube von der Bank entfernt und Wall·e die Liege seitlich neben die Bank schiebt. Das Exoskelett hebt – von Wall·e aufgefordert – Frau Bloomquists Beine an und richtet sie bereits über die Liege, während Wall·e das Skelett unter dem Schwerpunkt anhebt und Fernanda den Oberkörper von der Bank auf die Liege nachzieht.

Wall·es Metallarme schrammen beim Herausziehen kurz über die Carbonschalen und Aluminiumscharniere, während Hanne verunsichert zu Josie schaut: »Was hab ich denn?« – »Das war ein ganz leichter Hirnschlag, aber es ist gut, dass Ihnen das hier passiert ist und wir das alle sofort gemerkt haben. Ich muss Sie jetzt aber schnell zum Schlafen bringen, damit die Schwellung zurückgeht, okay?«, erklärt diese und fasst dabei Hannes Hand, die irgendwas wie »Ich muss nächste Woche arbeiten« faselt. Fernanda legt am anderen Arm bereits die Infusionsnadel und Wall·e hält den Beutel mit hochgestrecktem Arm neben der Liege, auf der Hanne stammelt: »Vincent soll kommen!«

»Sobald wir auf dem Zimmer sind, werden Ihre hinterlegten Angehörigen benachrichtigt und können – während Sie ruhig schlafen – zusammen mit uns ständig Ihren Zustand überprüfen. Sie können sich immer zuschalten und sind quasi gleich bei Ihnen. Alles wird gut!« Josie tätschelt die Hand von Hanne, die sie festhält und noch loswerden will: »Anne muss nicht, bitte dafür Vincent kommen. Vincent … ooh.« – »Ist gut, machen wir. Ganz ruhig bleiben! Wir finden Vincent und benachrichtigen ihn, versprochen!« – »Anne kennt …«, sagt Hanne noch, dann wird sie schläfrig. »Und ich bin ja auch noch da, Hanne«, bemerkt ihr Nachbar mitfühlend, den sein Exoskelett nicht näher kommen lässt. »Schwester Fernanda, machen Sie mir das Exo bitte auch ab?«, fragt Herr Erkan, als er sieht, dass unser Mensch-Maschine-Tross den Hof verlassen will. Und als er mitbekommt, dass seine Nachbarin in ein anderes Zimmer gebracht wird, kämpft er in seinen Carbonschalen und ruft: »Ich möchte auch schlafen! – Ich möchte mit ihr schlafen!«

Flüchtlingshilfe

2500 Kilometer weiter südöstlich sitzt Anne mit Panos auf einem Steinmäuerchen auf Lesbos – den Blick auf knorrige Olivenbäume und ein Mittelmeer gerichtet, das beruhigendes Blau vortäuscht. Der in Flüchtlingsdingen unermüdliche Grieche hat seine EU-Helferin und Jugendliebe endlich nach Lesbos bekommen und sie erzählen sich nun die wichtigen persönlichen Ereignisse der letzten Jahre.

Gerade schickt Panos' Bot Anne eine Momentaufnahme vom Projektstart, auf der Flüchtlinge, Studierende, lokale Politiker, Kirchenvertreter und NGOs vor der verfallenen Klosterruine posieren, als sich in Annes Sichtfeld unten eine Pulslinie einblendet: das Zeichen für eine wichtige gesundheitliche Nachricht. Die Linie ist zwar beruhigend blau, aber weil als Absender ihre Mutter Hanne und eine Rehaklinik in Bad Kreuznach angegeben sind, reagiert Anne doch beunruhigt. »Warte mal kurz, Panos«, unterbricht sie ihren Freund und springt auf. »Ich bekomme gerade eine Nachricht von der Klinik meiner Mutter«, informiert sie ihn, tippt an ihr Ohr und wirft Panos einen kurzen Blick zu, bevor sie ein paar Schritte entfernt mit einer Alice – scheinbar dem Bot der Rehaklinik – zu sprechen beginnt.

Anne erfährt von Alice, dass ihre Mutter heute, am sechsten Tag ihrer Rehabehandlung, einen vermutlich leichten Schlaganfall erlitten hat. »Das MRT, das bereits gemacht wurde, zeigte einen ischämischen Insult, worauf sie sofort ins künstliche Koma versetzt wurde, um die Schwellung und den inneren Hirndruck weiter herunterzufahren. Des Weiteren wurde ihr ein Mittel verabreicht, das den Körper für die Auflösung von Blutgerinnseln und Verstopfungen aktiviert (Tissue-Plasminogen-Activator). Die Chancen, dass sie keine bleibenden Schäden davonträgt, können wir frühestens nach 30 Minuten in einem zweiten MRT abschätzen, spätestens in 24 Stunden. Das Personal war innerhalb von 30 Sekunden mit dem ambulanten MRT zur Stelle, sodass der Hirnbereich vom Auftreten bis zur Sedierung maximal 1,5 Minuten ohne Sauerstoff gewesen sein kann. Durch den Einsatz des ambulanten MRT könnten allerdings Zusatzkosten auf Ihre Mutter oder Sie zukommen. Wir würden gern einen weiteren Scan nach 30 Minuten ebenfalls mit dem mobilen Gerät durchführen, um Ihrer Mutter den Transport zu ersparen. Sie müssen für den ambulanten Scan mit etwa 1200 Euro Aufpreis verglichen mit einem konventionellen stationären MRT rechnen.«

Anne, die weiß, dass Hanne mit 72 auch deswegen noch arbeitet, weil ihre Rente so mager ausfällt, fragt: »Aber wäre es nicht von Vorteil, den zweiten Scan jetzt stationär in der Klinik zu machen, falls man noch operieren muss? Sie schläft doch jetzt eh tief und fest, wenn ich Sie richtig verstanden habe?« – »Ja, falls eine OP nötig würde, wäre das sicherer; ist laut MRT-Bild aber unwahrscheinlich. Für den Transport ins Krankenhaus müssten wir eine Betreuungspauschale berechnen, die mit menschlichem Pfleger bei zusätzlich 220 Euro und mit einem Care-Robot bei 100 Euro zuzüglich einer Kaution liegt, die Ihnen nachher wieder erstattet wird.«

Anne findet es einerseits sehr hilfreich, wie klar Alice ihr die Unterschiede darstellt, andererseits kommt sie sich ein bisschen so vor, als würde sie eine Pizza bestellen, und entscheidet: »Wenn meine Mutter schläft, sollte der Pflegeroboter genügen.« – »Wie Sie wünschen. Ich halte fest, dass wir Hanne Bloomquist mit einem Betreuungsroboter entsprechend ihrer Versicherungsklasse in die Klink zum zweiten MRT bringen lassen. Den direkten Draht zu dem Betreuungsroboter sowie zur Assistenzärztin übermittle ich

Ihnen als hinterlegte Angehörige gleich anbei, zusammen mit dem dokumentierten Vorgang bis jetzt.« Mit einer etwas freundlicher gelagerten Stimme ergänzt Alice: »Die blaue Pulslinie ist übrigens die Ihrer Mutter, die würde ich jetzt Ihrem Bot in den Hintergrund legen, dann können Sie ihren Zustand permanent abrufen und wissen auch in Griechenland genau Bescheid. Und noch eine Sache: Hanne wollte eigentlich nicht, dass Sie sich bemühen, sondern dass wir einen gewissen Vincent informieren. Wissen Sie, wer das sein könnte?«

»Hmmm. Vielleicht ihr Arbeitskollege?«, überlegt Anne laut. »Ja, gut möglich«, bestätigt Alice, »denn sie hat zuvor etwas von Arbeit gesagt.« »Wollte sie denn nicht, dass ich mich kümmere?«, fragt Anne etwas erstaunt. »Kann ich nicht genau sagen. Ihre Worte waren: ›Anne muss nicht, bitte dafür Vincent kommen.‹ Da war sie aber schon etwas verwirrt. Insofern sind Sie nach wie vor unsere direkte Ansprechpartnerin.«

»Okay«, Anne ist jetzt doch etwas erleichtert. »Ich werde Vincent auch informieren, aber erst, wenn wir den nächsten Stand wissen«, beschließt Anne, und Alice kommt zum letzten Punkt: »Ihre Mutter wäre morgen am Samstag entlassen worden. Wir könnten nun aber auch ein individuelles Neurorehabilitationsprogramm aufsetzen, müssten sie dann nur umbetten, weil ihr Zimmer schon weiter verplant ist. Aber all das können Sie besser entscheiden, wenn wir die Ergebnisse des zweiten MRT haben.« »Alles klar, bestens! Melden Sie sich danach dann wieder oder soll ich?« »Der Care-Robot oder die Ärztin werden Sie kontaktieren«, verabschiedet sich Alice.

Anne hebt den Blick vom Steinpfad hoch zu den Olivenbäumen und blinzelt in die Sonne. War das jetzt echt passiert? Ihre Mutter hatte einen Gehirnschlag erlitten und sie war als verantwortliche Angehörige Tausende Kilometer entfernt! Das Meer liegt unbeteiligt vor ihr und scheint sich noch massiver zwischen sie und Hanne zu schieben. Kein Land in Sicht. Zum Glück ist es noch in der Rehaklinik und unter Aufsicht passiert.

Ein Lachen lässt sie zurückblicken. Ein Stückchen weiter entlang des Mäuerchens steht Panos bei zwei syrischen Flüchtlingen, die mit ihren Söhnen einen Unterstand und Schuppen bauen. Sie überlegt, ob sie sich nicht noch die Doku aus der Rehaklinik ansehen sollte, aber Panos winkt ihr schon zu. Er ist so stolz, ihr jetzt endlich alles zeigen zu können, dass sie ihn nicht wieder vertrösten will. Bis in einer guten halben Stunde die Testergebnisse kommen, schaut sie sich jetzt erst einmal sein Herzensprojekt an.

Baulärm dröhnt von der Baustelle weiter oben aus mehrgeschossigen Wohnungsbauten, die sich wie eine Burg um einen ehemaligen Klosterhof gruppieren. Zwei Kräne heben Säcke auf Paletten vom Lkw in den Innenhof. Anne schlägt den Pfad auf der wilden Wiese ein, auf dem Panos schon vorausgeht. »Es tut so gut, zu sehen, dass es endlich in Gang gekommen ist!«, ruft Anne und Panos dreht sich zu ihr um: »Wenn ich bedenke, dass es sieben Jahre gedauert hat, bis sie dem Asylarbeitsprogramm endlich zugestimmt haben und die Kirche erlaubt hat, dass wir das Landgut um die Ruine bebauen dürfen!« Anne, die in den Flüchtlingszelten gesehen hat, wie deprimiert Menschen werden können, wenn ihr Schicksal über Jahre hinweg ungewiss ist und sie tatenlos abwarten müssen, kann es fast nicht glauben: »*So* lange haben wir gegen die bürokratischen Windmühlen der Asylpolitik gekämpft?« »Noch viel länger, Anne! Mein eigenes Land liegt immer noch brach und das wollten wir schon vor zehn Jahren zur selbstorganisierten Bebauung und Besiedelung anbieten!«

Sie erinnert sich an den Spaziergang vor drei Jahren, als Panos ihr zeigte, wo er die Flüchtlinge ein Organic Village bauen lassen wollte. »Ja, das tut mir leid, da hab ich nach deiner jahrelangen Vorarbeit dann mit dem Organic-Fokus vielleicht genau den falschen Stein ins Rollen gebracht. Sie haben es aus Naturschutzgründen verboten, nicht?« »Ja, sie sagten, das Village würde das Land zu stark zersiedeln und zu wenigen Menschen eine Unterkunft bieten.« Panos wendet den Blick zum Meer und meint beim Weitergehen ohne einen Funken Groll: »Aber damit hatten sie auch recht und am Ende haben unsere zahlreichen Gespräche dann doch den Weg für dieses viel größere Projekt geebnet – und das ist auch viel zweckmäßiger.«

Sie stapfen weiter durch wilde Gräser hoch zur Großbaustelle und Anne hat sich an die tonlose blaue Pulslinie im unteren Rand ihrer Sonnenbrille schon gewöhnt. »Warte, ich lasse Marek schon mal Mäuschen sein«, fällt ihr ein und sie bietet Marek das geteilte Sichtfeld ihrer Brille an. »Ich denke, es wäre wirklich wichtig, dass er das Flüchtlingsprojekt hier sieht, denn er könnte den Einheimischen die neue Art von Urlaubern vermitteln, die hier mit aktiv werden wollen.« – »Das wäre perfekt, denn es gibt immer noch viele Mytilenen, die dem Projekt und mir extrem feindlich gegenüberstehen.« – »Bekommst du Drohungen?« »Ja, schon. Das Flüchtlingsdrama hat die Existenz vieler Menschen hier gefährdet. Auch für mich wäre das Projekt erst dann ein Erfolg, wenn auch die Einheimischen davon profitieren.« Anne rutscht auf dem Geröll aus und Panos hält sie am Arm fest. »Danke. Wieder die falschen Schuhe. Marek meinte, dass er gegen vier Uhr mit seiner Besprechung durch ist und dann in Izmir ein Lufttaxi nach Lesbos nimmt.«

Just in dem Moment blendet Marek sich mit seinem Konterfei ein und Anne begrüßt ihn: »Ah, voilà! Da ist er schon! Komm, klink dich mit ein, Marek! … Hey, auch hallo, darf ich vorstellen: Panos, das ist mein geschätzter Kunde und Verbündeter Marek – und Marek: Das ist meine Jugendliebe Panos, der hier auf Lesbos ein großartiges Projekt angestoßen hat, um Asylbewerber während ihrer Wartezeit sinnvoll zu beschäftigen … Ja, solange du unterwegs bist, lassen wir dich einfach mitlaufen, dann kommst du schon mal ein bisschen in den Film hier … Wie lief es bei dir? … Ja okay, hören wir später.«

Panos hat noch einen Hinweis, den er loswerden möchte: »Hallo Marek, schön, dass du einen Abstecher machst und wir dich heute Abend bei uns haben! Du könntest direkt zum Golf von Gera fliegen, wir haben einen riesigen Schwimmponton vor dem Westufer, ich schick dir gleich die Koordinaten und dann holen wir dich mit dem Boot ab … Ja klar, Übernachtung war eh geplant, du kannst auch das Wochenende noch dranhängen, wenn du magst … Anne wollte auch noch bleiben und ein bisschen Worcation machen«, grinst er, aber Anne schüttelt den Kopf, weil sich das durch Hannes Schlaganfall wohl gerade erledigt hat.

Bevor Panos ihrem Kunden noch mehr von ihren Müßiggang-Absichten erzählt, übernimmt sie: »So, wir starten jetzt hier die Tour«, und die beginnt noch einmal unten mit dem Meeresblick, den Olivenbäumen, den Bienenkästen, dann den Hang voller Büsche und Wildwuchs hinauf zum Zwischenplateau, auf dem die Klosterruine inmitten einer mehrgeschossigen Blockumbauung nicht mehr zu sehen ist. Dahinter schließt sich ein steiler Berghang mit einigen Kiefernausläufern an.

»Das ist Panos' ganzer Stolz: Was ein bisschen wie eine Burg oder eine moderne Klosteranlage aussieht, ist ein Ort, an dem Asylbewerberfamilien ihre Wartezeit mit weitgehend selbstorganisierter Arbeit überbrücken können. Die gemeinschaftliche Arbeit soll ihre psychische Situation und auch ihre Qualifikation verbessern.« Panos ergänzt: »Die Geflüchteten arbeiten hier sozusagen an ihrer eigenen Unterkunft und Versorgung – also für sich selbst und für alle, die nachkommen. Jeder tut freiwillig das, was er kann und mag.«

Marek stellt eine Frage und Panos erklärt weiter: »Die griechisch-orthodoxe Kirche hat ihr Land zur Bebauung, Bewirtschaftung und Nutzung für 50 Jahre zur Verfügung gestellt und zusammen mit der Universität der Ägäis die Schirmherrschaft über das Asylprogramm übernommen. Die sozialwissenschaftlichen und umweltwissenschaftlichen Fakultäten hier auf Lesbos, in Mytilini, erforschen im Rahmen eines EU-Förderprogrammes die ›gruppendynamischen, psychischen und ökologischen Auswirkungen der Selbstorganisation unter erschwerten, aber naturverbundenen Bedingungen‹. … Ich hab's gerade zu Anne gesagt: Über zehn Jahre haben wir hier alles versucht und der einzige Ausweg war schließlich, daraus ein Sonder- bzw. Forschungsprojekt zu machen. … Ja, erst, als die griechisch-orthodoxe Kirche bereit war, ihr Land hier zur Verfügung zu stellen … Nur etwa ein Zehntel der Syrer sind Christen … Aber syrisch-orthodox und griechisch-orthodox: Als das so einfach klang, kamen sie da nicht mehr raus«, lacht Panos. »Es ist aber jetzt ein säkularisierter Klosterbetrieb, denn es muss ja auch für die Sunniten und alle anderen Konfessionen passen. Hier stand eh nur noch die Ruine. Die Bewirtschaftung des Berghanges hatten die Brüder schon vor Jahren aufgegeben, aber die Kirche ist jetzt ohne großes Investment der sichtbarste humanitäre Unterstützer geworden«, erklärt Panos Marek, der dazu Annes Perspektive eingeblendet bekommt.

Links am Hang erblickt Anne ein Dutzend hellbrauner kleiner Kühe und zoomt sie heran. »Sind das deine Buša-Rinder?« – »Ja. Genetisch die älteste Art Europas und äußerst robust und genügsam. In manchen Regionen ist auch eine halbwilde Haltung üblich.« »Aha, ich sehe schon, du siedelst dein Organic Village hier an – nur ohne Village!« – »Na, wenn das hier überwiegend selbstorganisiert funktionieren soll, brauchen die Geflüchteten ja etwas zum Bewirtschaften. Das Kloster hatte früher Gemüse- und Kräutergärten, die die Frauen wieder herstellen wollen, Bauer Yannik spendet Hühner im Austausch für Erntehelfer und die Früchte der Feigen- und Olivenbäume auf den drei Hektar, die zum Kloster gehören, stehen ihnen auch zur Verfügung. Nur das Abholzen der Bäume und das Schlachten der Tiere sind tabu!«

Als sie sich der umbauten Klosterruine nähern, entdeckt Anne etwas zurückgesetzt den Sockel eines zweiten viereckigen Gebäudes, auf dem zahlreiche Arbeiter wie Ameisen herumkrabbeln und der ebenfalls von einem Kran überspannt wird. »Was ist das denn?«, sie zoomt den Mauersockel mit Brüstungen, Fensternischen und Türöffnungen heran. »Das wird der zweite Bauabschnitt: zwei neue Flügel, auch wieder als fünfgeschossige Blöcke mit Gemeinschaftsküchen, Badehäusern, einer zweiten Krankenstation und Werkstätten außen im Sockelbereich.«

Immer wieder grüßen einige der Flüchtlinge Panos, der den Gruß herzlich erwidert und jetzt auf eine Frage von Marek antwortet: »Ja, das Projekt lief Gefahr, eine Art Elfenbeinturm für zu wenige Flüchtlinge zu werden. In den Lagern leben 12 000 Menschen und in dem ersten Bauabschnitt hätten wir nur 1000 unterbringen können. Mit den Flügeln kommen wir immerhin auf 3000. Und es läuft jetzt so, dass eine Kerntruppe aus – für unsere Verhältnisse hier – einigermaßen qualifizierten Lehrmeistern und Gesellen mit ihren Familien hier lebt und freiwillige Hilfsarbeiter quasi als Lehrlinge aus den Zeltlagern morgens her- und abends zurückfahren.«

Zwei Arbeiter bitten sie, einer Palette auszuweichen, die der Kran gerade hochhievt, und Anne zieht Panos aus dem Weg, der noch an Marek gerichtet präzisiert: »Sie fahren die Busse selbst ... Sie kämen wegen des Trackings und der Insel ja eh nicht weit und« – ohrenbetäubender Bohrlärm lässt seine Stimme lauter werden – »es gehört ja dazu, dass man ihnen Verantwortung überträgt, um sie in die Selbstorganisation zu führen!«

Der Bohrlärm hat ausgesetzt und Panos fährt ruhiger fort: »Bezogen auf die Verteilung sind die Soziologen und Kulturtechnologen der Uni auch ganz hilfreich, denn die machen ihre Forschungsinterviews in den Zeltlagern, wenn auch etwas Schulunterricht läuft. Wir müssen die Lernrotation noch etwas besser mit den Asylantrags-Wartezeiten abgleichen, sodass aus Hilfsarbeitern Gesellen und aus Gesellen Lehrmeister werden können – alles bezogen auf unsere machbaren Levels hier –, und wir wollen noch mehr jüngere Jugendliche in den Lernprozess integrieren, aber das wird schon.«

»Konntet ihr da auch die Frauen integrieren?«, fragt Anne, die bisher noch keine Frau auf der Baustelle gesehen hat. »Das wollen wir, ist uns aber bisher nur bei den kulturell typischen Frauentätigkeiten gelungen. Erschwerend kommt hinzu, dass jede der Religionen Frauen und Männer immer noch sehr getrennt behandelt. Andererseits haben die Männer auf der Flucht oft erkannt, wie stark die Frauen sind. Und weil sie auch im Lager eher im gemischten Familienverbund leben, versuchen wir die Durchmischung auch hier weiterzuführen.« Panos betritt den Hof, der mit Containern, Paletten und eingepackten Gerätschaften vollgestellt ist. Sie kommen an zwei Architekturstudentinnen vorbei, die drei Vorarbeitern einige Erklärungen zum Bauablauf geben. »Na, und das ist natürlich auch ein neues Frauenbild«, lächelt Panos.

Die griechischen Studentinnen und auch die syrischen Arbeiter haben alte HoloLens-Modelle um den Kopf geschnallt und kommentieren oder zeigen ab und zu auf etwas, das bei jedem Einzelnen im Sichtfeld übersetzt und abgebildet wird. »Hey wie cool, die alten VR-Brillen!«, Anne ist begeistert. »Aber können die überhaupt mit den komplexen 3D-Programmen arbeiten?« »Nein, das können sie natürlich nicht, zumal inzwischen kaum noch Fachplaner unter den Geflüchteten sind. Die Studierenden haben eine stark vereinfachte 3D-Software gebastelt und nutzen die Virtual-Reality-Brillen für schematische Darstellungen und Vorgaben, weil die meisten Freiwilligen ja keine Baupläne lesen können. Es gibt auch VR-Tutorials in offenen Online-Libraries, die große Baukonzerne dort einstellen, die selbst viel mit unqualifizierten Hilfskräften arbeiten. Die zeigen zum Beispiel die Handgriffe und Eins-zu-eins-Situationen, wie im Verbund gemauert, ein Fenster richtig eingesetzt oder ein Dach gedeckt wird.« »Kenn ich von YouTube. Ich muss ja meine alte Therme inzwischen auch selbst reparieren, weil dafür kein Handwerker mehr kommt«, mault Anne. »Ja, ihr Frauen wolltet es ja so«, schmunzelt Panos.

Er geht um eine Palette mit Kisten herum und liest vor: »Hier: Solarzellen, Parabolspiegel – die nehmen wir im Hof zum Kochen. Wir haben zwar mehrere E-Auto-Batterien für die Baustelle angezapft, aber eigentlich muss das hier ohne externe Infrastruktur auskommen. Das zumindest erproben die Studierenden von den Umweltwissenschaften. Denn auch für die Flüchtlinge, die wieder abgeschoben werden, ist es wichtig, solche Alternativen zu kennen, wenn sie ihr Heimatland wieder aufbauen oder woanders Fuß fassen wollen.« Er liest weiter: »Wasserpumpen und Gerätschaften zur Brunnenbohrung und hier: Solarstromkonvertierer«, er kommt hinter dem riesigen Stapel wieder zum Vorschein. »Die Studierenden, die hier in den Containern arbeiten, haben auf der Website eine sich ständig aktualisierende Liste mit dem, was gebraucht wird, und die Firmen sind dankbar, dass sie mit Produkten und Maschinen sinnvoll helfen können.«

Anne sieht sich begeistert auf der Baustelle um: »Wie hat das denn auf einmal so schnell funktioniert?« »Das war wie ein Stein, der ins Rollen kam. Auf einmal haben wir so viel Material und Unterstützung erhalten, dass es möglich wurde, noch mehr Menschen an dem Asylprogramm teilnehmen zu lassen.« Als Panos vor Anne steht, vergisst er, dass er auch vor Marek steht, und dreht sich zurück zum Meer. »Das Verrückteste war, zu sehen, wie erst alle dagegen, genervt und auch verängstigt waren, und als dann die Umsetzung konkret und die Maßnahmen überschaubar wurden, war es plötzlich jedem möglich, einen Beitrag zu leisten.«

Er dreht sich wieder zu Anne um und bemerkt: »Übrigens hat das hier niemand finanziert – außer natürlich indirekt durch die Güter, die gespendet und hergeschafft wurden, aber das Investment vor Ort waren lediglich Zeit und Arbeitskraft. Oder vielleicht ein inhaltliches Projekt wie bei den Studierenden, von denen viele aus den Beobachtungen hier ihre Masterarbeit machen.« Und Anne pflichtet ihm bei: »Ich glaube inzwischen auch, dass Geld nur den Anfang machen und eine kurzfristige Hilfe sein sollte. So losgelöst von allem anderen setzt es schnell die falschen Signale. Man muss sich über Arbeit unterhalten, denn in gesunden Systemen funktioniert Wohlstand über Arbeit.«

Mareks Eindruck

Vom Anreiz her hat Anne sicher recht, aber von der Anlage her muss Arbeit vor allem Wertschöpfung ermöglichen, um beim Wohlstand landen zu können. Die Aussichten dafür sind aber besser denn je, denn eine komplexere Welt mit global verzweigten Abhängigkeiten verspricht mehr Beteiligung an der Wertschöpfung. Das macht es zwar nicht gerade einfacher, zumal auch die Wertschöpfung selbst sich von der linearen Kette immer mehr zur Kreislaufwirtschaft entwickeln muss, aber sie ist dafür eines der wenigen Modelle, das ökologische Vorteile mit ökonomischen verbindet, weil mehr Menschen daran partizipieren können.

Die große Schwierigkeit besteht darin, die unterschiedlichen Interessen zu bedienen und die Stakeholder an ein und demselben Strang ziehen zu lassen. Aber dafür gibt es schließlich uns Menschen, die mit ihren unterschiedlichen Interessen die Arbeit verursachen, für die wir dann die Lösungen erarbeiten müssen.

Konzernmenschen wie ich wissen, dass Arbeit heute zum größten Teil aus Kommunikation besteht: Hat mein Gegenüber mich verstanden? Wo liegen gemeinsame Interessen? Welche Strategie verfolgt die andere Seite? Bis wohin agieren wir gemeinsam? Wer trägt wofür das Risiko und die Verantwortung? Wer spricht noch mit oder redet womöglich rein? Und wo fehlt es an Kommunikation?

Kommmunikationserfahrene Menschen wie Anne und Panos wissen zudem, dass man sich erst richtig kennenlernt und vertraut, wenn man zusammengearbeitet hat. Kommunikation ist überall, permanent und flüchtig. Aber eine gemeinsame Erfahrung hinterlässt bei jedem etwas und hält länger an. Also gestalten wir beim Tourismuskonzern ENJOY inzwischen nicht mehr nur Kommunikation und Entertainment, sondern Zusammenarbeit und Experiences – für uns und interessanterweise auch für unsere Kunden.

Das ist großartig, weil die Erzeugung von Experiences eben auch eine viel komplexere Wertschöpfung verspricht und wir dank der transparenten Customer-Journey den Einzelnen viel individueller bedienen können. So prognostizieren wir aus den digitalen Spuren, die unsere Kunden im Multichannel und an ihren Urlaubs- und Erlebnisorten hinterlassen, eine Verlagerung vom passiven Entertainment hin zu aktiven Erfahrungen, quasi vom Konsumieren zum Erspüren – ja, etwas »auf- oder nachspüren wollen« trifft die Motivation ganz gut.

Ich denke, es ist eine fast logische Entwicklung sowohl für individualisierte Gesellschaften wie auch für gesättigte Märkte. Und die ENJOY Group, unter deren Label wir bisher schlicht Emotionen verkauft haben, muss sich nun überlegen, wie sich Gefühle nachhaltiger aufladen lassen. Inmitten der täglichen Bilderflut stehen die Urlaubsmotive unserer Gäste unter permanentem Wettbewerbsdruck und werden nicht mehr lange erinnert. Anders ist das, wenn du für dich persönlich etwas mitnehmen konntest, wenn du an etwas Bedeutendem mitwirken, deine Fähigkeiten einbringen und den eigenen Horizont erweitern konntest. Das bleibt dir als eindrucksvolles Learning und du selbst bleibst mit dem Ort und den Menschen verbunden.

Aber auch die Zusammenarbeit braucht, um als besondere Erfahrung wirken zu können, das Wissen um die richtige Kommunikation. Das Flüchtlingsprojekt musste zum Beispiel alle Arbeitslager-Konnotationen vermeiden und umgekehrt alle positiven Attribute von Arbeit abbilden: die Ablenkung und die psychische Entlastung durch (körperliche) Beschäftigung, die Freiwilligkeit, das Ablegen des reinen Bittstellerstatus, die Selbstorganisation als strukturelles Learning, den eigenen sichtbaren und sinnvollen Beitrag, die Wertschätzung der Community, die Lern- und Ausbildungsmöglichkeiten als Entwicklungschance.

All das hätte rational eigentlich schon Bewegung in die festgefahrene Situation bringen müssen. Gezogen hat aber erst das Klostermotiv. Lustig daran finde ich ja immer, dass kaum eine Organisation hierarchischer und ihren Anhängern gegenüber unbarmherziger aufgestellt ist als ein Kloster, das für ein karges, armseliges Leben unter dem Motto »ora et labora« steht – vom Beten am frühen Morgen zu müde, um richtig arbeiten zu können; und von der harten Arbeit zu erschöpft, um sich noch anderen Freuden hingeben zu können.

Aber gerade in seiner Eigentümlichkeit – kulturell überhöht und romantisiert – ist es ein ikonisches Motiv, das Gemeinschaft und Arbeit für ein höheres Ziel verspricht. Für das politisch festgefahrene Flüchtlingsprojekt hat das Klostermotiv funktioniert, weil es für jeden ein Angebot bereithält, das sie oder er für sich verwenden oder aus dem man Wert schöpfen kann. Die Quanten-Wertschöpfungskette quasi, die in zig Strängen parallel erfolgt.

Interessant für die touristische Situation einer solchen Flüchtlingsinsel fand ich, dass zwar die regulären Touristen weitergezogen sind, dass aber andere nachkamen. Panos berichtet, dass nicht mehr nur die jungen Helfer auf ihrer Work-&-Travel-Tour vorbeikommen, sondern dass inzwischen sogar wohlhabende Pensionäre, denen ihre Finca zu wenig und ihr Alkoholkonsum zu viel wurde, hier mithelfen wollen – die dann auch abends kein kulinarisches Resort mit langer Weinkarte suchen, sondern den Aufenthalt eher wie eine Entschlackungskur von allem Überflüssigen betrachten.

Neu hinzugekommen ist außerdem die internationale Kaste der Burn-out-Kandidaten, die in Start-ups verheizt wurden und raus aus dem Dampfkessel wollen oder die einfach psychisch durch ihren Job so belastet sind, dass sie nicht mehr abschalten und schlafen können. Damit diese Leute abends todmüde und beseelt ins Bett fallen, braucht es ein körperlich wie psychologisch anspruchsvolleres Programm für deren Tagwerk und mehr Gemeinschaft und Austausch in erholsamer Atmosphäre am Abend. Was unsere Arbeitsurlaube oder Worcations in jedem Fall leisten, ist, Arbeit und Freizeit klar voneinander abzugrenzen – am besten auch räumlich. Nach den ganzen Wohlfühltrends zu Hause und im Büro das Gegensätzliche wieder mal zu spüren, fehlt uns doch im Endeffekt allen. Und wir wollen wieder wissen, wofür die Anstrengung am Ende gut ist.

Aus touristischer Sicht kann ich mir also solche Hilfsprojekte durchaus interessant vorstellen. Wir verzeichnen eine kleine, aber doch stetig wachsende Spitze unserer Klientel, die in ihrer Freizeit nicht mehr nur das Richtige kommunizieren oder bewusst leben, sondern auch wirksam werden will. Panos würde es bestimmt gefallen, dass inzwischen sogar die Großkonzerne die ideelle Wertschöpfung entdecken – ganz im philosophischen Sinne der alten Griechen.

MOTIV 10

SYSTEMSPRENGER

Drumherum das überbordende Grün eines exotischen Dschungels. Darin eine gestaltete Oase, die dem Wildwuchs der Natur mit einer überdachten Freifläche begegnet. Eine Art erhöhte, kreisförmige Terrasse aus gestampftem Lehmboden, aber keine Hauswand. Dafür am Terrassenrand alle fünf Meter acht Bambusstützen, die wie überdimensionale Grasbüschel in einem flachen Sockel zusammenstecken. Von dort fächern sich ihre glatten, ockerfarbenen »Halme« in alle Richtungen auf, ragen acht bis zehn Meter in die Höhe, um die runde Dachkonstruktion des Pavillons aus dünneren Bambusstreben zu tragen.

Xiao Yan sitzt in Shorts und dunklem Tanktop auf einem niedrigen, handgefertigten Lounge-Chair. Ihre nackten Füße hat sie auf dem Bambus-Couchtisch vor sich aufgestellt und den Hosenboden ihrer Shorts auf dem Flechtpolster weit nach vorn geschoben. Eine organische Holzlehne, aus deren bandförmiger Rückenschale sich die Armelehnen herausdrehen, stützt ihre versunkene Sitzposition unter dem Schultergürtel.

Xiao Yans Blick wandert durch den Garten, der mit vielen Stauden, Büschen und Palmen wie ein heller Wald anmutet. Über dem Couchtisch hängt eine riesige Incent-Doppelspirale herab, deren dünne Räucherbänder sich nach unten kegelförmig öffnen und den ruhigen Moment wie unter einer Krone fassen. Über die Dachaußenkante ragen die Enden getrockneter Palmwedel, die einen fransigen Schatten auf dem weichen Boden hinterlassen. Um den Tisch aus geschlitztem Bambus stehen vier weitere Lounge-Chairs mit breit ausgestellten Holzbeinen.

Unter dem hohen Pavillondach sitzt die Asiatin im verschatteten Teil, während die Sonne zwei der übrigen Holzsessel trifft, die dem lichten Garten näher sind. Auf ihrem Schoß liegt ein Pad gegen die Oberschenkel gelehnt und während ihre Ellenbogen auf der Armlehne bleiben, wandern die Hände mal aufs Board, um zu tippen, und mal zum Kopf, um ihn zu stützen. Ihr Blick driftet dann an den Bambuspfählen vorbei in das lichte Dschungelgrün, schwingt sich von Palmenstamm zu Palmenstamm und mäandert durch die Sträucher und Stauden im Buschwerk, das sanft im Wind raschelt.

* * *

Xiao Yan hat Bali als letzte Station ihrer Trainee-Weltreise auserkoren. Nachdem sie auf dem Gedankenhof bei Rebecca die natürlichen Lern- und Arbeitserfahrungen begeistert haben, vertieft sie ihre Eindrücke nun hier an der Green School in zweifacher Hinsicht: Tagsüber co-betreut sie die Schulkinder, die inmitten des Dschungels disziplinübergreifend von der Natur lernen sollen, und beobachtet dabei die Didaktik der Pädagogen, ihre archaischen Werkzeuge und den spärlichen Einsatz digitaler Medien. Nachmittags schreibt sie an ihrem Reisebericht, um einen eigenen (Botfreien) Zugang zu den selbst wahrgenommenen Erinnerungen zu bekommen. Fast immer rutscht nach dem Notieren der ersten Gedanken ein ganzer Berg hinterher, von dem sie gar nicht wusste, dass er sich angestaut hatte. Oft überschlagen sich die Gedankenstränge und sie verliert den Faden.

Wenn sie mit dem Tippen nicht hinterherkommt, diktiert sie ins Pad, und wenn sie vor ihrer Stimme erschrickt oder der Satz zu lange in der Luft hängt, tippt sie weiter. Wenn eine größere Pause entsteht oder sie etwas abgelenkt hat, sortiert sie ihre Sätze, schiebt und ergänzt, streicht und kommt auf weitere Ideen. Das Schreiben funktioniert wie im Flow, und die Ordnung ergibt sich dann bei der Ansicht auf der Fläche. Für sie als Designerin, die sich bisher über Formensprache und Stofflichkeit ausgedrückt hat, liegt in diesen Formulierungen eine neue Erfahrung. Die Menge an Text steht zwar in keiner Relation zur Ausbeute, aber die Arbeit, aus der eigenen Erinnerung wichtige und sogar neue Erkenntnisse zu generieren, trägt erste Früchte.

Ein schillerndes Insekt rastet kurz auf der Padkante und Xiao Yan verfolgt seinen Weiterflug in den Dschungel. Die üppige Vegetation, die Geräusche und gleichzeitig das Friedvolle an diesem Ort machen ihr bewusst, wie weit sie sich von dem Pekinger Alltag entfernt hat, in dem sie aufwuchs und in dem sie bisher ihre Beschäftigung fand. Aber auch, wie weit entfernt jener Alltag von einem natürlichen Lebensumfeld ist, wie sie es hier vorfindet.

»Das ist wie Urlaub hier, oder?« Fiona, die Australierin, die sie gestern Abend kennengelernt hat, beugt sich über den Nachbarstuhl und stützt die Hände auf der tiefen Lehne ab. Und Xiao Yan fragt sie, wie es kommt, dass wir Natur unweigerlich mit Freizeit und Erholung verbinden, aber nicht mit Arbeit (wenn man die

Landwirtschaft ausnimmt). Während Fiona noch überlegt, ob sie da eine dumme Bemerkung gemacht hat, vermutet Xiao Yan, »dass es wahrscheinlich an unserer industriell geprägten Sichtweise liegt, dass wir uns Arbeit ohne die üblichen Standards der zivilisierten Welt nicht vorstellen können. Aber ist diese Vorstellung für Wissensarbeit und unser Lernen überhaupt noch zutreffend?«

Als Xiao Yan merkt, dass sie gerade an dem weiterdenkt, was sie ins Pad notiert, fragt sie Fiona, ob sie trotz der restriktiven Regeln das Gespräch aufzeichnen dürfe. Die Australierin willigt ein und erbittet ein Sharing, denn auch sie findet gerade Gefallen an der Überlegung. Schließlich ist auch sie hier, um mit Kindern neue Lernformen und intrinsische Erfahrungen inmitten der Natur zu erproben. Bezogen auf ihre spontane Urlaubsbemerkung meint sie: »Es liegt wahrscheinlich tatsächlich in unserer Sozialisation begründet, dass wir Arbeit mit der Maschinenwelt verbinden und Naturerlebnisse – in Parks, Resorts oder Reservaten – eher als Freizeitbeschäftigung zur Entspannung sehen.«

Nachdem sie beide einen Augenblick darüber nachgesonnen haben, meint Xiao Yan, dass die alte industrielle Welt diese Standards wohl schlicht brauchte, um zu funktionieren. »Alles drehte sich um Massenproduktion und das Bereitstellen von Gütern, die Wohlstand bedeuten. Das haben vor allem wir in China in sehr kurzer Zeit nachempfinden können, als wir nach der Kulturrevolution aufholen mussten und unsere Fabriken plötzlich die ganze Welt mit Produkten versorgten«, denkt sie laut und hämmert mit dem Mittelfinger auf das Pad. »Es hat uns den Aufschwung gebracht, aber ich denke nicht, dass es das Rezept für die Zukunft ist.«

»Denke ich auch nicht. Das Individuum hatte in der alten Arbeitswelt eigentlich keinen Platz. Es erscheint mir völlig logisch, dass sie mit Robotern arbeiten«, steigt Fiona mit ein und Xiao Yan meint, dass es damit zusammenhängt, dass »menschliche Arbeit um Maschinen, Prozesssteuerung und entlang linearer Wertschöpfungsketten organisiert werden musste. Menschen erhielten Schutzkleidung, Werkzeuge, Möbel und Monitore, um die Maschinen und Rechner über Stunden hinweg bedienen und ihre humane Arbeitsleistung in dieses System überhaupt integrieren zu können. Aber menschenzentriert war das nicht.«

Und obwohl sich die australische Lehrerin bisher weniger für die industrielle Wertschöpfung interessiert hat, wird auch ihr vor diesem Hintergrund klar, »dass die Menschen, die so sozialisiert wurden, Lernen und Arbeiten immer mit etwas Maschinellem, Institutionellem, künstlich Organsiertem und meist auch Fremdbestimmtem assoziiert haben müssen. Ich würde gern rausfinden, wie das natürliche Arbeiten geht.« Xiao Yan, selbst erstaunt über den ernsthaften Verlauf der Diskussion, nimmt ein bisschen Gewicht raus und foppt Fiona: »Und du? Gib's zu: *Du* dachtest: Das hier wird nett und ein bisschen Urlaub mit den ganzen Highly Talented Kids!« »Ja, dachte ich«, gibt Fiona ganz offen zu und wirft etwas Dramatik in die Stimme: »Aber jetzt hab ich erkannt, warum ich hier bin«, und sie setzt ein Gesicht auf, als würde sie sich gleich der nächsten Guerillagruppe anschließen wollen: »Ich lerne, wie man Systemsprenger erzieht!«

Beide lachen gelöst, aber die Australierin hat tatsächlich einen nicht unattraktiven Hinweis für ihre Arbeit entdeckt, denn Xiao Yans Gegenüberstellung mit dem industriellen Zeitalter taugt auch für sie ganz gut, um ihre neu antizipierten Lehrmethoden einzuordnen.

Sie kommen weiter ins Thema und Fiona berichtet von ihrem Wunsch, die Kinder wieder zu mehr Naturverbundenheit zu führen, und von ihrem eignen Staunen: »Patricia, eine Biologin, die zuvor am Amazonas für indigene Hilfsgruppen gearbeitet hat, hat mir heute Morgen noch einmal bewusst gemacht, dass alle Lebewesen körperlich und kognitiv vernetzt lernen. Unser Kopf kann nicht losgelöst von unserem Organismus denken«, gibt Fiona wieder, »insofern kann es nur förderlich sein, Denkleistungen weniger in künstlichen Umgebungen und mehr in der Natur zu vollbringen – oder zumindest in solch wunderschönen naturnahen Umgebungen.«

Sie läuft barfuß über den gestampften Lehm und hängt sich mit ihren Händen und Füßen wie ein Koala an eine der schrägen Bambusstützen. Xiao Yan kommentiert: »Es gibt 1450 Bambusspezies. Der, an dem du hängst, heißt …« – die Chinesin schnipst an ihr Ohr, als ob sie ihren Bot wecken wollte – »… Dendrocalamus asper niger – genau! Seine Triebe wachsen in drei Wochen einen Meter hoch, haben die Zugfähigkeit von Stahl und die Druckfestigkeit von Beton.« – »Was?«, Fionas Hände rutschen am Stamm ab und sie richtet sich interessiert auf, während Xiao Yan ihre kleine Lektion eher als Nebensache abtut: »Ist mir nur grad eingefallen, als du da wie ein Affe dranhingst. Haben die vorhin im Ibuku-Workshop erzählt«, und sie zeigt auf das Langhaus mit dem blattförmigen Bambusdach hinter dem Pavillon. »Die Tochter der Schulgründer hat ihre Architektur so genannt, in Anlehnung an die traditionelle Handwerkstechnik, die lokale Bauformen und die natürlichen Eigenschaften des Bambus so weiterentwickelt, dass das Neue im Einklang mit der Umgebung co-existiert.«

»Ja, sie bauen hier auch gerade eine offene Küche als Lernlabor und zur Essenszubereitung. Die Kinder durften da heute mithelfen und fanden das ganz toll. Der Küchenpavillon bekommt auch so eine organische Form, wir haben das Modell gesehen und die Kids schnitzen und biegen jetzt ihr eigenes. Die mögen die Formensprache auch sehr!« Xiao Yan nickt zustimmend: »Ja, das kann ich mir denken. Ich finde, die Bauten sehen auch ein bisschen so aus, als seien sie einem etwas kitschigen Feen-Kinderbuch entsprungen, aber sicherlich ist mein verschulter Blick da auch noch von den Wertvorstellungen der Industriekultur getrübt«, gibt die Designerin mit Master-Degree zu und fährt fort: »Was die Gebäude aber perfekt leisten: ihre Botschaft für jeden verständlich zu kommunizieren. Und wenn die wie in diesem Fall auch gleich die Mission darstellt, dann muss es wohl so plakativ sein.«

Sie legt das Pad auf den Tisch und sagt mehr zu sich selbst als zu Fiona: »Ich glaube, dass wir nur über Design den rasanten Wandel begreifen und uns die neuen Möglichkeiten ausmalen können.« »Yep! Das gefällt mir! Hab ich dir erzählt, dass ich zu Hause Kunst unterrichte?« Fiona ist gespannt, ob diese Unterhaltung noch etwas mehr Klarheit in ihre diffuse Vorstellung von dem, was ihre Arbeit sein und ihr Tun bewirken sollte, bringen wird. Sie hört Xiao Yan weiter gespannt zu, die sagt: »Ach, wie schön! Dann arbeitest du ja schon genau mit den richtigen Motivationswerkzeugen, denn zum großen Teil lassen sich Menschen durch Bilder anregen«, und sie zeigt mit einer fast konspirativen Zeigefingergeste auf die eben erwähnte Ibuku-Architektur von Elora Hardy.

»Vielleicht könnte auch ein schönes Ritual alte Vorstellungen und Gewohnheiten ersetzen?« – »Ja, genau! Oder dass wir zu den natürlichen Bildern und Ritualen zurückfinden«, überlegt Xiao Yan und dann fällt ihr ein: »Das hat doch auch der kognitive Neurologe aus Kanada behauptet – Colin Ellard: dass wir Menschen sogar Vorlieben aus der Evolution abgespeichert haben, zum Beispiel, dass wir fedriges Grün lieben und Wasserreflexe und dass wir uns Aufenthaltsstellen suchen, bei denen wir im Rücken geschützt sind und nach vorn einen freien Blick haben.«

Xiao Yan muss lachen, weil Fiona sich schon wieder an den Bambuspfahl gehängt hat. Jetzt zieht sie die Knie hoch und versucht mit den Fußsohlen ein paar Schritte den Stamm hochzugehen. »Schau hier, ich folge meinem evolutionären Gedächtnis!« – »Okay, aber es trifft vielleicht noch nicht so ganz meine Idee vom Zweck der Übung …« »Ist aber verdammt noch mal Arbeit!«, stöhnt Fiona, nimmt die Füße runter und springt ab. Und weil sie, als sie auf Xiao Yan zuläuft, die Chinesin so herausfordernd ansieht, beschwichtigt diese: »Also, wenn es deine User-Experience bereichert hat und du dich mit deinem Umfeld besser anfreunden konntest, dann war das vielleicht doch genau die richtige Übung.«

»Es war definitiv die richtige Übung«, sagt Fiona mit inbrünstiger Überzeugung, »denn ich hab jetzt begriffen, was du meinst: Du willst, dass wir unsere natürlichen Interaktionsmuster wiederentdecken – und Design könnte den Raum dazu geben.« Xiao Yan ist verblüfft und beeindruckt von dieser treffenden Zusammenfassung, unterstreicht sie im aufgezeichneten Text und verspricht Fiona, bei drängenden Fragen demnächst auch die Bäume hochzulaufen. »Ja, mach das! Und wenn es mit dem Kopf noch nicht funktioniert, fängt der Körper halt schon mal an. Und das sah doch wohl als Bild extrem gut aus, oder?«, hakt Fiona kokett nach. »Also gestaltet war das!« Und als fünf Kids aus unterschiedlichen Ländern über das Lehmplateau hereinstürmen, die beiden Frauen belagern und schließlich mit Fiona als Beute in den Garten abziehen, ruft sie zurück: »Thank you, Xiao Yan! I'm on a mission now!«

Regie

Regie: Und? Wie hat sich das angefühlt? – Xiao Yan! Du bist ja immer noch total weg!

Xiao Yan (gedehnt): Jaa. Wieso reißt du mich hier auch raus?

Anne (ruft lachend vom Bambuspfahl weiter hinten): Du bist hier nicht im Urlaub!

Xiao Yan: Sagst ausgerechnet du, die die ganze Zeit versucht, ihren Kunden einzureden, sie könnten besser arbeiten, wenn sie Elemente des Urlaubs mit hineinweben.

Anne: Stimmt ja auch. Deswegen bin ich jetzt neugierig, wie es bei dir gelaufen ist.

Marek (kommt von hinten und setzt sich Xiao Yan gegenüber in einen Lounge-Chair): Interessiert mich auch. Konntest du mitten im Dschungel wirklich arbeiten? In der feucht-schwülen Hitze? Geblendet von der Sonne? Unterbrochen von den Vogelstimmen und anderen Tierlauten? Zerstochen von Moskitos? (Er schaut zu dem hohen Bambusdach und dann wieder zu ihr.) Ich könnte dir bei ENJOY geschützte Arbeitsplätze mit Blick auf die Berge in der gemäßigten Zone anbieten.

Xiao Yan: Na, ganz so schlimm war es nicht. Die Mücken kommen erst abends, ich sitze auf einer sorgfältig gefegten Veranda im Schatten und die Bambushäuser sind so gebaut, dass die Luft durch sie hindurchweht. Und der Blätterwald kühlt und rauscht ganz angenehm. Ich hab es eher genossen, mich und meinen Körper in dieser Umgebung zu spüren, zu begreifen, dass ich jetzt wirklich hier bin mit allen meinen Sinnen und – zugegeben – diesem Brett im Rücken, das dieser Lounge-Chair auf Dauer auch sein kann. (Sie legt stöhnend den Kopf in den Nacken und erblickt Milan, der sich oben über die Galeriebrüstung lehnt. Beide winken sich kurz zu, bevor sie fortfährt.) Deine Frage, ob diese Umgebung generell fürs Arbeiten besser funktioniert als ein klimatisiertes Büro, ist wohl mit einem Nein zu beantworten – war aber auch nicht meine Frage.

Anne: Da hat sie recht. Es geht nicht um ein Entweder-oder. Es geht um die jeweiligen Qualitäten und wie man sie für welche Arbeit sinnvoll einsetzen kann.

Regie: Stimmt. Ehrlicherweise muss man aber sagen, dass Xiao Yan als Probandin hier inhaltlich befangen ist. Sie macht es sich ja gerade selbst zur Aufgabe, herauszufinden, wie die Natur Wissensarbeit unterstützen kann. In wissenschaftlichen Experimenten bleiben die Probanden über die eigentliche Forschungsfrage im Unklaren, um intendiertes Verhalten zu vermeiden.

Milan: Aber sie ist andererseits auch im Nachteil. Fachlich ist sie keine Biologin, Psychologin, Anthropologin oder Neurologin, die diese körperlich-geistige Interaktion vielleicht ergründen könnte. Und dann ist sie in eine Arbeitswelt hineingewachsen, die stark von Technologie und Wettbewerb getrieben war, in einer Megacity rund um Peking mit komplexer Zivilisation, sich stetig verändernder Kultur und hohen Erwartungshaltungen an das Individuum. Ein davon losgelöstes Arbeiten hier inmitten einer ganz natürlichen Umgebung, die Xiao Yan nichts abverlangt, ist neu für sie.

Regie: Ja, vollkommen richtig. Ein bisschen trifft dieser empirische Naturerforschungsgeist auf jeden von uns zu, aber Xiao Yan eignet sich mit ihrem Gestaltungshintergrund und ihrer Sozialisation in der Metropolregion Jing-Jin-Ji für diese Erfahrung am besten. Und deswegen sitzt ja auch *sie* hier und macht sich ihre Gedanken. Ihr müsste die Andersartigkeit besonders auffallen.

Anne: Die Doppelrolle von Forscher und Proband ist eine, die wir alle ausfüllen sollten, um besser arbeiten zu können.

Marek: Bewusster, ja. Das Leben als permanenter Selbsttest und komplexes Rollenspiel. Immer, um herauszufinden, was wie – oder wo – am besten funktioniert. Ich bin auch sicher, dass Natur da einen unterstützenden Effekt hat. Die Lernflächen und Erfahrungsräume, die wir bei ENJOY mit unserem begehbaren Bergmassiv, den Aussichtsplattformen, Nebelwäldern, Spazierwegen und Simulationshöhlen anbieten, werden extrem gut und auch dauerhaft angenommen.

Anne (kommt es spontan in den Sinn): Nutzt ihr eigentlich den Nebelwaldparcours und die Orchideen darin auch für … ach, vergiss es! (Sie dreht ab und geht zum Bambuspfahl zurück.) Ich will's gar nicht wissen!

Marek (durch die Unterbrechung kurz irritiert, fährt fort): Allerdings habt ihr wieder den alten Fehler gemacht und den Kunden bei eurem Rollenspiel vergessen.

Regie: Oh, Mann. Da hab ich mal nen Fehler gemacht, und dann war's auch nicht richtig!

Milan: Wieso Fehler? Die Kundin ist in dem Fall doch gleichzusetzen mit der Forscherin, die für sich neue Arbeitsweisen finden will. Sie kann es ja nur für sich selbst herausfinden.

Anne (vom Bambuspfahl herüber): Das macht ihr bei ENJOY doch genauso, Marek! Ich bin für euch professionelle Expertin, probates Versuchskaninchen und potenzielle Kundin in einer Person. Nur mit dem Unterschied, dass ich alles selbst für euch rausfinde.

Marek: Da bist du nicht die Einzige. Das hast du mit allen, die in ihrer Customer-Journey getrackt werden, gemein. Aber dieser Versuchsaufbau hier im Dschungel bräuchte eine noch breitere und neutralere Kundenperspektive, um objektive Erkenntnisse zu liefern … Moment mal, das müsste doch über die smarten Assistenzsysteme rauszufinden sein.

Xiao Yan: Hab ich längst versucht, aber sie spiegeln nur die Symptome, nicht die Ursachen. Immerhin kann ich so Effekte messen und Faktoren in Relation setzen, also die objektiven Fakten helfen mir schon bei der Erforschung, aber sie durchschauen das Chaos unserer physiologischen Nuancen am Ende doch nicht.

Anne: Finde ich beruhigend. Zumal es eher unsere Aufgabe sein sollte, uns im Zusammenspiel mit unserer Umwelt zu verstehen. Da fällt mir ein: Was ist denn mit den Kindern, die du vormittags betreut hast? Kann man aus deren Lernverhalten in der Natur nichts ableiten?

Xiao Yan: Doch! Unbedingt!

Marek: Sehr gut, die sind im Grundschulalter noch wenig vorbelastet.

Milan: Schön, dass du das auch mal so siehst, *Papi*.

Regie: Bitte, Leute, wir sind gleich fertig, haltet die letzten entscheidenden Meter jetzt noch durch! Die Kinder sind noch ein Glücksgriff! Was ist dir bei denen aufgefallen, Xiao Yan?

Xiao Yan: Die Kids waren hier in ihrem Element: bei den Erkundungstouren im Dschungel eines neugieriger als das andere und beim Beobachten natürlicher Prozesse wiederum gemeinschaftlich fasziniert und hochkonzentriert.

Regie: Super, das sind schon zwei sehr unterschiedliche Arbeitshaltungen.

Xiao Yan: Ja, ihr Forscherdrang war regelrecht ansteckend und bot zahlreiche Gelegenheiten, sich gegenseitig auf interessante Dinge hinzuweisen, ohne dass dies von uns Betreuern kam.

Milan: Spricht für völlige Begeisterung und Verselbstständigung, Selbstmotivation, Selbstorganisation …

Xiao Yan: Einige haben versucht, die Vogelstimmen nachzuahmen und mit den Tieren zu kommunizieren.

Anne: Die Sprache der Umgebung verstehen wollen, Kulturverständnis aufbauen …

Xiao Yan: Vor allem schien ihnen kaum etwas Angst zu machen. Sie wollten die Grenzen rund um das zugewiesene Terrain immer weiter ausdehnen.

Marek: Der Mensch als soziales, aber auch territoriales Wesen.

Xiao Yan: Ja, sie liebten es, sich Verstecke zu bauen, und wären wahrscheinlich bald dem Jagdtrieb verfallen, wenn wir ihnen nicht den Respekt gegenüber diesem Ökosystem eingeimpft hätten. Für sie war jeder Tag ein Wechselbad der Gefühle, zwischen Eroberungsgeist und Staunen über das, was ohne ihr Zutun um sie herum geschieht.

Milan: Kann ich gut nachvollziehen. Die Kids sind hier nicht groß geworden, aber ihr Entdeckergeist ist noch voll angeknipst – das muss ein riesiges Abenteuer sein.

Regie: Und wie war es dagegen für dich, Xiao Yan?

Xiao Yan: Weniger Abenteuer, mehr Retreat (lacht). Ich konnte und wollte den Dschungel aus dem Komfort dieses geschützten Areals heraus auf mich wirken lassen. Ich brauchte gleichermaßen Rückzug und Inspiration, um meine Gedanken zu fassen.

Regie: Und jetzt zur Tätigkeit selbst. Wie überzeugend oder hilfreich erschien dir diese Umgebung für die Synthese deiner Gedanken und Erfahrungen?

Xiao Yan: Es funktionierte für meine Synthese ziemlich gut, weil die Naturumgebung für meine Forschungsfrage quasi inhaltlicher Nährboden war. Genauso wie hier alles keimt und wächst, konnten meine Gedanken frei fließen. Es war einfach wunderbar. Anders als den Kids würden mir knifflige Aufgaben, die eine hohe Konzentration erfordern, hier eher schwerfallen. Aber mein In-mich-Hineinhorchen und meine kreativen Überlegungen wurden beflügelt.

Regie: Inwiefern?

Xiao Yan: Umgeben von diesem überbordenden Grün und seiner Artenvielfalt war das Denken quasi schrankenlos. Kreative Gedanken, die mir selbst oft verrückt oder abwegig erscheinen, konnten hier länger existieren und als Luftschloss zu Ende gebaut werden.

Anne: Du meinst Luftschloss jetzt im positiven, innovativen Sinn?

Xiao Yan: Ja. Für mich sind Luftschlösser immer positiv. Sie sind wichtig für das Entfachen neuer Gedanken. Wenn wir unsere Pfadabhängigkeit überwinden wollen, müssen abwegige Gedanken nicht mehr unbedingt falsch sein.

Regie: In den künstlichen Realitäten hättest du bisher auch jedes Luftschloss simulieren können. Was ist hier anders?

Xiao Yan: Der innere Ablauf. Die Sensorik ist echt, auch wenn das, was man fühlt, nur eine Metapher für das Luftschloss ist. Es ist schwer zu beschreiben, aber es ist wie das Floaten auf einer Quelle. Wo alles sprudelt, wächst, sich entwickelt, nährt, über ein evolutionäres Programm ineinandergreift, sich bedingt und mich teilhaben lässt. Ich fühle mich gleichsam präsent wie integriert in dieses mir eigentlich fremde Naturwunder – und es treibt mich mit an.

Marek: Das heißt, die digitale Simulation des Luftschlosses wäre erst zweckmäßig, wenn die Idee steht? Aber die meisten beginnen doch direkt mit den virtuellen Werkzeugen und klauen ihre Inspiration aus den Bilderwelten des World Wide Web oder physisch-urbanen Kulturräumen.

Xiao Yan: Ja, das machen viele so, und diese Inspirationsquellen sind auch reichhaltig und spannend. Viele davon sind allerdings visuell sehr dominant und man bleibt dann häufig bei oberflächlichen Betrachtungen. Dagegen nimmt sich die Natur angenehm zurück und bietet das, was das Auge in ihr sucht: hier Vielfalt und Veränderung, dort beruhigendes Grün ...

Anne: Kreative suchen immer nach einem Gleichnis für ihre augenblickliche Aufgabe oder Situation – (entschuldigend zu Xiao Yan) hab ich mal gehört – und an dem Gleichnis wird die Aufgabe dann abgearbeitet.

Xiao Yan: Stimmt. Und jetzt, wo alle kreativ sein sollen, trifft dies eben nicht mehr nur für uns zu.

Regie: Das ist klasse, denn das würde uns jetzt über die inhaltliche

Begrenzung retten! Wenn die Natur bestimmte Arbeitsabsichten quasi methodisch unterstützt, ist es egal, was Xiao Yan inhaltlich bei der Arbeit herausfinden will.

Milan: Häh? Ich denke, sie will gerade herausfinden, wie die Natur sie in ihren Arbeitsabsichten unterstützt?

Regie: Ja, das schon, aber ihre Erkenntnis sollte doch auch den anderen nützen. Und die sind dann mit anderen Fragen beschäftigt. Es geht Xiao Yan am Ende ja auch nicht um die Natur per se, sondern um deren Wirkung auf sie selbst und auf ihre Absichten.

Milan: Also, wie der Zweck ihrer Übung erreicht wird.

Xiao Yan: Genauso ist es. Wie und wobei die Natur mich in meinem Designprozess unterstützen kann, ist meine Forschungsfrage.

Anne: Klingt gegenüber der Natur irgendwie gemein.

Marek: Arme Natur. Sie wird wieder nur benutzt! Und muss jetzt auch noch all das leisten, was wir in ihr sehen wollen.

Anne: Du kannst das gern ins Lächerliche ziehen, aber da finde ich den Entdeckergeist der Kinder fairer – und auch zielführender, wenn wir natürliche Entwicklungsprozesse für unsere eigenen Entwicklungen verstehen wollen.

Xiao Yan: Inwieweit in natürlichen Entwicklungsprozessen, wie Anne sagt, auch ein besseres Verständnis für unsere eigene Entwicklung liegen kann, interessiert mich schon auch. Darin ist ja die Inspiration zum Lösen unserer heutigen Aufgaben enthalten.

(Anne nickt zustimmend zu Xiao Yan herüber.)

Regie: Okay, zum Phänomen Arbeiten in der Natur halten wir fest:

1. Ihre Vielfalt und ihre Wachstumszyklen wirken als metaphorischer Quell für kreative Ideen und konzeptionelle Überlegungen.
2. Beim Nachsinnen und der Reflexion unterstützt dagegen der ausgleichende Rahmen der Natur.
3. Mit den ihr eigenen Funktionsweisen und ausgeklügelten Vorteilen dient sie unserer Entwicklung als Vorbild. Damit meinen wir nicht nur Phänomene der Bionik, sondern auch ihre natürlich vernetzte Systemlogik für unsere digital vernetzte Welt.

(Die anderen nicken.)

Xiao Yan: Wenn wir bei Punkt drei noch einmal bei dem inhaltlichen Transfer der Natur bleiben, also die Natur als Vorbild nehmen, dann wird automatisch auch der physische Ort ein Teil der Sinnstiftung. Denn am besten erlebst du diese Phänomene wie die Kinder inmitten der Natur und nicht in einem Klassenzimmer. Damit wird der Ort entscheidend für die Wahrnehmung und das Lernen.

Anne: Den direkten Ort des Geschehens zu kennen, ist nicht nur fürs Verständnis wichtig, sondern auch für den eigenen Arbeitseinsatz. Als ich bei Panos die Situation der Flüchtlinge, der Einheimischen und der anderen Beteiligten mit eigenen Augen gesehen habe, war ich trotz der verfahrenen Situation hochmotiviert, bei der Lösung zu helfen. Zurück in Deutschland, muss ich gestehen, war das über die Distanz dann nur noch ein Projekt unter vielen. Der direkte Ortsbezug ist für den emotionalen Bezug enorm wichtig und sollte immer wieder aufgefrischt werden. (Anne deutet mit einem ausgestreckten Bein einen Halbkreis vor sich an und überlegt weiter:) Es kann durchaus sein, dass wir zum Auftanken nicht unbedingt mehr Abstand von der Arbeit suchen, sondern eher den inneren Bezug zu ihr und dafür ein paar Tage mit den Menschen vor Ort verbringen wollen.

Marek (nickt): Wenn der Arbeitgeber das nicht ohnehin als notwendig erachtet, unbedingt! Die Gefahr, dass über die virtuellen Simulationsmöglichkeiten viel an physischem Austausch wegfällt und wir auf die vielfältigen Nuancen zwischenmenschlicher Kontakte verzichten müssen, erscheint mir mindestens so groß wie die Sehnsucht danach. Die Technologie setzt alles daran, diese Differenzen möglichst gering zu halten. Das hilft gegen die Angst, etwas zu verpassen. Aber wir Menschen sollten alles daransetzen, die Qualität einer echten Begegnung wieder stärker erlebbar zu machen.

(Alle stimmen zu.)

Milan: Ja, zumal die digitalen Medien und Simulationstechnologien in rasantem Tempo quasi von selbst immer besser werden. Wir müssen da echt mehr auf uns und die uns innewohnende sensorische Resonanz schauen. Sonst erzählt uns am Ende die Technologie, was menschlich ist.

Regie: Ich fürchte zwar, da sind wir schon, aber aus dem Ortsbezug ließe sich vielleicht der Weckruf generieren. – Gut, das ergänzt dann also die lokalen Qualitäten, die Xiao Yan zuvor mit dem inhaltlichen Anwendungsbezug beschrieben hat. Hinzu kommen jetzt noch die emotionale Nähe zu den Menschen und Mitwirkenden vor Ort sowie die ganzen feinen Nuancen, die für die erlebte Intensität wichtig sind.

Xiao Yan: Wie die Qualität einer echten Begegnung wieder stärker erlebbar gemacht werden kann, hat Fiona vorhin doch so treffend beschrieben: »Wir müssen unsere natürlichen Interaktionsmuster wiederentdecken – und Design könnte den Raum dazu geben.« Sie meint damit nichts anderes als ein gestaltetes Umfeld oder eine bewusst gewählte Umgebung – wie hier die überbordende Natur für meinen Gedankenflow.

Regie: Dann sind wir doch schon ein ganzes Stück weitergekommen: Ein freies In-sich-Hineinhorchen inmitten von Natur, Vogelgezwitscher und wissbegierigen Kindern führt uns zu einem Ende, das alles auf einen neuen Anfang setzt.

Ausklang

In der Industrialisierung war der Mensch eine Arbeitskraft neben der Maschine, so wie es Xiao Yan beschrieben hat. Das Bürogebäude bildete mit seinen Abteilungen von der Anlage her die Arbeitsteilung der Fabrik ab, und der Bildschirmarbeitsplatz ist noch heute das maßgebliche Standardmodul für die Planung. Die Fragen dieser Arbeitswelt waren: Wie viele Arbeitskräfte bekomme ich auf die Fläche? Wie erhöhe ich die Flexibilität für veränderte Belegschaften und Nutzungen? Wie senke ich die Kosten in der Bewirtschaftung? Alles drehte sich unter diesen Rahmenbedingungen um Effizienz. Nicht aber um die Effektivität der Nutzer. In Zukunft sind wir die natürliche Intelligenz neben der künstlichen.

Die Arbeitswelt muss damit nicht mehr Prozesse organisieren, sondern Menschen zum Wissensaustausch und Lernen motivieren. Ihre Fragen müssen also lauten: Was arbeiten Menschen eigentlich in Zukunft? Wie interagieren wir mit Maschinen, Medien und miteinander? Wie lernen humane Wesen, was motiviert uns? Wer oder was führt oder befähigt uns? Wie erweitern sich unsere Vorstellungs- und Handlungsräume in parallelen Welten? Welche Entwicklungschancen bieten sich mir individuell jetzt und hier, morgen und in Zukunft?

Wird das die Arbeitswelt überfordern? Ja. Definitiv. Weil ihre Form der Organisation von Arbeit immer noch von einer geschlossenen Entität ausgeht und die Arbeit sich mit ihren ganz eigenen Schutz- und Regelwerken von der Lebenswelt separiert. Wenn aber die individuelle Leistungsbemessung direkt vom Nutzer für sich selbst eingefordert und von den persönlichen Assistenzsystemen geleistet wird, erfährt der Leistungsträger aus seinem privaten Monitoring mehr über sich, als er es von der Arbeitswelt je erfahren könnte.

Darf die Arbeitswelt überhaupt so individuell führen? Nein, aus Arbeits- und Datenschutzgründen wohl auch künftig nicht. Daher werden die privaten Assistenzsysteme vermutlich auch für die individuelle Arbeitsleistung die Führung übernehmen. Die Arbeitswelt verliert hier schlussendlich ihre Hoheitsrechte als Autoritäts- und Organisationsbastion, so wie sie andere Branchen und Institutionen auch verloren haben, wenn sie von niedrigschwelligen Plattformen und partizipativen Modellen überholt wurden oder ihren Nutzern keinen Vorteil oder Service mehr verschaffen konnten.

Und wenn die smart befähigten Arbeitnehmer nicht nur wissen, wo sie wie mit wem am besten zusammenarbeiten, sondern darüber ihren Arbeitgeber, Vorgesetzten und die Immobilie auch noch bewerten können, wird es mit der Nutzerzentrierung bestimmt noch schneller gehen.

Die talentierten Fachkräfte, die hier beschrieben wurden, gilt es für den Turnover zu gewinnen. An ihnen wird sich die Arbeitswelt ausrichten, selbst wenn viele andere noch konservativ arbeiten – und weil sie das vielleicht auch von zu Hause aus tun können, muss die Arbeitswelt ihren Nutzern zu mehr Performance verhelfen. Die Gefahr der sozialen Spaltung in der Arbeitnehmer- oder Leistungserbringerschaft ist auch in Zukunft deutlich gegeben. Die Hilfsarbeiter, die im Buch nur im Hintergrund operieren, sind für das Funktionieren des Gesamtsystems wichtig, und doch bleiben sie unsichtbar. Ihre Situation wird sich ebenso wenig verändern wie die der unterbezahlten Pflegekräfte, solange die Gesamtstruktur von Arbeit nicht ebenso neu, vernetzt und individuell betrachtet und aufgestellt wird. Wenn alles spricht und jeder gehört werden kann, müsste es auch Bildungs- und Arbeitschancen für jeden geben. Wenn smarte Vernetzung im Grunde das permanente Aus- und Verhandeln bis zum kleinsten gemeinsamen Nenner meint, könnten Abhängigkeiten reduziert und Marktwerte zu Nutzwerten korrigiert werden.

An der industriellen Systemlogik festzuhalten, auf Schutzrechte und Wunschgelder zu hoffen, ergibt wenig Sinn, wenn die viel intelligentere Systemlogik ökonomisch längst funktioniert. Warum nutzen wir sie dann nicht volkswirtschaftlich, versorgungstechnisch und gesellschaftlich? Noch dazu, wo sie uns ermuntert, zu humanen Arbeitsformen und natürlichem Lernen zu finden?

Für den Übergang in die vernetzte Zukunft haben wir schon heute menschenzentrierte Schnittstellen ersonnen: Sensoren und Service-Applikationen, soziale Medien und spielerische Realitäten, die uns Feedback und Orientierung geben.

Wissen wir denn, wie unsere natürliche Intelligenz funktioniert und welche Faktoren die menschliche Lern- und Arbeitsleistung verbessern? Leider noch viel zu wenig, aber paradoxerweise werden wir auch das über unsere smarten Assistenzsysteme herausfinden, die permanent unsere Interaktion mit der Umgebung analysieren, uns spiegeln und interpretieren werden.

Wen das schreckt, der kann wie Milan seinen Bot nur rudimentär zurate ziehen oder ihn wie Anne auch einfach mal abschalten. Aber wenn man selbst nicht hochmotiviert oder voll im Bilde über seine Handlungskonsequenzen ist, kann der gefühlte Vorteil schnell zum Nachteil werden. Die Künstliche Intelligenz denkt zwar für das Individuum mit, aber nur, wenn der Mensch sich ihr mitteilt. Die Frage »Wer kann ohne wen?« stellt sich nicht mehr. Höchstens noch: »Welcher Assistent kennt mich am besten?« (Und es wäre zu hoffen, dass diese Informationen nicht bei den US-Konzernen, sondern bei jedem Individuum in dessen Solid Pods liegen!)

Das alles klingt nach Arbeit und so, als ob Kommunikation unsere Hauptbeschäftigung werden würde – um schneller ans Ziel zu gelangen, um mehr zu verstehen und auch, um gleichzeitig Mehrarbeit zu vermeiden. Dabei begann Arbeit schon immer mit Kommunikation. Kommunikation ist das alles Verbindende und sobald sie stattfindet, beginnt das Aus- und Verhandeln. Das Bestreben, mithilfe anderer das eigene Vorankommen oder einen Vorteil für die Gruppe auszuhandeln, ist so alt wie die Menschheit selbst – und älter, denn inzwischen wissen wir, dass auch Bäume mit dem Waldboden, Viren mit Proteinen und kleinste Zellen miteinander kommunizieren und sich zwecks Überleben vernetzen. Das Fantastische an der digitalen Vernetzung ist nun, dass wir diese lebendige Kommunikation auf unsere dingliche Umwelt, auf dynamische Prozesse und deren Interaktion übertragen können.

Stand heute bedeutet das: Alles spricht! Und für die Zukunft: dass nahezu alles verstanden werden könnte. Darin liegt eine Verheißung, die unsere Wirtschaft logistisch längst leistet: die kundenindividuelle Versorgung.

Und wenn Geschäftsmodelle bereits den Kunden in den Mittelpunkt stellen und Kultur und Konsum in der Customer-Journey individuell zusammentreffen, warum sollten dann unsere Arbeitsmodelle nicht nach diesen Geschäftsmodellen funktionieren können? Etwa, weil es kundenzentriert und nicht unternehmenszentriert wäre? Viele Unternehmen sind bereits so aufgestellt, dass sie die individuelle Aussteuerung für ihre Kunden leisten können. Warum nicht auch für das Matchen von Arbeitsaufgaben mit den gesuchten Kompetenzen? Warum nicht für maßgeschneiderte Weiterbildung? Warum nicht, um individuelle Teilhabe zu ermöglichen?

Wenn alles spricht und jeder verstanden werden kann, verbinden sich Inhalte automatisch mit Interessen und Talente mit Tätigkeiten.

Die Arbeitswelt müsste dafür jeweils eine Art Leistungsrahmen anbieten, innerhalb dessen sie dem Menschen eine aktive Unterstützung in seiner Leistungsfähigkeit ist. Ähnlich wie die digitalen Services. So wie heute jede digitale Karte die Welt um den Standpunkt des Individuums herum aufbaut, so müssen wir uns die künftige Erwartung an die Arbeitswelt vorstellen: deine Möglichkeiten zu Füßen gelegt und das Geländer zur Zielerreichung hier im Angebot; als multisensuelle User-Experience so spürbar, dass aus Arbeiten, Lernen und aus dem Büro eine Bühne wird.

So erscheint es mir vollkommen natürlich, dass sich vereinheitlichende Strukturen zugunsten von Nutzerzentrierung, Agilität und Vielfalt auflösen, Organisationen sich als lernende Organismen neu verstehen und über ihre Köpfe und Kunden allmählich zu atmen beginnen.

Die Arbeitswelt muss sich dazu mit der Lebenswelt vernetzen und der Mensch sein Kompetenz- und Wirkungsspektrum für diese und alle erweiterten Realitäten neu ausrichten.

Die Autorin

Birgit Gebhardt ist Trendforscherin und führt Entwicklungen zu plausiblen Vorstellungen von Zukunft zusammen. Seit 2012 erforscht sie neue Modelle des vernetzten Lernens, Arbeitens und Wirtschaftens und berät branchenübergreifend Unternehmen wie Beiersdorf, Lufthansa, Swisscom Immobilien, UBS oder XING. Das Metier der Trendforschung erlernte die diplomierte Innenarchitektin und gelernte Journalistin in zwölfjähriger Beratungstätigkeit im Trendbüro Hamburg, dem sie von 2007 bis 2012 als Geschäftsführerin vorstand. Seitdem forscht sie unter eigenem Namen, besucht Pioniere weltweit und verdichtet ihre Erkenntnisse in ihren »New-Work-Order«-Studien, die sie im Auftrag des IBA (Industrieverband Büro- und Arbeitswelt e.V.) erstellt.

Birgit Gebhardt war von 2012 bis 2015 Mitglied der Expertenkommission der Bertelsmann-Stiftung mit dem Fokus »Arbeits- und Lebensperspektiven in Deutschland«. Sie ist Mitglied des Münchner Kreises und im wissenschaftlichen Beirat der liechtensteinischen Stiftung Zukunft.li.

www.birgit-gebhardt.com